◎ 国家社科基金重大项目

"开放经济条件下我国虚拟经济运行安全法律保障研究"
（批准号：14ZDB148）成果

◎ 重庆市"十四五"重点出版物出版规划项目

虚拟经济有限发展法学理论视角下的期货法律制度变革

张美玲　黄秋娜◎著

重庆大学出版社

图书在版编目（CIP）数据

虚拟经济有限发展法学理论视角下的期货法律制度变革/张美玲,黄秋娜著.--重庆:重庆大学出版社,2023.5

（虚拟经济运行安全法律保障研究丛书）

ISBN 978-7-5689-3952-2

Ⅰ.①虚…　Ⅱ.①张…②黄…　Ⅲ.①虚拟经济—关系—期货交易—证券法—法律制度—体制改革—研究—中国　Ⅳ.①D922.287.4

中国国家版本馆 CIP 数据核字（2023）第 095991 号

虚拟经济有限发展法学理论视角下的期货法律制度变革

XUNI JINGJI YOUXIAN FAZHAN FAXUE LILUN
SHIJIAO XIA DE QIHUO FALÜ ZHIDU BIANGE

张美玲　黄秋娜　著

策划编辑:孙英姿　张慧梓　许璐

责任编辑:许璐　　　版式设计:许璐
责任校对:刘志刚　　责任印制:张策

*

重庆大学出版社出版发行

出版人:饶帮华

社址:重庆市沙坪坝区大学城西路 21 号

邮编:401331

电话:（023）88617190　88617185（中小学）

传真:（023）88617186　88617166

网址:http://www.cqup.com.cn

邮箱:fxk@ cqup.com.cn（营销中心）

全国新华书店经销

重庆升光电力印务有限公司印刷

*

开本:720mm×1020mm　1/16　印张:19.75　字数:276 千

2023 年 5 月第 1 版　2023 年 5 月第 1 次印刷

ISBN 978-7-5689-3952-2　定价:98.00 元

作者简介

───────────

张美玲,湖南宁乡人,法学博士,湖南科技大学法学与公共管理学院讲师,硕士生导师,湖南省政府投融资法制研究会理事,湘潭市人民政府行政复议咨询库专家。

黄秋娜,河南禹州人,法学博士,南阳师范学院法学院讲师。

总　序

必然是长期孕育的,但必然总是需要偶然来点亮的。

20 世纪与 21 世纪之交,由中国一些土生土长的经济学家如刘骏民、成思危教授所创制的"虚拟经济"概念,尤其是将传统市场经济重新解读为"实体经济与虚拟经济二元格局"的学说,像夜空中划过的一道亮光,照亮了许多人的眼睛。虚拟经济理念自此便在中国的大地上逐渐兴起。可惜隔行如隔山,与大多数行外人一样,当时的我知之甚少,更谈不上明了其中所蕴含的时代意义了。

在博士论文选题时,考虑到硕士学的是民法,博士学的是经济法,我便准备在经济法基本理论方面下些功夫,试图寻找一个能跨越民法与经济法,类似于"贯通民法与经济法的人性精神"之类的选题,要将民法与经济法的共生互补以及这两者对人类经济社会发展的不可或缺,彻底地研究一番,以弥合两个学科间长期的对立,缓和学者们喋喋不休的争论。就在即将确定题目之前,好友杨泽延与卢代富来家小坐,听了我的想法后,反倒建议我最好务实一些,先从具体问题着手,选一个既以民法规则为基础又以经济法国家干预手段为寄托的题目,比如"证券内幕交易法律规制问题研究",以后再侯机扩大研究范围,进而深耕经济法的基本理论。

或许是太出乎意料了,这一题目竟然直戳我的心窝。突然,我想起来了:1992 年我正读硕士,其时中国股市刚建立不久,普通百姓还一头雾水,我却受人仓促相邀,懵懵懂懂地参加了《中国股票债券买卖与法律实务》的编写。莫非两位好友的这个题目,恰好将我潜意识中留存的有关股票、债券的一点点余烬给重新点燃?我几天睡不着觉,天天跑书店和图书馆,去追寻带有"内幕交易"的所有纸张与文字,还特意托好友卢云豹夫妇联系台湾的亲朋帮忙查寻相关资料。最后,提交给导师李昌麒教授审核的题目自然就是"内幕交易及其法律控制研究"了。好在,该选题不仅得到了恩师的首肯,还获得了国家社科基金项目的资助,论文也顺利通过了答辩,并被评为重庆市优秀博士论文,获重庆市第四届优秀社科成果二等奖。

2002年博士论文业已完成,但一些超越该论文范围的根本性问题却持续困扰着我。直到有一天,当"虚拟经济"这四个字不经意地溜进眼帘时,我的眼睛竟然放出光来。由于证券是最典型的虚拟经济交易品,因而它不能不让我怦然心动,甚至也让我豁然开朗——似乎那些缠绕在我心中多年的许多困惑瞬间冰消雪融。我觉得太亲切了,相见恨晚,激动之余再也止不住去搜集有关虚拟经济的论著。尽管经济学中的数学计算、模型推演等很难看懂,但这并不妨碍我从其论说的字里行间去领悟那背后所隐含的意蕴,于是义无反顾地埋头研习。

什么是虚拟经济?一个人基于投资获得了一个公司的投资凭证——股票,钱物投进公司让公司花去了,可持有股票的这个人,因某种原因不想继续当股东分红利,而别的投资者恰好又看好这家公司的前景想挤进投资者行列,当这两人进行了该股票的买卖时,他们就完成了一次虚拟经济交易。实践中,能作为虚拟经济交易品的,除股票外,还有债券、期货、保险及其他金融衍生工具。当这些偶发的、个别的交易一旦普遍化、标准化和电子化,虚拟经济市场之繁荣与发达也就再也无法阻挡了。

之所以说它"虚拟",是与传统实体经济的商品交换相对而言的:因为包含劳动价值的财产已移转给公司占用了,此处用以交换的股票,本身是不包含人类劳动价值的——说到底,它仅仅是记录投资的证明或符号而已。也就是说,从旨在实现劳动价值与获得使用价值的传统商品交换演变到纯粹没有价值的"符号交换",这就意味着市场已经从实体经济迈向了虚拟经济。

本来,传统市场经济是以实体经济为主的经济,在这样的经济格局中,虚拟经济不过是实体经济的副产品,也是实体经济运行所借用的一种工具。但令人惊奇的是,20世纪末中国的一些经济学家发现虚拟经济的发展速度已经超越了实体经济,且其规模足以与实体经济相媲美。也就是说,市场经济已经由原来的实体经济独霸天下,不知不觉地进入了实体经济与虚拟经济平分秋色的"二元经济时代"。

在现代市场经济体系中,虚拟经济确实有其积极作用,它可以促进实体经济的飞速发展,甚至有"现代经济的中枢""现代经济的核心""市场经济的'发动机'"等美誉。不过,虚拟经济背后也潜藏着巨大的风险:在人类历史上发生的历次金融危机中,人们已经真切地感受到了它给实体经济带来的反制、威胁,甚至破坏。

徜徉于这崭新的经济学理论之中,累却快乐着。到2007年,以"虚拟经济概念"及"二元经济时代"审视我国的经济法及其理论,我完成了《虚拟经济及其法律制度研究》一书的写作。此时恰逢北京大学吴志攀教授组织出版"国际金融法论丛",吴教授阅过书稿之后,当即同意将其纳入他的丛书,恩师李昌麒教授也欣然命笔为该书作序,最后由北京大学出版社付梓出版。就我本人而言,该书只是一个法学学者学习经济学并思考经济法的一些体会,它未必深刻,却是国内将虚拟经济理念引入经济法领域并对经济法的体系结构和变革方向做出新的解读的第一部法学著作。特别是该书提出的"虚拟经济立法的核心价值是安全"的论述,不幸被次年波及全球的美国次贷危机所反证,也使得这本书多少露出了些许光华。也许是出于这些原因吧,在2009年的评奖中,该书获得教育部优秀人文社科成果三等奖和重庆市第六届优秀社科成果二等奖。乘此东风,我又组织团队申报了教育部人文社科规划项目"中国预防与遏制金融危机对策研究——以虚拟经济安全法律制度建设为视角"，领着一群朝气蓬勃、年轻有为的博士，于 2012 年完成书稿，并由重庆大学出版社出版发行。

然而，实践是向前的，也是超越既有理论预设的。随着改革开放的不断推进，虚拟经济也飞速发展。在创造经济奇迹的同时，我国经济也出现了更加纷繁复杂的问题和矛盾。其中虚拟经济的"脱实向虚"及其与实体经济之间的冲突，衍生出了现代市场经济发展中一个全新的、具有重大时代意义的命题——虚拟经济治理及其法治化。但作为一个经济学上与实体经济相对的概念，即使在经济学界也未获得普遍认可的情形下，寄望于法学界的广泛了解与大量投入，暂时是不太现实的。也就是说，将其引入法学界容易，但要得到法学学者们的广泛认同，并调动法学学术资源对其展开研究，还需要更为漫长的时间和更为艰难的历程。虚拟经济安全运行的法治化治理，至今仍然是经济学界和法学界远未解决的重大历史课题。

在前几年的研究项目申报中，尽管由母校西南政法大学资助并由法律出版社出版的拙著《人性经济法论》已经获得了教育部优秀人文社科成果二等奖，但在民法学与经济法学的争论尚未了结而民法学已然成为显学的年代，要获准经济法基本理论方面的选题依然是困难重重。因接连受挫，不免有些怅然若失。于是，我索性决定放弃中小项目的申报，直接冲击国家社科基金重大项目。物色选题时，约请几位博士生一同前来商讨，提出的建议选题有好几个，且都很有价值，只是未能让我动心。最后当一位博士生提出"开放经济条件下我国虚拟经济运行安全法律保障研究"这一选题建议时，我顿觉像当年偶遇"虚拟经济"这几个字时一样地怦然心动。我拍着桌子跳了起来，挥着这个题目，激动地用方言大声说："啥都甭说了！就是他娃娃了！"意思是：什么都别说了，就认定这个宝贝疙瘩了！

在商请合作者的过程中，北京大学的彭冰教授、中国人民大学的朱大旗教授、中国政法大学的刘少军教授、华东政法大学的吴弘教授、武汉大学的冯果教授对此选题很是赞同，欣然同意作为子课题负责人参与项目的申报。

在课题的进程中，他们不仅参与论证、发表前期成果，自始至终给予支持，彭冰教授和冯果教授还建议，推荐年轻人出任主研，将子课题负责人让位给重庆大学杨署东教授和靳文辉教授。

不仅如此，在之后的研究中，许许多多校内外的专家学者都给予了我们无私的支持和帮助。像北京大学的吴志攀教授，中国政法大学的时建中教授，华东政法大学的顾功耘教授，西南政法大学的李昌麒教授、谭启平教授、岳彩申教授、盛学军教授和叶明教授，西北政法大学的强力教授，中国人民大学的涂永前教授，西南财经大学的高晋康教授，重庆大学的冉光和教授、刘星教授、刘渝琳教授、周孝华教授和黄英君教授等等，都为课题的论证、前期成果的产出和课题的推进与完成，做出了重要贡献。

当然，在研究进程中，我自己的团队，甚至法学院经济法学科的博士生和硕士生们，自课题立项以来，都不同程度地参与了课题研究的工作，还发表了一些阶段性成果；而来自社会各界的众多朋友，也都以各种方式关心课题的进展，给予了我们热情的鼓励与帮助……在此，我们谨向参与、关心和支持过本课题研究的所有人，表达最诚挚的谢意！

谁知课题获批后不久，身体就和我开了一个小小的玩笑，是家人的呵护、亲友的关爱、弟子们的陪伴，让我对未来充满了信心。不过，课题多少还是受了些影响，曾一度进展缓慢。然而，团队的力量是巨大的：课题组里的资深专家就是定海神针，而课题组中活跃着的一批充满活力并在学术界崭露头角的年轻教授和博士，则勇挑重担、冲锋陷阵，成了课题研究的主力。

早在之前的课题申报过程中，写作班子就将申请书打造成了一份内容扎实、逻辑严谨、格式规范的文件，近20万字，不是专著却胜似专著；在课题研究的推进中，每当遇到各种困难和烦恼时，课题成员们总是互相鼓励，互相支持，使我们的研究能够持续，我们的理论能够得到校正；特别是在近几年最终成果的打造过程中，本丛书十部著作的作者们，不畏艰辛，秉承"上对得起重大项目，下对得起学术良心"的信念，克服重重困难，使得丛书最终得以出炉。这十多位年轻作者的才华与风采,也尽藏于本丛书的简牍之中。

本丛书十部著作并不是简单的罗列或拼凑,而是有其自身的内在逻辑,也就是说有一根红线贯穿始终。为了找到这根红线,课题组花了好几年的时间。我们认为,既然虚拟经济是虚拟的,它就必然带有人设的性质。正如没有人为预先设定且为游戏者公认并一体遵行的游戏规则就没有游戏一样,虚拟经济的运行需要规则先行。同时从治理的角度来看,即使游戏有了内在的规则,也还需要游戏的外部法律边界及法律监督:如游戏不得触犯禁赌法令,游戏不得扰民,游戏不得损害他人利益和社会公共利益等。尤其是虚拟经济呈现出的"弱寄生性""离心规律""高风险性""风险传导性"等,明确无误地表明其"有利有弊"的"双刃剑"特质,决定了追求公平正义的法律肩负着为其提供内部规则和外部边界的艰巨使命。具体而言,虚拟经济赋予法律的天职,就在于通过法律制度的设计,为虚拟经济的运行设定"限度",铺设"轨道",装置"红绿灯",进而为虚拟经济运行安全设定交通规则,作为虚拟经济运行、虚拟经济监管和虚拟经济司法的制度支撑。

基于上述基本认知,我们认为:所谓虚拟经济有限发展法学理论,是指根据虚拟经济自身运行规律,从法律自身的宗旨和价值出发,主张法律在保障虚拟经济发展的同时,为预防与克服其负面效应,保障其运行安全和可持续发展,而将其置于法律约束下的安全范围内运行的一种法学思想。

这一理论虽然是以虚拟经济运行的"双刃剑"规律和体现法律公平正义基本要求的安全价值为基础提出来的,但我们认为,它主要还是从法学,特别是从经济法学国家适度干预理论的角度提出来的,因而与纯粹的经济学理论有着明显的不同。不过,最大的疑问还不在此处。在研究过程中,一些热切关心我们课题的学者常常忍不住提出这样的疑问:为什么实体经济不需要"有限发展"而虚拟经济却要"有限发展"呢? 这是问题的关键。对此,我们的回答主要有三条:其一,人类社会的基本生活(如衣食住行及娱乐)毕竟只能仰赖实体经济,实体经济提供的产品和服务,除了受生产力水平的约束和人类需求的制约外，就其品种、数量和质量来说，根本就不存在"有限发展"的问题。仅此一点，虚拟经济就难以望其项背。其二，虚拟经济毕竟是寄生于实体经济的，不论其寄生性的强弱如何，最终还是决定了它不能野蛮生长以至于自毁其所寄生的根基。其三，实体经济伴随人类的始终，而虚拟经济则是一种历史现象，它仅仅是实体经济发展到一定阶段的产物，而且其产生以后并不一定能与实体经济"白头偕老"。

　　虚拟经济有限发展法学理论的确立，让我们找到了解题的一把金钥匙。它昭示着这样一个最基本的道理：我们在草原上发现了一匹自由驰骋的骏马，但我们只有给这匹骏马套上缰绳，它才会把我们驮向我们想要去的"诗和远方"。

　　然而，学术是严谨、苛刻而精细的，也有它自身相对固化了的"八股"定式。要说清楚这一理论的来龙去脉、前因后果、内在机理、外部表征、政策制约、法律规范、理论影响和实践效果，就要以学术的方式加以展开和表达。本丛书的十部著作正是这种展开和表达的具象：它们以"虚拟经济有限发展法学理论"为主线，按其内在逻辑展开——总体为"1+9"模式，即 1 个总纲，9 个专题。而这"1+9"模式具体又可分为以下相互关联的四个板块：

　　板块一也就是"1+9"中的"1"，即《虚拟经济有限发展法学理论总说》，它既是整个研究的总纲，即总设计图或者总路线指引图，也是对整个研究成果的全面提炼和总结。不过，这一总纲与后面的九部专著各有分工，各有侧重，各有特色，虽构成一个系统，却不能相互取代。板块二是"虚拟经济有限发展法学理论及其证成"，旨在立论和证明，包括《虚拟经济有限发展法学理论及其根源》《虚拟经济立法的历史演进：从自由放任到有限发展》和《近现代经济危机中虚拟经济立法的过与功——虚拟经济有限发展法学理论的例证》三部著作。它们分别从立论及其理论解析、历史归纳和典型案例证明的角度，提出并证明虚拟经济有限发展法学理论。板块三的主旨是"虚拟经济有限发展法学理论指引下的观念变革"，主要包括《虚拟经济安全的法律塑造》《虚拟经济有限发展法学理论的法律表达：立法模式与体系建构》《虚拟经济运行安全法律制度的立法后评估：以中国为样本》三部著作。其特点在于，它既是虚拟经济有限发展法学理论的应用，又是虚拟经济有限发展法学理论的进一步证明，是介于理论证成与实践应用之间的一个板块，对我国虚拟经济立法的价值、原则、模式、体系及立法质量的提升与检测，具有重要的指导意义。板块四是虚拟经济有限发展法学理论的具体运用，包括《虚拟经济有限发展法学理论视角下的银行法律制度变革》《虚拟经济有限发展法学理论视角下的证券法律制度变革》《虚拟经济有限发展法学理论视角下的期货法律制度变革》三部著作，试图以此三个典型领域为例，揭示虚拟经济有限发展法学理论在银行、证券和期货立法方面的具体映射与应用。

这四个板块之间的关系，可参考下图：

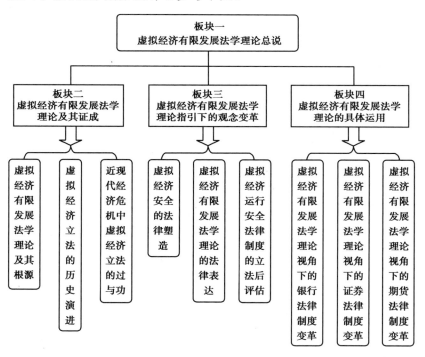

虚拟经济有限发展法学理论的论证与展开思路图

国家社科基金重大项目这一名称本身就体现出了它的分量。能在这一序列中获得"开放经济条件下我国虚拟经济运行安全法律保障研究"这一项目,既是偶然也是必然;既让我们有些激动和自豪,也让我们深感责任和压力。这几年,我们尽力做了,而且按"重大"之分量,踏踏实实地做了。至于成不成功,是否达到重大,就有待理论的佐证和实践的检验了。

我们处于一个大变革的时代,旧的事物陆续悄然退场,新的事物又在不知不觉中挤进我们的生活,甚至渐渐成为社会生活的一种主流。虚拟经济正是在这一历史巨变中膨胀,不断挣脱传统实体经济的束缚,而与实体经济分庭抗礼的。更有甚者,甚至到了反过来挟持、绑架、威胁实体经济的地步。正是这种二元经济格局的形成及两者之间的长期博弈和激烈冲突,给世界经济的发展以及各国政府的经济治理提出了前所未有的挑战。据我本人的揣测,在未来的几十甚至上百年里,如何看待和治理虚拟经济,不仅是中国面临的一大难题,也是世界面临的一大难题。

好在,越来越多的人正在逐渐看清虚拟经济脱实向虚的天性及其负面效应和可能的危害,有先见之明者已经着手强化监管、变革法治,竭尽趋利避害之能事,力图让虚拟经济助力实体经济,增进人民福祉。前几年我国着力扼制虚拟经济"脱实向虚",这几年我国高层对虚拟经济采取既更开放又更注重其监管的策略,即可看作是"虚拟经济有限发展法学理论"在实践中得到的初步印证。

世界上没有尽善尽美的东西,也没有绝对的真理和最后的真理,学术上存在不足就是学术本身可能自带的一种"秉性"。例如,本研究中原预想的交叉学科知识的运用,现在看来还很不成熟;有的问题,如保险及其他一些金融衍生品也未能辟专题来讨论等等,都是短时间内很难弥补起来的不足,需寄望于后续研究中的努力了。

我向来认为,学术的魅力不仅体现在努力创新的过程之中,更体现在学界从未停歇过的争辩、质疑和批判之中。任何致力于社会科学研究的学者,所提出的观点或理论,都不可能是尽善尽美的,而学术正是在这种不完美之中求得点滴的进步，从而得以蹒跚前行的。为此，我们热忱欢迎学界诸君提出批评与指正。

虚拟经济概念及市场经济"二元格局"理论的提出，看似偶然，却是必然。它拨云见日，让人们突然看清了自己所生活的这个时代的"庐山真面目"。然而，其意义可能被我们的社会公众严重地低估了。就我的感受而言，它带来的思想冲击与震撼，当不亚于 20 世纪 80 年代托夫勒掀起的《第三次浪潮》，也不亚于当下人们热议的区块链、人工智能、大数据以及元宇宙等。而法律，特别是始终站在市场经济历史洪流风口浪尖的经济法，随着经济理念及经济格局的不断变迁而不断革新，一定是势不可挡，也一定是不可逆转的。

我仍然坚信，必然是长期孕育的，但必然总是需要偶然来点亮的。

胡光志

2022 年 12 月 10 日

前　言

————————

　　"市场化、法治化、国际化"是当前期货市场改革的总体方略,正值《期货和衍生品法》颁布实施之际,实体企业风险管理的需求增加,如何将资本市场发展的总纲与期货市场法律制度建设紧密结合,如何让期货行业真正成为实体经济运行的稳定器和复苏的助推器,如何在整个虚拟经济体系中建立具有我国特色的期货法律制度,如何把握好改革的力度、节奏和期货市场承受程度,围绕上述重大问题,本书以"虚拟经济有限发展法学理论视角下的期货法律制度变革"为题,从法律层面探讨了当下期货法律制度的变革方案。

　　首先,本书阐述了虚拟经济有限发展法学理论与期货业立法之间的内在逻辑。在揭示虚拟经济有限发展法学理论"以实体经济需要为限,以实体经济安全为限"内核的基础上,本书通过分析虚拟经济有限发展法学理论与期货业立法内在的关联性,从历史、国别等角度阐述虚拟经济有限发展法学理论为什么能为包括期货业在内的虚拟经济行业发展树立全新的发展理念,为什么能在期货业发展过程中保障经济安全,为什么可为现行期货法律制度提供评估标准与变革路径。上述研究为后面章节的展开奠定理论基础,为法律制度变革提供指引。

　　虚拟经济有限发展法学理论视角下,期货交易主体制度变革举足轻重,关系到期货市场的稳定与交易安全。在虚拟经济有限发展法学理论框架下，期货业作为虚拟经济体系中的高端市场，"谁能交易"是守住期货业风险入口的关键与首要问题。投资者结构由散户为主向机构投资者为主转型，有必要在机构投资者进入的前、中、后期，予以各项法律制度的有效衔接。本部分首先讨论期货市场引入机构投资者的正当性，主要从必要性、可行性以及欧盟经验三个角度展开。继而，分析期货市场引入机构投资者的主要法律障碍，接着探讨期货市场引入机构投资者的法律制度准备，如全面、切实、有效贯彻实施《期货法》、降低机构投资者准入门槛、多维度完善侵权救济制度、完善投资者保障基金制度。最后，回到投资者结构变化的核心问题——非专业投资者权益的保护对策上，我们认为应从细化复杂产品识别标准、建立科学的客户分类标准、健全执行标准、违反适当性义务法律责任的追究机制等角度构建投资者适当性制度。

期货品种是期货交易的对象与标的，是期货交易顺利开展的前提，品种上市制度与期货交易主体制度共同构成"期货市场准入制度"。在不同的风险场域中，可交易哪些品种、交易标的如何进入市场应当依据风险大小而定；在虚拟经济体系中，期货品种上市具有与银行、证券业相区别的自身独特性。本书主要从上市模式比较、我国期货品种上市模式定位以及具体上市制度设计三方面予以研究。我们介绍了以审核模式、试运行模式、注册模式、审批模式的做法、适用条件、权限配置，随后重点探讨了审批模式的不足，指出《期货和衍生品法》实施之前我国期货品种上市模式过于"严格"，为了更好地服务实体经济发展，期货品种注册上市时应注意以下关键问题：一是要合理界定政府与市场在品种上市中的作用边界，二是明确期货品种上市的标准，三是优化期货品种上市的程序。从实体到程序，全方位完善我国期货交易品种的上市模式。

在准入制度探讨之后，本书进而对虚拟经济有限发展法学理论视角下的期货交易行为制度变革进行了分析，以高频交易为中心，探讨了新型交易模式的利弊，指出在提升市场效率的同时，我们更要关注其可能存在的风险隐忧。如利用"幌骗""塞单"等市场操纵手段来进行交易、频繁报撤单传递出虚假的信息、高频交易软件的不稳定性、高频交易带来的跨市套利引发市场崩溃的风险等。由于高频交易在我国尚属于起步阶段,有必要考察美国和欧洲防范高频交易风险的做法。我国应扬长避短,通过设定高频交易订单的最低停留时间,降低高频交易的成交速度,禁止操纵型高频交易策略,制定高频交易风险管控工具,如完善涨跌停板制度,规定日内最大持仓量,征收金融交易税。此外,还应合理配置高频交易的监管权。

在虚拟经济有限发展法学理论视角下,期货交易国际化及应对是不可回避的重要问题。与前三章主要从国内法律制度层面展开不同的是,本部分站在对外开放的角度、立足全球视野思考我国如何在开放经济条件下通过立法保障期货业安全有效运行。本书的论证主要围绕如何在虚拟经济有限发展法学理论指导下把握好期货业对外开放的度,发挥对外开放的积极作用,减少其负面效应而展开。当前,我国期货交易的国际化已经取得了初步的成效,但也要注意从"引进来"到"走出去",从监管体制的不完善到境内投资者专业知识和能力的缺失,都使得我国期货交易在国际化的过程中面临不可避免的风险。为了更好地推动我国期货交易的国际化进程,我国期货市场的对外开放应该在我国资本市场总体开放战略的框架下有节制地进行。期货交易的国际化程度高低可以从三个方面来把握:一是期货制度是否与国际接轨,二是投资者是否能实现国际化,三是交易品种是否具有全球投资价值。

本书前言、第一章、第三章、第四章、结语由张美玲撰写,第二章、第五章、第六章由黄秋娜撰写。

目　录

第一章 绪 论

一、研究背景与意义

近年来,我国资本市场改革的步伐不断加快,聚焦市场化、法治化、国际化改革路径,2014 年国务院印发了《关于进一步促进资本市场健康发展的若干意见》(又称新"国九条"),文件提出要坚持市场化和法治化取向,维护投资者特别是中小投资者合法权益,紧紧围绕促进实体经济发展,激发市场创新活力,拓展市场广度深度,扩大市场双向开放等指导思想,确立了"处理好市场与政府的关系、处理好创新发展与防范风险的关系、处理好风险自担与强化投资者保护的关系、处理好积极推进与稳步实施的关系"四大原则,为资本市场的发展指明了方向。

正值《期货和衍生品法》颁布实施之际,又受新冠疫情与中美贸易摩擦的影响,实体企业风险管理的需求增加,如何让期货行业真正成为实体经济运行的稳定器和复苏的助推器,处理好期货与实体经济这对"鱼水"关系[1],如何将资本市场发展的总纲与期货市场法律制度建设紧密结合,如何在整个虚拟经济体系中建立具有我国特色的期货法律制度,如何把握好改革的力度、节奏,使之与期货市场的承受程度相适应,是关乎期货市场健康发展

---

[1] 李金祥:《疫情下期货行业服务实体经济的思考》,《期货日报》2020 年 5 月 25 日第 3 版。

的重大问题。围绕上述问题,本书以"虚拟经济有限发展法学理论视角下的期货法律制度变革"为题,从法律层面探讨当下期货法律制度变革方案。

从理论角度来看,一是拓展和深化了金融安全理论。在虚拟经济有限发展法学理论下探讨期货法律制度变革方向,是将期货纳入与实体经济对称的虚拟经济体系中的整体思考,是在既往狭义的金融安全理论基础上的深化与拓展,从纵深角度赋予金融安全新的内涵与时代任务。二是突破仅围绕期货交易行为研究的传统路径,建立涵盖准入制度、交易行为、对外开放等范畴的较为全面的风险防控体系。

从实践角度来看,提出适合当前"市场化、法治化、国际化"背景下期货市场的法律制度变革方案,为期货监管部门提供决策参考;期货品种上市标准的确立与程序的规范有利于进一步实现期货市场法治化,减少权力行使的随意性;期货投资者适当性规则的建立为中小投资者权益保障提供了新的路径;期货市场对外开放法律策略的提出可为当下期货公司转型、交易品种国际化提供建设性建议。

二、期货市场的虚拟经济本质特征

期货市场是高度虚拟化的市场。以下从期货市场的功能、合约特征、实物交割比重、衍生路径、风险防控制度、跨市场监管制度等方面予以具体分析。

(一)期货市场具有套期保值和风险管理功能

期货市场承载着价格发现与风险管理职能。由于参与期货交易的主体众多,包括生产者、贸易商、加工商、投机者等主体,信息全面,交易量大,价格客观,而且能实现地方市场与全国市场、国内市场与国际市场的统一,因此价格成为现货价格的风向标,当期货价格变动时,现货价格也会跟涨跟跌。而现货价格由市场供求关系决定,在不同地区价格差异较大,如农产品在不同地域的种植成本、气候条件、运输成本各不相同,而期货在国内价格统一,当期货国际化水平较高时,定价能力也相应提高,与国际市场价格越接近。

期货市场在服务实体经济、履行脱贫攻坚社会责任方面责无旁贷。例如,中国期货业协会在 2017 年 3 月 16 日、10 月 10 日先后发布《期货经营机构服务实体经济行动纲要(2017—2020)》《关于期货行业履行脱贫攻坚社会责任的意见》,其中就服务"三农"新模式作了重要部署,在近年来开展的"保险+期货"农产品价格保险、农民收入保险方面取得了明显的成效。

(二)期货合约为标准化合同

中国证券监督管理委员会(以下简称证监会)于 2020 年 2 月 26 日发布了金融行业标准《期货合约要素》(JR/T 0181—2020),我国期货合约包括 17 个要素,具体为合约名称、基础资产、交易单位、报价单位、最小变动价位、涨跌停板幅度、合约月份、交易时间、最后交易日、交割日期、交割品级、交割地点、交割单位、最低交易保证金、交割方式、交易代码、上市交易场所。从这些要素可以看出,期货交易与现货交易差异很大。例如,在交易单位方面,《大连商品交易所生猪期货合约》要求交易单位为 16 吨/手,合约月份为 1、3、5、7、9、11 月,涨跌停板幅度为上一交易日结算价的 4%,最低交易保证金为合约价值的 5%,这些要素明显区别于现货合同。因为现货交易没有交易起点限制,可随时交易,当价格出现剧烈波动时多由价格主管部门调控,按商品市场价格交易,不具有杠杆性。

(三)期货合约实物交割比重小

期货交割分为两种方式:一是实物交割,二是现金交割。前者运用于商品期货,后者运用于股指期货。

商品期货市场之所以设置实物交割制度,主要目的是通过实物交割使期货、现货两个市场得以实现相互联动,期货价格最终与现货价格趋于一致,使期货市场真正发挥价格晴雨表的作用,而且可以避免过多的投机行为。实物交割过多,意味着期货市场流动性差;交割过少,则意味着市场投机性强。当前,在成熟的国际商品期货市场上,实物交割率一般不超过 5%,我国期货市场的交割率一般也在 3% 以下,绝大多数期货合约以平仓方式完结交易。

(四)期货产品衍生路径复杂

金融衍生品结构复杂性的判断,应该分析衍生路径、参与衍生的变量以及与基础证券的内在关联性等方面。如恒生指数期货以香港股票交易所的 33 种股票的加权平均股票价格作为标的商品,各种股票的权重也会定期调整;在与基础证券的关联上,股票指数是其基础资产,但股指期货价格的变动容易受宏观经济、行业动态以及股指现货走势特别是有较大影响的权重股的走势影响。又如,在中国金融期货交易所上市的中证 500 股指期货,其样本股的选择达到沪深证券市场的 500 只股票之多,既考虑了市值情况,又参考了日均成交金额、日均总市值等经济指标,最终形成中证 500 指数样本股。

(五)期货市场需要建立一揽子风险防控制度

根据《期货和衍生品法》第八十五条的规定,期货交易场所应履行对期货交易进行实时监控和风险监测的责任。期货交易所的风险管理制度包括保证金制度、当日无负债结算制度、涨跌停板制度、持仓限额和大户持仓报告制度、风险准备金制度等。此外,交易所相关自律规则还专门对强行平仓制度、风险警示制度作出了相关规定。上述制度设计旨在营造公开、公平、公正的交易环境,防范欺诈、内幕交易和操纵期货交易价格等违法行为,为期货市场的正常运行保驾护航。

而现货市场交易机制相对简单,国家仅对部分农产品设立了储备制度、最低价收购制度、农业保险制度来防范异常的价格波动,大多数现货商品交易交由市场自发调节,在出现紧急情况时价格主管机关才对市场价格进行调控。

(六)期货市场与现货市场的联动机制需要多方配合

2007 年在证监会统一部署和协调下,上海证券交易所、深圳证券交易所、中国金融期货交易所、中国证券登记结算公司和中国期货保证金监控中心公司在上海签署了股票市场和股指期货市场跨市场监管协作系列协议,包括《股票市场与股指期货市场跨市场监管备忘录》《股票市场与股指期货市场跨市场监管信息交换操作规程》《股票市场与股指期货市场跨市场监管反操纵操作规程》《股票市场与股指期货市场跨市场监管突发事件应急预案》,主要围绕信息交换机制、风险预警机制、共同风险控制机制和联合调查机制建立合作方案。

综上可见,期货是虚拟化的金融产品,具有较大的风险放大性,作为复杂金融产品,与现货交易相比,无论是产品设计还是交易规则,都呈现出较大的差异性,期货与现货分属于虚拟经济、实体经济两个不同的经济领域。

三、期货市场有限发展的实践探索

在我国,现代意义上的期货交易始于 1990 年,最初开展的是商品期货交易。在 30 余年的发展历程中,期货市场从无到有,从不成熟到日臻完善,各项法律制度在接受实践的检验与时间的考验之后,期货市场有限发展立法的整体框架与思路日渐明晰。事实证明,选择期货市场有限发展的路径是我国必然的选择。

(一) 期货品种上市的放与管

1.品种竞争性上市的历史教训

根据《国务院办公厅转发国务院证券委员会关于停止钢材、食糖、煤炭期货交易请示的通知》(国办发〔1994〕52号),当时全国钢材、食糖期货上市的基本情况为:有15个交易所推出相同的钢材期货品种,7个交易所进行相同品种的食糖期货合约交易。

这种多家交易所交易同一品种的模式带来极大的危害。一是造成重复上市、资源浪费。品种开发涉及市场调研、技术研发、合约设计、实物交割仓库的选择与布局等问题,需要投入大量的费用,比如芝加哥商业交易所平均每个品种的开发费用为200万美元[①],如果让多家交易所同时开发一个品种,势必造成资源的大量浪费。二是妨碍了期货市场价格发现和套期保值的基本经济功能。期货市场权威性价格的形成,不仅依赖于大量的交易汇聚于此,而且需要大量的生产商、贸易商、加工商进行全面的信息交换,如果交易量小,客户分散,就难以对市场作准确预测进而形成权威价格,这正是国外很多交易所都专注于同类商品交易的原因,如伦敦金属交易所专注于金属交易,芝加哥商品交易所专注于农产品交易,东京工业品交易所专注于工业品交易。三是对市场物价波动起了推波助澜的作用。由于多家交易所开展竞争性交易,难以形成权威的定价基准,部分投机者甚至借机制造炒作题材,如利用农产品生产周期、种植面积、市场前景、供需变化、财政政策变化、地缘政治事件、自然灾害进行人为炒作,哄抬物价,令投资者一头雾水,难辨真伪。

正是这种竞争性上市带来了如上诸多弊端,我国监管机构当机立断,对品种上市制度进行了有限上市的系列改革。主要有:

---

① 薛卫、赵丽:《对我国期货品种创新的研究》,《辽宁经济》2004年第5期,第60-61页。

一是宣布停止钢材、食糖的标准化期货合约交易,同时,做好该品种有关的衔接工作。针对已经经营钢材和食糖期货的交易所,要求停止推出1994年10月份以后的期货合约,针对正在交易的相关品种的期货合约,可继续交易到其交割日。这样,既考虑到了交易的稳定性,又保护了投资者的利益,同时,从宏观、长远角度来看也确定了该品种的市场退出方案。

二是规范现货交易。停止钢材、食糖的标准化期货合约交易后,允许继续以非标准化远期合同的形式进行交易,但是严禁非法倒卖合同、转手抬价。非标准化远期合同虽有远期交易的特点,但是由于合约没有标准化,仍不是实际意义上的期货交易,一般交易量小,风险可控。

三是品种上市权限上收,集中于监管机构。明确规定各交易所今后一律不得自行决定上市新期货品种。期货品种上市要经过充分的论证后,报证券监督管理委员会审批,实现了上市审批的统筹、集中管理,杜绝各交易所上市中的各行其是。实践证明,之前竞争性的、不受约束的上市机制并不适合我国尚不成熟的期货市场。正如小孩未成年时需要其父母的监护,才能使其树立正确的价值观,行为走上正轨。一个不成熟的期货市场,同样离不开监管机构的适当管控。

2.当前品种上市的基本布局

截至2023年3月9日,在郑州商品交易所上市的品种有两大类:农产品、非农产品。其中,农产品有强麦、普麦、棉花(期货/期权)、白糖(期货/期权)、菜籽油(期货/期权)、早籼稻、油菜籽、菜籽粕(期货/期权)、粳稻、晚籼稻、棉纱、苹果、红枣、花生(期货/期权)共计14个期货品种,5个期权品种。非农产品有PTA(期货/期权)、甲醇(期货/期权)、玻璃、动力煤(期货/期权)、硅铁、锰硅、尿素、纯碱、短纤共计9个期货品种,3个期权品种。

在大连期货交易所交易的品种有农业品、工业品两大类。其中农业品有玉米(期货/期权)、玉米淀粉、黄大豆1号(期货/期权)、黄大豆2号(期货／期权）、豆粕（期货／期权）、豆油（期货／期权）、棕榈油（期货／期权）、纤维板、胶合板、鸡蛋、粳米、生猪等 12 个期货品种，6 个期权品种。工业品有聚乙烯（期货／期权）、聚氯乙烯（期货／期权）、聚丙烯（期货／期权）、焦炭、焦煤、铁矿石（期货／期权）、乙二醇、苯乙烯、液化石油气（期货／期权）等 9 个期货品种，5 个期权品种。

在上海期货交易所交易的品种有金属、能源化工两大类。其中金属类有铜（期货／期权）、铜（BC）、铝（期货／期权）、锌（期货／期权）、铅、镍、锡、黄金（期货／期权）、白银（期货／期权）、螺纹钢（期货／期权）、线材、热轧卷板、不锈钢等 13 个期货品种。能源化工类有原油（期货／期权）、低硫燃料油、燃料油、石油沥青、天然橡胶（期货／期权）、20 号胶、纸浆等 7 个期货品种。该交易所总共有 8 个期权品种。

在中国金融期货交易所，则有权益类、利率类两种产品。前者包括沪深 300 股指期货／期权、中证 500 股指期货、中证 1000 股指期货／期权、上证 50 股指期货／期权，后者包括 2 年期、5 年期、10 年期国债期货 3 个品种，该交易所的期权产品目前已有 3 个。

在 2021 年 1 月 22 日新成立的广州期货交易所，2022 年 12 月 22 日上市了工业硅期货和工业硅期权，期货市场首个绿色品种正式上市。

综上可见，我国当前期货品种上市的基本特征如下：

一是商品期货、金融期货分别在不同期货交易所上市。由于商品期货在交割仓库、实物交割、投资者类别、与现货市场的联系等方面与金融期货存在较大差异，我国的两类期货分别由不同期货交易所集中交易，适用不同规则，这种做法是可取的。

二是每个期货品种只在一个交易所上市。历史经验表明，不同交易所同时开展相同的期货交易，容易导致交易量分散，难以形成权威价格，造成资源浪费，引发通货膨胀。限定每个交易品种集中交易的场所，促使交易适度集中，能为我国期货市场发展壮大、争取国际定价话语权赢来更多机遇。

三是期权产品上市加快。期权品种从无到有，自 2017 年上市豆粕期权合约第一个产品以来，为服务实体经济发展，提供更好的避险工具，仅 2019 年就推出了 8 个期权产品。

此外，期货品种国际化步伐继续加大。自 2018 年上市原油期货国际化品种以来，又陆续推出了铁矿石、PTA、20 号胶等品种，2018 年被誉为"期货市场品种国际化元年"①，这一举措进一步加大了上述品种定价的国际影响力。2022 年 9 月 2 日，合格境外机构投资者（QFII）和人民币合格境外机构投资者（RQFII）可参与我国 41 个期货和期权品种。2022 年 12 月 26 日，黄大豆 1 号、黄大豆 2 号、豆粕、豆油期货和期权正式引入境外交易者，国际化期货期权品种再次扩容。

（二）期货交易所设置的宽与严

1.早期期货交易所大量设置的乱象与治理

1992—1993 年，我国期货交易所发展很快，从个位数迅速增加到六七十家。② 与同期国外比较成熟的期货市场进行对比，美国仅有 24 家期货交易所，多数分布在芝加哥和纽约这些国际金融中心，英国的期货交易所则有 11 家，仅伦敦这一国际金融中心就汇聚了 9 家之多。③

针对我国期货市场发展过快，投机、炒作、恶性竞争乱象丛生的局面，国务院先后进行了两次整顿。首次整顿为 1993 年，主要依据交易额、实物交割率、日平均交易额、会员数量、在国内的影响力、地处城市特征、管理人员素质等审核交易所，最终确立试点阶段期货交易所的数量为 15 家。第二次

---

① 胡俞越、杨画画、季麟：《2019 年国内期市盘点》，《期货日报》2019 年 12 月 31 日第 4 版。

② 李正强、刘岩：《中美衍生品市场发展路径》，《中国金融》2017 年第 23 期，第 79-81 页。

③ 赵宁：《建立我国期货市场的思考》，《经济问题》1993 年第 6 期，第 58-60 页。

清理整顿为 1998 年,依据同城合并、异地联网、平稳过渡的方案,对当时 14 家期货交易所进行整顿和撤并,仅在上海、郑州和大连保留 3 家商品期货交易所。

2.当前和未来期货交易所的设置格局

目前我国的三家商品交易所分别设在上海、郑州和大连这些中心城市,交通便利、通信方便、金融业发达。2019 年迪拜"全球金融峰会",发布了第 25 期全球金融中心指数(GFCI 25)。该指数从营商环境、人力资源、基础设施、发展水平、国际声誉等方面对全球重要金融中心进行了评分和排名,上海位居全球第 5,仅次于纽约、伦敦、中国香港、新加坡,大连也跻身于 100 强,排在第 96 位。从国内看,中国(深圳)综合开发研究院中国金融中心指数第 14 期报告指出,内地 31 个金融中心城市在综合竞争力、金融产业绩效、金融机构实力、金融市场规模、金融生态环境等方面的综合排名中,上海排在首位,郑州排在第 12 位,大连排在第 14 位。[①]

在金融期货方面,经国务院同意,中国证监会批准,2006 年 9 月 8 日,上海期货交易所、郑州商品交易所、大连商品交易所、上海证券交易所和深圳证券交易所在上海共同发起设立中国金融期货交易所。此后,四所交易所的全国期货市场布局基本稳定了。

未来我国期货交易所如何创新发展,国家给予了充分重视。2019 年 2 月,中共中央、国务院发布的《粤港澳大湾区发展规划纲要》提出,支持广州建设绿色金融改革创新试验区,研究设立以碳排放为首个品种的创新型期货交易所。为什么会选址广州呢?首先,在最新的 31 个中国金融中心指数综合竞争力排名上,广州仅次于上海、北京、深圳,位居第 4;其次,广州地理位置优越、经济实力雄厚、创新要素集聚、国际化水平较高,在粤港澳大湾区建设中,起着重要的桥梁和沟通作用。

---

① 佚名:《第十四期中国金融中心指数(CFCI 14):走进重庆》,金融中心信息网,2023 年 2 月 24 日。

2021 年 1 月 22 日,证监会已批准设立广州期货交易所,同年 4 月 19 日正式揭牌。这一改革意味着:一是以碳排放权为新型品种的交易所正式诞生,改变了长期以来全国四所期货交易所的传统布局;二是碳排放权的开发,期货品种创新再上台阶,未来更多的创新型品种交易有望逐渐有序开展,期货品种结构不断优化;三是期货交易所公司化改革步伐加快,广州期货交易所成为国内首家混合所有制交易所。

(三)各类主体参与期货市场门槛设置的高与低

在期货市场,由于每一类交易主体参与期货交易的风险、影响面与程度存在较大区别,所以在是否允许参与期货市场交易上,门槛设置各不相同。以下主要从单位性质、资金来源、是否盈利等角度展开分析。

1.禁止国家机关和事业单位参与期货交易

按照机构设置方案,国家机关往往需要代表国家履行一定的公共管理职能,其资金来源于财政拨款,是非营利性单位。如果国家机关参与期货交易导致亏损,势必会影响其公共职能的正当、顺利行使,造成财政资金的流失,让纳税人的权利无法得到保障。同理,事业单位也不从事生产经营,所需经费由财政负担,在教育、科技、文化、卫生等方面提供公共服务,经营范围一般局限于某一专门性的公共领域。

所以,无论是早期的期货立法如《国务院关于坚决制止期货市场盲目发展的通知》(国发〔1993〕77 号),还是整顿期的《国务院办公厅转发国务院证券委员会关于坚决制止期货市场盲目发展若干意见请示的通知》(国办发〔1994〕69 号)、《国务院关于进一步整顿和规范期货市场的通知》(国发〔1998〕27 号)等文件精神,抑或 2016 年《期货交易管理条例》,无不严格禁止国家机关和事业单位从事期货交易。

2.禁止监管机构工作人员从事期货交易

从我国期货业监管体制来看,目前有证监会、4 家期货交易所、期货业协会、中国期货市场监控中心有限责任公司①等监管机构的工作人员。

首先,作为监管机构的工作人员,由于履行职务所需,工作当中可能会接触到有关期货的内幕信息,而内幕人员参与期货交易一则可掌握先机为自己牟利;二则影响期货市场的正常运转,加剧期货市场非法行为的产生。

其次,监管人员监管者、交易者一身二任,容易出现串通、合谋行为,可能会放松期货交易监管,甚至放纵有关主体的违法行为。此外,极有可能出现为了个人私利损害其他投资者利益的行为,如释放错误信号,误导其他投资者,干扰期货市场的正常运行。

应当注意的是,这一制度也是随着期货市场监管体制的完善而不断成熟的。比如 1999 年《期货交易管理暂行条例》中仅提到证监会的工作人员,随着 2000 年 12 月中国期货业协会的成立以及 2006 年 3 月中国期货保证金监控中心的组建,还有监管放权过程中期货交易所管理地位的日益突出,这些管理机构的工作人员或多或少都对期货市场的运行产生了影响,故而禁止从事期货交易的监管机构工作人员范围也与时俱进,不断扩容,并写入 2007 年的《期货交易管理条例》。

3.国有企业参与期货交易的解禁

自国发〔1993〕77 号文件确立国有企业参与期货交易的"从严控制"战略后,国办发〔1994〕69 号文件重申要"严格限制",并明确了四项限制:一是以套期保值为主,防止投机交易,以防国有资产的流失;二是交易品种限制,国有企业并非可以涉入任何上市期货品种,如果该期货品种与自己的生产

---

① 中国期货市场监控中心有限责任公司,简称中国期货监控,由原来的中国期货保证金监控中心更名而来。其组建程序是:经国务院同意,中国证监会决定设立,于 2006 年 3 月成立的非营利性公司制法人。其股东单位有四家期货交易所,注册资本共计 13.65 亿元。

经营无涉,则不得进行交易;三是营利性限制,亏损单位不得进入期货市场交易;四是程序限制,参与期货交易要么征得其主管部门的同意,要么由公司董事会做出决定,并且要建立、规范期货交易的资金总额、资金来源、资金运用、账务处理等各项规章制度,避免盲目混乱情形的产生。

从 1999 年《期货交易管理暂行条例》第三十条来看,国有企业参与期货交易已经不在禁止之列,这在之后的期货立法中也得到巩固。随着社会主义市场经济的发展,国有企业的竞争意识强化,面临的国内外市场挑战日渐加强,有必要参与到期货市场进行风险锁定与套期保值,转化价格风险。

4.金融机构参与期货交易的渐进式有限度放开

第一阶段:金融机构严格禁止参与期货交易(1990—2007)。《国务院关于进一步整顿和规范期货市场的通知》(国发〔1998〕27 号)文件第五条在规范期货市场监管法律制度时,将金融机构与事业单位、党政机关并列为三大禁止参与期货交易的市场主体,可见当时对金融机构参与期货交易的控制之严格。之后,在 1999 年《期货交易管理暂行条例》第三十条中,国家又对期货公司接受委托的主体范围予以限制,金融机构、事业单位、国家机关再次并列为第一大类禁止主体。

金融机构之所以被排除在交易主体之外,主要是基于金融分业经营以及风险把控的需要。在监管主体上,当时在银行、保险、证券等金融领域分别设立了银监会(2003 年 4 月)、保监会(1998 年 11 月)、证监会(1992 年 10 月)进行监督管理,如此一来,在不同的金融领域形成了相对稳定且较为封闭的市场环境。避免银行将资金用于高风险投资活动,不仅有利于保护储户的资金安全,也能防止跨界的金融风险传导,还能有效避免因竞争与混业经营可能带来的综合性金融机构内部不同业务之间的竞争与协同困难。

第二阶段:金融机构有限度地参与期货交易(2004 年—至今)。翻开期货立法史,2007 年《期货交易管理条例》一改往日的立法姿态,在第二十六条第一款中不再将金融机构与国家机关、事业单位并列为不得从事期货交易的主体。可见,金融机构这一主体由被禁止逐渐得以放开。

在此之前,银监会对银行、信托投资公司、财务公司、金融租赁公司、汽车金融公司法人,以及外国银行在中国境内的分行参与金融衍生交易已出台相关规定。从银监会2004年2月4日颁发的《金融机构衍生产品交易业务管理暂行办法》来看,金融机构的衍生业务区分为两类:自营业务(包括套期保值和投资行为),经纪业务(部分业务担任做市商角色)。在市场准入程序方面,严格经过银监会的批准,如果涉及外汇方面,还要遵守外汇相关管理规定;条件方面,在风控制度、实时监控、主管人员、交易人员、场所与设备等方面均应符合相应要求。之后,2005年《对中资银行衍生产品交易业务进行风险提示的通知》以及《外资银行衍生产品业务风险监管指引(试行)》,2011修订的《金融机构衍生产品交易业务管理暂行办法》对金融机构参与衍生交易活动作出了更为规范的要求。

从场外衍生业务来看,中国人民银行2009年颁发的《中国银行间市场金融衍生产品交易主协议》(公告〔2009〕第4号)针对市场参与者间以一对一方式达成的、按照交易双方具体要求拟定交易条款的金融衍生合约(如利率、汇率、债券、信用等衍生产品和黄金衍生产品,以及前述衍生产品交易的组合等)进行了规范,重在督促市场参与者在进行场外衍生交易时构建与完善内部控制、风险管理制度,避免场外风险渗透到场内,衍生交易风险转移到银行业金融机构。《期货和衍生品法》第三十一条对金融机构开展衍生品交易业务的资格问题进行了规定,程序为批准或者核准,并不自动取得场外衍生交易资格。

5.境外机构和个人投资期货公司、参与期货交易的演变

从我国期货公司投资主体对外开放的路线图来看,境外机构和个人投资期货公司立法可以划分为三个阶段:(1)禁止跨境交易阶段(1988—

2007）。国办发〔1994〕69 号文件强调我国期货市场还处在试点阶段，要本着"规范起步，加强立法，一切经过试验和严格控制"的原则稳步发展……各期货经纪公司均不得从事境外期货业务；国发〔1998〕27 号文件再次重申"严格控制境外期货交易"；2004 年《国务院关于推进资本市场改革开放和稳定发展的若干意见》（国发〔2004〕3 号）提到"坚持循序渐进，不断提高对外开放水平"，"鼓励具备条件的境外证券机构参股证券公司和基金管理公司"，本轮资本市场改革开放与期货市场无缘。（2）限比例允许外资参股期货公司阶段（2007—2019）。2007 年 11 月，国家发改委与商务部颁布了《外商投资产业指导目录（2007 年修订）》，将外资入股期货公司的规定，由之前的"禁止投资"改为"限制投资"，在政策层面对外资入股期货公司不再作明确限制。2012 年 5 月，证监会发布《关于期货公司变更注册资本或股权有关问题的规定》，明确了境外投资者对期货公司间接持股上限为 5%，这一规定在 2018 年证监会发布的《外商投资期货公司管理办法》第五条中得以明确。（3）外资参股期货公司不设比例限制新阶段（2020—至今）。自 2020 年 1 月 1 日起，我国取消期货公司外资股比限制，相比原定计划提前了一年[①]，这一改革有利于吸引更多外资进入我国期货市场，有利于我国期货公司转型升级。2020 年 7 月 21 日摩根大通期货完成股权及相关变更，意味着国内首家由外资全资控股的期货公司得以面世。

而境外机构与个人参与期货交易立法可以分为两个阶段：（1）政策、规则准备阶段（2012—2017）。2012 年 12 月 1 日《国务院关于修改<期货交易管理条例>的决定（2012）》规定："符合规定条件的境外机构，可以在期货交易所从事特定品种的期货交易。"新"国九条"文件规定："便利境内外主体跨境投融资。扩大合格境外机构投资者、合格境内机构投资者的范围，提高投资额度与上限。稳步开放境外个人直接投资境内资本市场。"之后，2017

---

① 胡俞越、杨画画、季麟：《2019 年国内期市盘点》，《期货日报》2019 年 12 月 31 日第 4 版。

年 5 月 11 日上海国际能源交易中心发布的《境外特殊参与者管理细则》第二条规定,境外特殊参与者是指符合我国证监会及能源中心规定条件,经能源中心审核批准,在能源中心直接入场交易的境外机构。(2)正式开放阶段(2018—至今)。2018 年 3 月 26 日,原油期货作为首个国际化期货品种,在上海期货交易所子公司上海国际能源交易中心挂牌交易,境外机构参与我国期货交易进入实质化阶段。随着境内特定品种期货的不断丰富与交易经验的不断积累,2019 年 2 月 26 日,大连商品交易所发布《关于允许境外个人客户参与我所铁矿石期货交易的通知》,境外个人客户参与我国期货交易的通道已逐渐打通。

6.信贷、拆借、财政三类资金进入期货市场的禁止性规定

《国务院关于坚决制止期货市场盲目发展的通知》(国发〔1993〕77 号)明确提出"严禁用银行贷款从事期货交易",《国务院办公厅转发国务院证券委员会关于暂停梗米、菜籽油期货交易和进一步加强期货市场管理请示的通知》(国办发〔1994〕92 号)再一次重申信贷资金不得流向期货市场,并且增加了拆借资金进入期货市场的限制。国发〔1998〕27 号文件第五条"加快法规建设,进一步加强对期货市场的监管"中,将信贷资金、财政资金同时列入禁止范围,无论以何种形式流入期货市场,都是非法的。《期货和衍生品法》第二十八条规定"任何单位和个人不得违规使用信贷资金、财政资金进行期货交易",这一规定沿袭了 2007 年《期货交易管理条例》第四十四条之规定。

从资金持有单位来看,信贷资金的持有者一般是从银行借款的企业或个人,拆借资金要么是银行类金融机构从同业拆借市场获得,要么是企业集团成员从财务公司获得,而财政资金则是国家机关、事业单位、公益性团体因履行职责需要,从国家获得的财政拨款。

从风险来看,客户从银行借款,需要按照借款合同约定用途使用贷款,

这既是借款人的义务,也是借款人顺利通过银行审查的原因所在,如果借款用途为投机,则借款自然不能实现。因此借款专款专用,理应如此。对于银行间拆借市场,或者集团成员向财务公司拆借资金,都限于临时资金周转不足的情形,根据《商业银行法》第四十六条,拆借用途有严格规定,不能随心所欲。财政资金取之于民,也应用之于民,投资期货市场属于盈利行为,不符合财政资金用于公益性事业的目的。因此,信贷、财政资金违规进入期货市场是禁止的。

四、期货市场有限发展的学术探索

期货市场属于金融领域的高端市场,具有区别于传统金融市场的独特风险特征,围绕其发展路径问题,学界开展过很多有益的探讨,主要在以下方面展开。

(一)期货立法与期货市场发展历程研究

任何一部金融法律的产生与运行都不能脱离其本国的市场环境,期货立法更不例外。

首先,期货立法应该考虑哪些因素。第十二届全国人大常委会委员、财经委副主任吴晓灵认为,期货法的出台需要具备市场基础、制度基础、监管基础三个基本条件。[①] 证监会前主席周正庆总结了期货市场早期"先实践,后立法"的基本背景,指出当前我国期货市场已步入正轨、期货品种结构日渐合理(金融期货的成功运行)、零散规则需要行业大法予以统合等因素使得期货市场立法不仅可行,而且必要。[②] 刘俊海教授独辟蹊径,从期货市场

---

① 吴晓灵:《〈期货法〉立法条件已基本成熟》,《中国期货》2014 年第 1 期,第 13-15 页。
② 周正庆:《〈期货法〉推出时机已逐渐成熟》,《中国期货》2011 年第 6 期,第 10-11 页。

国际化的角度进行思考,认为期货市场立法是确保境外投资者、参与者对我国期货市场保有信心的不二法门。[1] 众多学者认为期货法制定应展现改革的勇气与智慧,坚持市场化、法治化、国际化的改革取向,充分考虑期货市场改革战略大背景。[2]

其次,期货市场不同发展阶段不同立法模式研究。周正庆把期货市场早期试点阶段立法模式概括为"先实践,后立法"模式[3],期货市场探索构建阶段为"零散立法"模式。中金所法律部则认为当今期货市场步入有序发展阶段,立法模式应为"行业基本法"模式。[4]

(二)规范期货品种上市制度研究

期货品种上市问题从来都是期货立法中的突出与难点问题。然而并非所有商品都有必要标准化进入期货市场交易,其品种选择的标准不仅是个技术问题,也是一个法律问题。

首先,期货市场承载的功能与品种上市制度构建。商品期货是金融创新的产物,对于为什么要开发出这一金融衍生品,或者说商品期货有何功能,经济学界、法学界都有过研究。如经济学家唐·钱斯认为商品期货具有风险管理、价格发现、操作优势、市场有效性四个功能。[5] 也有人认为商品期货具有规避风险、发现价格、资源配置三重功能。[6] 李永东指出期货市场具有五个功能:稳定市场价格、平衡计划调节与市场调节、降低商品的运输费用和仓储费用、减少资金积压、创造良好的外部经济环境从而起到间接调节

① 罗文辉:《国际化或倒逼〈期货法〉早日出台》,《第一财经日报》2013年6月3日第A12版。

② 曲德辉、彭峭:《专家、业内人士热议期货立法:期货法制定应展现改革的勇气与智慧》,《期货日报》2014年3月12日第2版。

③ 周正庆:《〈期货法〉推出时机已逐渐成熟》,《中国期货》2011年第6期,第10-11页。

④ 中金所法律部:《期货法立法的必要性及建议》,《期货日报》2014年6月17日第5版。

⑤ 唐·钱斯、罗伯特·布鲁克斯:《衍生工具与风险管理(第7版)》,丁志杰、郭凯译,机械工业出版社,2010,第10-12页。

⑥ 黄春花:《我国期货市场交易品种问题研究》,西南财经大学硕士论文,2004,第4-5页。

经济的作用。① 还有学者认为期货市场功能可区分为基本功能、派生功能、国际新形势下的衍生功能。其中,基本功能为价格发现、套期保值;派生功能有:微观意义上的风险管理功能、宏观意义上的减小经济波动的功能;经济全球化、国际化新时代下,期货市场还充当着巩固区域经济的金融地位功能、开放经济中提高一国经济开放程度功能、定价权功能。② 也有学者将期货市场功能区分为基本功能、衍生功能,除价格发现、套期保值两个基本功能外,还具有八个衍生功能,包括投机套利、节省交易成本、市场组织、提升期货定价权、提升国际金融中心地位、链接实体经济与虚拟经济、平抑价格、完善现货市场体系等。③

在法学界,有学者将期货功能划分为主要功能和附带功能,其中主要功能有规避价格风险、价格发现,附带功能有促进市场供求和价格的稳定、降低交易成本、作为投资工具有助于合理利用社会闲置资金。④ 另有学者认为,期货市场的制度功能有四个:降低交易费用、分散和降低风险、完善市场体系、强化市场制度的组织功能。⑤ 还有学者认为我国期货市场的现实功能为:促成经济活动由计划保障向市场保障转变;使市场风险由国家消散向社会分散转变,从而使风险承担主体由单一化走向多元化;投资主体从单一向多元转变,从微观上增强了经济活力;使国家宏观调控机制发生效力,发挥了国家宏观经济调控传感器的作用。⑥ 罗咏箴在《我国期货市场呼唤法制》一文中指出期货市场在促进社会经济发展方面有三种功能:参考功能、对冲

① 李永东:《论期货市场的重要作用》,《经济研究》1986 年第 12 期,第 45-48 页。
② 赵继光:《中国期货市场的功能研究》,吉林大学博士论文,2007,第 4-17 页。
③ 任俊涛:《中国黄金期货市场功能研究》,中共中央党校博士论文,2011,第 65-67 页。
④ 陈少云:《期货监管立法研究》,中国政法大学博士论文,2007,第 4-6 页。
⑤ 张群群:《论市场法律基础状况对期货市场功能的影响》,《法商研究》(中南政法学院学报 1997 年第 1 期,第 58-62 页。
⑥ 陈益民:《期货市场的现实功能及其法律控制》,《法律科学》(西北政法学院学报)1994 年第 1 期,第 50-53 页。

功能、投机功能。[①]

从经济学与法学界的研究来看,在商品期货市场发展的不同阶段,其功能表现也有差异。比如,在期货市场起步阶段,商品期货具有促成经济活动由计划保障向市场保障转变、强化市场制度的组织功能;随着商品期货市场的发展壮大以及国际化程度的提高,提升期货定价权、提升国际金融中心地位的功能则日益突出。

其次,期货品种上市的标准与遴选。多数学者认为,拟上市的期货品种具备如下商品属性:其一,适宜储存。由于商品期货的现货商品为实物形式,具有保质期,要实现套期保值与实物交割,必须满足商品在持有期间品质上不发生腐烂变质、数量上不减少的条件,这样才能实现远期交易。其二,具有同质性。每一份期货合约都是标准化的,其质量等级能清楚无误地进行划分。该商品具有官方或行业普遍认可的质量标准体系,才符合期货交易的要求。其三,价格波动频繁。价格波动是促成期货市场套期保值者与投机者加入的重要原因。对套期保值者来说,价格波动是其锁定成本、防范风险的重要动因;对投机者来说,价格波动才能有赚取价差的可能性。Telser(1981)认为价格是否变动是某种商品是否适宜进行期货交易的重要评价指标。[②] 其四,拥有良好的现货基础。活跃的现货市场具有如下特征:具有充足的货源,大量交易者的加入,供求基本面作用力强,从而保证套期保值者的数量与套利交易的可能。同时,市场参与者多,操纵市场的机会就会锐减。在 CME 新品种上市指引文件中,CME 要求该交易所内的期货品种上市创新必须评估品种标的的透明度和现货的交易情况。比如现货市场处

---

① 罗咏箴:《我国期货市场呼唤法制》,《现代法学》1993 年第 6 期,第 64-66 页。
② Lester G. Telser, "Why There Are Organized Futures Markets," *Journal of Law & Economics* 24 (1), (1981):1-22.

于垄断状态,则该品种暂缓上市。①

在国际化进程中,境内特定品种期货的上市问题一度引起学者们的热议。他们认为,除具备上述上市的一般条件外,还应具备下列特别条件(或附加条件):首先,对外依存度高。张寿林以原油期货为例,分析得出越是对外依存度高的商品期货,其价格全球联动性越强。所以,要在国际定价中发挥力量,要提高国际认可度,投机者必须来自世界各地,交易规则适应全球交易。② 其次,现货生产、消费、出口量大。韩乐以 PTA 期货为例,认为出口量大的商品,外国相关企业对我国该期货产品的投资与保值需求迫切。③ 因此,依据对外依存度、现货原产地、出口量大这些条件,来确定上市境内特定期货品种的范围基本成为学界的共识。

(三)期货风险监控法律制度与期货市场风险匹配研究

期货属于金融衍生品中的一员,杠杆率可达 20 倍④,高杠杆率意味着高风险,因此,如何构建与期货市场风险匹配的风控法律制度是理论界与实务界普遍关注的热点。

首先,关于期货市场风险管理制度研究。有学者从风险的系统性视角进行审视,认为风险的爆发不是孤立的,而是整体性的,对风险的管控要有整体观念。⑤ 但大部分学者是从各种风险控制制度层面详加阐述,主要体现在:(1)保证金制度。作为期货风险管理的核心制度⑥,很多学者对此展开了

---

① Labuszewski John W., Nyhoff John E., Co Richard, Peterson Paul E:《The CME Group Risk Management Handbook:Products and Applications》,《John Wiley & Sons, Inc》,No.6(Jul.2010),368-400.

② 张寿林:《原油期货:酝酿良久的国家战略》,《中国金融家》2015 年第 8 期,第 112-113 页。

③ 韩乐:《PTA 期货国际化备受期待》,《期货日报》2015 年 12 月 7 日第 3 版。

④ 刘慧:《走向大国金融——访国务院发展研究中心金融研究所副所长张承惠》,《中国经济时报》2011 年 7 月 7 日第 1 版。

⑤ O.De Bandt ,Hartmann, "Systemlic Risk:A Survey," *CEPR Discussion Papers*,(2000):35.

⑥ 王斌:《建立和完善我国期货保证金制度的若干法律问题》,《法律科学》1995 年第 1 期,第 88-94 页。

探讨。我国法学界关于保证金制度的研究始于 20 世纪末期,学者们早期主要关注期货保证金的法律性质、法定形式、挪用保证金的罪行确定等问题,后来随着保证金违规使用案例的发生,逐渐转移至保证金风险监控问题研究。在权力配置方面,有学者认为应由期货公司确定相应的保证金率。[①] 本课题组曾提出当前我国宜区分市场交易"内—外"两个环节分别确立监管主体。具体而言,在市场交易"外"环节(期货品种上市、上市叫停或撤销)由国务院期货业监督管理机构决定(此时,期货品种附带的保证金条款自然生成或消失),市场交易"内"环节由期货交易所决定。[②] 对于价格限制制度,Kang Long 利用时变 Student t copula 模型对中国商品期货日内多个收益率的联合分布进行了建模,以期为中国期货交易所风险管理提供参考。[③] (2)强行平仓制度。张博超重点分析了该制度实施的条件,如主体、数额、时间、义务、风险,立法时只有明确了上述方面才能有效避免纠纷的产生。[④] (3)价格限制制度。上海国际能源交易中心鄢颖、宋诗卓从比较法视角分析了我国固定比例的涨跌停板制度与欧美期货市场熔断机制的差异,对比了二者的触发条件和时间、适用情况。[⑤] 郭阳阳以股指期货为例,从经济学角度对国外主要市场和国内市场仿真交易阶段和现阶段的价格限制制度进行了考察,认为价格限制制度作为防控市场极端情形下异常波动风险的工具,要在防控风险与保持市场流动性之间进行平衡,准确计算出限制数值,照搬保证金设置的变量和方法是不可取的,应对极值理论的应用模型进行改进,从概

[①] 朱大旗:《完善我国股指期货市场监管机制的法律思考》,《政治与法律》(西北政法学院学报)2012年第 8 期,第 12-21 页。

[②] 张美玲:《期货保证金法律制度创新研究》,《湖南科技大学学报》(社会科学版)2015 年第 3 期,第 68-73 页。

[③] Kang Long, "Modeling the Dependence Structure of Intraday Prices of Chinese Commodity Futures Using a Time-varying t Copula Model," *International Journal of Finance and Accounting*, 8(2), (2019):43.

[④] 张博超:《期货交易中强行平仓法律问题研究》,郑州大学硕士论文,2020,第 1 页。

[⑤] 鄢颖、宋诗卓:《原油期货价格限制机制对比》,《期货日报》2020 年 6 月 3 日第 3 版。

率分布的角度予以完善。① （4）交割制度。我国学者对期货交割制度的研究始于 1995 年，围绕期货交割的性质②、实物交割③还是现金交割④、交割地点选择⑤、交割违约责任⑥、交割流程改进⑦、交割公平性救济⑧、保税交割业务⑨等问题展开了深入探讨。此外，还有学者对大户报告制度⑩、持仓限额制度⑪、风险准备金制度⑫、信息披露制度⑬、当日无负债结算制度⑭等风险防范制度实施的难点进行了探讨。

其次，关于期货市场相关风险案例研究。《期货强行平仓规则与投资者保护——从范有孚案说起》一文以案说法，从强行平仓制度的意义、性质、法律要件与程序、法律责任等角度入手，讨论了因保证金不足，银建期货经纪有限责任公司天津营业部按照交易指令为范有孚进行期货交易的合法性问题。⑮ 申志玲在其学位论文《范某与银建公司期货交易纠纷案评析》中先介绍了该案一审、二审、再审基本案情，然后针对该案中强行平仓的过错认定、

① 郭阳阳：《股指期货价格限制水平设置的研究》，华南理工大学硕士论文，2011，第 1 页。

② 崔迎秋：《期货实物交割的性质新论》，《特区经济》2006 年第 7 期，第 357-358 页。

③ 翁鸣：《我国农产品期货及其实物交割》，《中国农村经济》1997 年第 12 期，第 17-23 页。

④ 荆林波：《关于期货现金交割方式的探讨》，《商业经济研究》1998 年第 9 期，第 42-45 页。

⑤ 李洪江、冯敬海：《交割地点选择权与商品期货合约升贴水设置》，《大连理工大学学报》2005 年第 6 期，第 912-915 页。

⑥ 雷晓冰：《完善商品期货交割违约责任》，《期货日报》2014 年 8 月 13 日第 3 版。

⑦ 曹长毅：《D 交易所引入境外交易者后交割流程改进研究——以铁矿石期货为例》，大连理工大学硕士论文，2019，第 1 页。

⑧ 顾慕玄：《期货动力煤交割公平性救济》，《煤炭经济研究》2013 年第 7 期，第 57-59 页、第 71 页。

⑨ 李灵：《助力国际大宗商品期货保税交割业务发展》，载《中国海关》2019 年第 1 期，第 22 页。

⑩ 陈建平、卢庆杰、陆洁等：《美国期货市场大户报告制度研究》，《期货日报》2013 年 5 月 20 日第 4 版。

⑪ 孙亚东：《关于股指期货持仓限额的探讨》，《经济与管理》2004 年第 2 期，第 87-88 页。

⑫ 王新春：《期货交易所风险准备金使用探讨》，《财经界》2020 年第 22 期，第 99-100 页。

⑬ 曾芸、孙小萍、袁绍锋：《美国期货市场信息披露制度的经验与启示》，《债券》2019 年第 4 期，第 83-86 页。

⑭ 徐爱玲：《浅析股指期货交易每日无负债结算的会计处理》，《财会月刊》2011 年第 13 期，第 28-30 页。

⑮ 付大伟：《期货强行平仓规则与投资者保护——从范有孚案说起》，《金融法苑》2012 年第 1 期，第 74-86 页。

强行平仓损失的计算标准、原被告的责任分配等争议焦点进行了剖析,得出应当根据风险与收益相一致的标准,以过错原则为当事人责任配置的基本原则来处理此案。[①]

(四)期货交易速度与风险管控研究

期货交易速度越快,风险越难掌控。随着程序化交易、高频交易的开展,学界对此高度关注。

首先,关于高频交易是与非的研究。肯定高频交易的学者认为,程序化交易并非洪水猛兽,在程序化交易面前我们并非束手无策,监管者可以采用程序化来对抗程序化的方式,降低乃至消除其负面影响[②];有的学者分析了高频交易在国外交易量中所占的比重,指出高频交易已经逐渐成为市场的重要趋势,虽然以一秒四单的频率进行交易,给传统交易带来了严重冲击,但其给市场发展带来的有利之处也不容忽略,与其把高频交易视为操纵市场、掠夺财富的工具,不如换个角度来理解,电子化的市场可以提供给监管机构更多可靠的监控数据,继而用之监测市场和分析投资者的行为,从而能更有效地除去任何试图操纵市场的行为。[③] Yun Ke、Yanan Zhang 认为高频交易有助于通过提供流动性缓解市场的低效率。[④] 与此同时,也有学者系统概括了程序化交易的弊端,如降低投资者的多元、造成不公平竞争[⑤];电脑自动执行指令带来技术与操作风险、向市场提供虚假的流动性[⑥];高频交易是

---

① 申志玲:《范某与银建公司期货交易纠纷案评析》,湖南大学硕士论文,2014,第 17 页。

② 周科竞:《程序化交易不是洪水猛兽》,《北京商报》2015 年 10 月 13 日第 6 版。

③ Peter Nabicht:《高频交易不是"恶魔"》,陆晓吟编译,《期货日报》2014 年 12 月 2 日第 3 版。

④ Yun Ke, Yanan Zhang, " Does high-frequency trading reduce market underreaction to earnings news," *Finance Research Letters*, 34, (2020):1.

⑤ 李军、成洪斌:《金融市场中高频交易的利与弊》,《内蒙古科技与经济》2013 年第 20 期,第 45-48 页。

⑥ 姜哲:《程序化交易的潜在风险和监管体系研究》,《金融监管研究》2017 年第 6 期,第 78-94 页。

美国市场"闪崩事件"的元凶[1]；是新的市场不稳定因素[2]。经过多年的争论与实践，目前对高频交易基本形成了共识，综合权衡，利大于弊。

其次，高频交易的风险管控。在对高频交易存与废的问题解决之后，学者们逐渐将注意力转移到规范高频交易的法律措施上。姜哲认为对程序化交易的管理不可僵化，应因时而变，从监管体系、参与者行为约束、技术检测三方面着手构建法律制度[3]；梁庆则认为应从以下三方面规范高频交易，如规制幌骗、明确界定短周期市场操纵行为、制定从投资者提交订单到推送到交易所期间的信息保护法律制度。[4] 也有学者以案说法，从伊世顿公司操纵期货市场案具体案情说起，以刑法为切入点，提出滥用高频交易能够纳入《中华人民共和国刑法》（以下简称《刑法》）第一百八十二条操纵证券、期货市场罪兜底条款的规制范围内的主张。[5]

综上可见，学界在研究期货立法与期货市场发展历程、期货品种上市制度、期货风险监控法律制度与期货市场风险匹配性、期货交易速度与风险管控方面，都意识到期货市场的发展不能片面地追求速度与效率，市场运行安全应当贯穿于期货交易的各个环节，无论是期货品种上市还是整个交易过程，这既是历史经验的总结，也是学术界探索得出的结论。但是，上述研究仍较为零散，并不系统，没有上升到有限发展的理念并在此指引下对期货市场法律制度进行全方位建构。

---

[1] Mattew baron, Janathan brogaard, Bjom Hagstromer et al. , "Risk and return in high-frequency trading," *Journal of financial and quantitative analysis* 1, 54 (3), (2018): 993-1024.

[2] Clark C, "How to keep markets safe in the era of high-speed trading," *Chicago Fed Letter* 303, (2012): 1.

[3] 姜哲：《程序化交易的潜在风险和监管体系研究》，《金融监管研究》2017 年第 6 期，第 78-94 页。

[4] 梁庆：《高频交易：误解与真相——对国内法律监管现状之反思》，《南方金融》2019 年第 8 期，第 3-12 页。

[5] 朱刚灵、孙万怀：《论滥用高频交易的刑法规制——以伊世顿公司操纵期货市场案为例》，《海南金融》2017 年第 4 期，第 40-47 页、第 53 页。

五、研究结构与方法

本书的写作目的为:其一,在虚拟经济有限发展法学理论下探讨期货业法律制度变革方向,是在既往金融安全理论基础上的深化与拓展,从纵深角度赋予金融安全新的内涵与时代任务;其二,通过对期货业交易主体、交易标的、交易行为、对外开放法律制度变革对策研究,提出适合当前"市场化、法治化、国际化"背景下期货市场的法律制度建设方案,为期货监管部门提供决策参考。

在研究路径上,本书以虚拟经济有限发展法学理论为指导,遵循从理论到制度的分析路径,理论方面主要研究了虚拟经济有限发展法学理论与期货业立法的内在关联,制度方面从交易主体、交易客体、交易行为、对外开放等方面全面展开。

本书的研究结构除绪论、结论之外,主要分为五个部分:

第二章为"虚拟经济有限发展法学理论与期货业发展历程的契合"。本章从以下三方面展开:首先,着重介绍虚拟经济有限发展法学理论。虚拟经济产生于实体经济,但是因为其日益脱离实体经济有自己独立的运行系统,所以其既依赖于实体经济,又会对实体经济的运行产生重大的影响。可以说,虚拟经济是一把双刃剑,对实体经济有促进作用,也有一定的阻碍作用。因此我们必须坚持虚拟经济有限发展的理念,以实体经济需要为限,以实体经济安全为限。在实现虚拟经济有限发展的过程中,对于市场经济的弊端,我们必须依赖于国家的力量进行调控。其次,讨论虚拟经济有限发展法学理论与期货业发展边界的契合。期货作为典型的虚拟经济,虚拟经济与实体经济的关系同样适用于期货与实体经济的关系。虚拟经济的有限发展理论对于期货业也同样适用,这是由期货业的功能以及自身的风险性决定的。无论是商品期货还是金融期货都具有服务实体经济的功能,若是健康安全发展,都对实体经济有一定的促进作用。同时期货自身的风险性也决定了期货业的发展要以经济安全为限。无论是商品期货还是金融期货都具有不同风险。商品期货具有违约风险、操作风险;金融期货除了违约风险、操作风险以外还具有更强的流动性风险。由此可见,由于期货自身的高风险性,如果与实体经济发展不协调就会制约实体经济的发展,甚至可能会给实体经济带来毁灭性打击。因此,期货业的发展也必须在虚拟经济有限发展法学理论指导下坚持经济安全的发展理念,避免期货行业内的风险,更要防范风险的传递和蔓延。第三,着重探究虚拟经济有限发展法学理论与期货业发展史的契合。无论是我国期货业自身的发展史还是美国期货业的发展史,都彰显了期货市场有限发展理论在现实中的运用。我国期货业先后经历了粗放式发展、清理整顿发展、规范监管发展三个阶段,在此过程中,我国期货市场不断完善,期货市场有限发展理念逐渐明晰,建构了各项制度以期促进期货市场功能的更好发挥和期货业风险的规避。在期货市场有限发展理念法制化的今天,国家不仅确立了期货市场较为科学的监管模式,还规定了期货品种的上市以实体经济的需要为限,期货业风险管理制度的建构更要以期货市场的安全运行为限。所以,我国期货业的发展史就是期货业逐步走向有限发展的历史。同时,美国期货业的发展也先后经历了自律式发展阶段、强监管阶段两个发展阶段。在此过程中美国的期货业从无序混乱逐渐变得有序健康,这也是美国期货业逐渐走向有限发展的体现。美国政府通过出台一系列法律法规、建立系统的监管措施等举措,使期货业变得更加规范,可见期货业的有限发展是正确的历史的选择。

第三章为"虚拟经济有限发展法学理论视角下的期货交易主体制度变革"。这是期货市场有限发展制度构造中的重要一环,因为期货市场需要发展就意味着对机构投资者尤其是金融机构进入期货市场的禁令会逐渐解除,投资者种类会不断扩容,数量也必然增大,因此有必要在投资者进入期货市场的前、中、后期,予以各项法律制度的有效衔接。本部分首先讨论期货市场引入机构投资者的正当性,主要从必要性、可行性以及欧盟经验三个角度展开。当前,越来越多的机构投资者参与期货市场,期货市场的发展也为机构投资者入市交易提供了便利条件,可以说机构投资者进入期货市场是大势所趋,出现这一现象的原因在于机构投资者作为稳定期货市场的主要力量,其参与期货市场有利于发挥和实现期货市场的基本功能,并推动期货市场的国际化进程。对于我国而言,机构投资者进入期货市场仍是探索性改革,所以欧盟成熟的经验可为我国提供参考。本部分分析期货市场引入机构投资者的主要法律障碍,就当前立法中法律配套规定不完善、限制性条款多、侵权认定较狭窄、我国期货市场还有一定的封闭性等问题进行重点分析,并就保险业机构投资者参与期货市场进行个案考察,结合期货交易所"保险+期货"试点中存在的法律困惑,试图以点带面,展现机构投资者进入期货市场的法律困惑之整体概貌。针对上述法律问题,接着探讨期货市场引入机构投资者的法律制度准备,例如做好机构投资者培育工作,全面、切实、有效贯彻实施《期货和衍生品法》,降低准入门槛,完善侵权救济制度,完善投资者保障基金制度等。最后,重点探讨投资者结构变迁下非专业投资者权益的保护。当前,期货市场投资者保护法律制度明显存在不足,如复杂与否判断标准模糊、客户分类标准不科学、执行标准不完备、违反适当性义务责任追究机制待完善。在投资者结构变化的背景下,上述问题逐渐浮出水面,需要积极应对,从细化复杂产品识别标准、建立科学的客户分类标准、健全执行标准、违反适当性义务法律责任边界确定等角度发力。通过必要性、法律困境与应对、中小投资者保护等四个问题的探讨,在扩充机构投资者、助力期货业稳步发展的同时,完善好既能保障投资者结构变化下期货市场有序发展,又能有效保护中小投资者权益的法律制度。

第四章为"虚拟经济有限发展法学理论视角下的期货品种上市制度变革"。本章主要从上市模式比较、我国期货品种上市模式定位以及具体上市制度设计三方面予以研究。第一,介绍几种具有代表性的期货品种上市模式,主要有审核模式、试运行模式、注册模式和审批模式。不同国家经济发展水平不一、经济制度各不相同、国家情况有所区分,故不同国家的期货品种上市制度也有所不同,且不同的期货品种上市制度都有其各自的特点。通过总结不同国家期货品种上市的起源、具体做法和适用条件,并在比较上市法律环境、期货市场成熟度、决定上市的权力配置、上市程序以及上市的法律效果等方面的基础上,分析四种期货品种上市法律模式的优缺点,结合代表国经济实际发展状况和交易思想及习惯进一步分析各模式形成的原因。第二,重点探讨我国期货新品种的上市模式,从建立完善的期货品种上市模式的必要性出发,并结合我国期货品种上市模式的发展历程,对我国期货新品种的上市模式具体实施问题展开讨论。良好的期货品种上市制度对于我国期货市场的健康平稳发展具有十分重要的意义和作用,如果期货品种上市模式合理有效,就可以从源头把控期货市场的风险,提升期货市场的经济活力,保障和提高期货交易的效率。而我国期货品种上市经过三十年的探索和发展,先后经历了探索和混沌时期、整顿和调整时期、稳定和发展时期三个阶段。目前我国期货品种上市条件逐渐标准化、程序化、规范化,取得了阶段性的成效。但是不得不说,从操作方式来看,当前我国期货品种上市模式有点过于"严格",不利于期货市场服务实体经济。因此,我们可以在借鉴国外先进经验的基础之上,立足于我国国情和期货市场的发展实践,从问题出发,完善我国期货市场的品种上市模式。第三,通过对我国期货品种上市制度的现状与问题的探讨,思考具体的变革措施,以期给我国期货交易品种上市模式的变革提出相关的建设性建议。《期货和衍生品法》颁布实施前,我国期货新品种的上市程序存在干预过多、控制过严、上市标准不明确、缺乏具体的上市审批程序等问题,导致期货品种上市程序繁琐、耗时长、效率低,不利于我国期货业的健康发展。因此,为了更好地服务实体经济发展,期货上市模式和相关法律制度适时作出了调整,在今后的实施中应注意以下方面:一是要合理界定政府与市场在品种上市中的作用边界,二是细化不同期货品种上市的具体标准,三是优化期货品种上市的程序。从实体到程序,全方位完善我国期货交易的品种上市模式。

第五章为"虚拟经济有限发展法学理论视角下的期货交易行为制度变革:以高频交易为例"。本章主要围绕期货高频交易展开,主要分为三个板块。第一板块介绍高频交易与投机的概念、功能。从范畴归属来看,高频交易属于投机行为。投机是商品经济发展的必然产物,特别是在期货市场上。期货市场的风险如价格风险,大部分都是由投机者承担的,所以说期货投机具有承担价格风险的功能。同时期货投机也具有促进价格发现和提高市场流动性的功能。而高频交易也属于投机,主要是通过事先设计好的交易策略编制成计算机程序,利用程序算法来决定交易下单的实际价格和数量,所以其具有高速、主机代管、交易时间短暂、交易制定频率上兆等特点。投机者通常通过顺市交易、逆市交易、抢帽子交易和套利交易这四种传统的投机策略进行投机交易,而高频交易者的策略不同于传统的投机策略,主要有流动性回扣交易、猎物算法交易、自动做市商策略等新做法。与传统交易者相比,高频交易者通过不断修正策略选择程序从而调整交易策略,同时尤为重视交易速度。因此合适的交易策略与微秒级别的速度优势是高频交易获得成功的关键。第二板块主要讨论高频交易的风险及其危害。高频交易因为着重依赖于交易速度,因此程序或者操作错误引发的系统风险就会使得交易风险更为严重。同时高频交易还有利用幌骗等手法进行市场操纵、利用信息优势损害市场公平、利用跨市套利引发市场崩溃的风险。以上风险都使得期货交易市场极具不稳定性,甚至对期货市场的公平公正造成危害。利用幌骗等手法进行市场操纵,同时利用高频交易特征使得市场价格朝着对高频交易者有利的方向修正,阻碍了普通交易者的成交,损害了普通交易者的利益。利用信息优势容易损害市场公平,因为市场公平建立在信息公开的基础之上,公平交易和公平竞争都离不开信息的公开透明。若是高频交易者利用自己在市场中的优势,利用高频交易程序进行大量的报撤单行为就会使市场价格变成人为价格,损害普通投资者的利益,也使得期货市场丧失了公平和公正。而高频交易中利用跨市套利的危害则更为严重,若不予规制甚至会引发市场崩溃。第三板块着重探讨对期货市场中高频交易的监管对策。通过考察德国、英国、美国监管高频交易的法律实践,总结国外的先进经验,针对我国期货交易中出现的高频交易的问题,探讨设定高频交易订单的最低停留时间、明确禁止操纵型高频交易策略、建立高频交易风险管控工具、合理配置高频交易监管权的路径与方法。

第六章为"虚拟经济有限发展法学理论视角下的期货交易国际化问题及应对"。分三个层次展开。第一层次,探讨期货交易国际化的历史沿革、现状及必要性。首先从期货公司"走出去"及"引进来"、交易者的国际化、交易所的国际化等四个方面,讨论我国期货交易国际化的历史沿革及现状。虽然经过 20 多年的发展,期货交易的国际化取得了一定的进步,但是就现今实际状况来看我国期货市场的国际化程度依旧不高,其主要原因有两个:一是交易环节的限制较多,二是外汇管理严格。因此我国期货交易国际化的程度还有待提高。接着,阐述我国期货交易国际化的必要性。期货交易国际化不仅是我国获取国际金融话语权的重要路径,更是在我国大力推进"一带一路"建设背景下,发展"一带一路"的战略需求。我国"一带一路"倡议的提出及实践,必将对地缘政治产生影响,与此相关的金融话语权也愈发重要。因此期货交易的国际化不仅是期货市场自身发展成熟的需要,也是我国争取国家金融话语权的需要。第二层次,关于期货交易国际化的风险以及对我国期货市场现行制度的探讨。期货交易国际化的风险,一方面来自"引进来",另一方面来自"走出去"。期货交易"引进来"的风险表现为引入境外投资者对监管体制提出了严峻的考验。而期货交易"走出去"的风险主要体现在境内投资者身上。若是境内投资者缺乏对境外市场结构及衍生产品的充分了解,就容易出现判断失误,从而引起风险,甚至是较大的损失。在期货交易国际化的背景下,我们虽然已经建立了初步的关于期货业的法律法规体系,但是我国期货市场监管仍有很大改进空间,在期货市场主体、非法期货交易、期货交易风险防范、期货市场活动监管、期货权利之救济等方面急需建立完善相关制度。第三层次,期货交易国际化的路径及制度因应。期货交易国际化的程度高低可以从三个方面来把握:一是期货制度是否与国际接轨,二是投资者是否能实现国际化,三是交易品种是否具有全球投资价值。在期货交易国际化的总体战略指引下,在"引进来"方面,应该宽准入,严监管;而在"走出去"方面,应该积极引导,跨境合作。对于我国期货交易国际化的制度因应,应从以下三个方面着手:一是要完善期货市场的主体制度,集中于中国期货投资者的保护制度、期货经纪人制度和期货公司的风险管理制度三个方面;二是要严格规制期货交易违法行为,主要是加强对欺诈性期货交易行为、期货内幕交易行为、期货交易价格操纵行为的监管和规制;三是要完善期货市场的信息公开制度,在此过程中不仅要坚持利益平衡原则,还要框定期货市场信息公开的合理范围、建立期货交易信息的监测体系并完善期货交易所的信息公开机制。通过上述法律制度变革,以期我国的期货交易国际化之路平稳而安全。

根据上述框架设计与研究思路,本书将采用比较研究、案例分析、历史分析、规范分析等研究方法进行论证。具体而言,"虚拟经济有限发展法学理论与期货业发展历程"主要采用历史分析方法,从我国与美国的期货业发展历史中找出期货市场有限发展的内在规律与演进路径;"虚拟经济有限发展法学理论视角下的期货交易主体制度变革"兼采案例分析法、文献分析法解析期货交易主体如何参与期货市场,投资者结构变化之后如何有效保护中小投资者权益;"虚拟经济有限发展法学理论视角下的期货品种上市制度变革"主要运用比较研究方法,探讨审核制、注册制、试运行制、审批制四种品种上市模式的优劣与适用条件,构造出适合我国国情的普通商品期货、境内特定品种期货、金融期货、期权上市的具体法律制度;"虚拟经济有限发展法学理论视角下的期货交易行为制度变革"部分以高频交易为中心展开,主要运用案例分析法阐述高频交易的特征、功能及其发展趋势、规制的必要性以及规制方法;"虚拟经济有限发展法学理论视角下的期货交易国际化问题"主要运用规范分析法对我国期货市场对外开放的脉络进行梳理,检视现有制度,探索期货交易国际化的路径及制度因应。

第二章 虚拟经济有限发展法学理论与期货业发展历程的契合

　　2018 年是改革开放 40 周年,也是我国期货市场国际化元年。这一年,原油期货上市,铁矿石期货和 PTA 期货引入境外交易者,外商投资期货公司股比上限放宽至 51%,三年后取消股比限制,国内期货市场已经形成全面对外开放的新格局。这一年,期货品种方面的创新取得了显著成效,"保险+期货"的交易模式探索取得了成功,商品期货交易所场外服务平台正式上线运行,使期货市场服务实体经济的能力得到了更好的提升与展现。这一年,我国期货市场的成交量整体上呈现出回暖趋势。"全国期货市场累计成交额210.82 万亿元,同比增长 12.20%。其中,商品期货成交额 184.70 万亿元,占总成交额的 87.61%。"[①]在股市震荡下行的环境下,50ETF 期权成交量增长迅猛,商品期权交易活跃度显著提升,其中"豆粕期权日均成交量 10.5 万手,日均持仓量 46 万手;白糖期权日均成交量 3.8 万手,日均持仓量 23.3 万手;铜期权上市以来日均成交量 2.9 万手,日均持仓量 3.5 万手"[②]。总体来看,期货市场在开放经济条件下发挥着越来越重要的作用。但是,作为复杂的金融衍生品,期货的虚拟经济属性是毋庸置疑的。虚拟经济固有的高投机

---

① 北京工商大学证券期货研究所、胡俞越、王志鹏等:《2018 年国内期市盘点》,《期货日报》2019 年 1 月 2 日第 6 版。

② 北京工商大学证券期货研究所、胡俞越、王志鹏等:《2018 年国内期市盘点》,《期货日报》2019 年 1 月 2 日第 6 版。

性、高风险性在期货市场的表现尤甚,在期货法律法规不健全、期货市场监管手段与技术匮乏的环境下大力发展期货业对国家的经济而言无疑是充满挑战的。

如何在保障经济安全的前提下推动期货业的发展? 期货业发展史能够提供哪些借鉴? 现行期货法律制度存在哪些问题? 期货法律制度如何变革? 在期货交易国际化的背景下应该有什么样的制度准备? 对此,虚拟经济有限发展法学理论提供了开放性的视角与宏大的视野,为虚拟经济的发展指明了方向,为包括期货业在内的虚拟经济行业发展树立了全新的发展理念。以下详述之。

一、虚拟经济有限发展法学理论解读

实体经济的目的是满足人们的物质文化生活需要,其生产过程是生产资料和人的劳动的结合,其生产结果是产出具有使用价值的产品,而虚拟经济不参与实体经济的生产过程,自身也没有生产与再生产的过程,没有生产成本与劳动价值。虚拟经济的交易主体不是全体消费者而是部分社会成员,其目的主要是投机盈利、产权控制或者规避风险。虚拟经济是实体经济虚拟化到一定阶段的必然结果,同时它又具有日益脱离实体经济的趋势与张力,并逐渐形成了自己独有的运行模式和运行体系。

虚拟经济有限发展法学理论是建立在正确认识虚拟经济本质及其与实体经济关系基础上的系统性、重点性虚拟经济风险防范理论,其核心思想是承认和发展虚拟经济,同时认为虚拟经济必须在法律设定的安全轨道和边界中有限发展。围绕此思想内核,虚拟经济有限发展法学理论主要有以下几个方面的内容。

（一）揭示虚拟经济与实体经济关系的法学理论

虚拟经济有限发展法学理论认为，从产权的角度分析，是所有权的虚化滋生了虚拟经济。所有权虚化的过程有三个典型阶段，第一阶段是所有权的社会化，即所有权人对其所拥有的土地和其他生产资料的支配与使用应与社会利益一致，所有权人不得以违背社会公共利益的方式使用其财产；第二阶段是所有权和经营权的分离，即通过"委托—代理"这样的环节，所有权人不用事事亲为即可解决商事或民事活动的各种需要；第三阶段是使用权的重要性超越所有权，即随着社会经济的发展，传统的所有权不再那么重要，反而是财产的使用权变得更加关键。虚拟经济有限发展法学理论从交易的角度分析，认为虚拟经济是以"交易—再交易"为主要运动形式的经济形态，这种经济形态与实体经济一样，形成了一个相对闭合的循环系统，从而保障虚拟经济系统的相对稳定。在这个闭合的经济系统中，投资者或投机者不断变现众多市场主体的虚拟经济价值预期，从而实现虚拟经济的发展和繁荣。但与此同时，如果投机者过度投机，甚至出现庄家的非法市场操纵行为，就会引起虚拟经济市场较为严重的动荡。因此，虚拟经济有限发展法学理论主张虚拟经济的有限发展而不是无限发展。

对于虚拟经济的价值，虚拟经济有限发展法学理论认为，虚拟经济是现代实体经济发展的资本积聚器。各国经济发展的早期阶段，银行融资比例都是巨大的，但是随着经济的进一步发展，银行的资金融入比例不断降低，基于资本市场的融资比例不断提升。虚拟经济虽然自身不创造价值，但其高流动性和高收益性有助于保障这种资本积聚方式的持续性。基于此，虚拟经济成为国家升级现代产业结构的助推器，因为虚拟经济的参与者可以对企业和行业发展前景作出迅速的调整，引领其他社会资本进入新兴产业，为新兴产业配置大量的急需资金，从而实现与实体经济的良性互动，达到升级产业结构的政策目标。因此，虚拟经济也是一种真实的经济形态，它的产生与运行都有着深刻的实践基础,并且必须依赖于实体经济本身。① 虚拟经济能够为实体经济开辟投资渠道,促进资本的集中,优化资源的配置,分散实体经济的风险,保障实体经济的可持续发展,同时虚拟经济的规模扩张、范围扩充、工具创新及健康运行都必须以实体经济为基础。正如学者邓瑛所指出的那样:"从虚拟经济产生的历史过程和现实发展来看,虚拟经济产生于实体经济发展的内在需要。它的每一步发展都同实体经济的现实息息相关,并以推进实体经济的发展为基本目的。"②

　　虚拟经济有限发展法学理论认为,虚拟经济是一柄双刃剑,作为实体经济发展到一定阶段的产物,其对实体经济有促进作用,但对实体经济的消极影响也是不言而喻的。虚拟经济与历史上的历次经济危机都有着密切的牵连关系。③ 这是由虚拟经济的特殊运行规律决定的。虚拟经济领域的交易价格是人们对其所持资产的未来预期,这种预期存在日益脱离实体经济的趋势而且没有边界。虚拟资产交易价格越敏感、波动性越大,虚拟经济领域的投机机会越多,这是虚拟经济运行中的固有特征。投机者正是利用虚拟经济领域频繁的价格波动才能获利。虚拟资产在金融市场上的定价方式与实体商品的定价方式不同,其以资本化定价方式为基础,价值和价格的确定有独特的方法。虚拟资产的价值可分为内在价值和市场价值,内在价值是附属于现实资本的资产范畴,它市场价值即价格则是一种名义价值。虚拟资产的市场价值是市场参与者的"心理产物",会因为参与者对市场的心理预期发生改变而剧烈变动,这就决定了虚拟资产的价格会背离其内在价值。④ 投机者普遍存在从众心理,其对经济形势的认识与判断会受到其他投机者的影响,其对虚拟资产价格的评估往往不是基于对实体经济发展形势

---

① 胡光志:《虚拟经济及其法律制度研究》,北京大学出版社,2007,第 76 页。

② 邓瑛:《虚拟经济与实体经济发展的阶段效应及关系研究》,《广东商学院学报》2004 年第 1 期,第 63-68 页。

③ 胡光志:《虚拟经济及其法律制度研究》,北京大学出版社,2007,第 89 页。

④ 李多全:《虚拟经济基本问题研究》,中共中央党校博士论文,2003,第 48-49 页。

的研究而仅仅基于其他投资者的行为。当投机者群体对资产的价格预期一致,就会导致这种资产价格的暴涨或暴跌,使资产的市场价格严重偏离其内在价值。这会导致虚拟经济与实体经济运行轨迹的严重偏离,并且给实体经济的运行带来风险,误导社会资源的流动和配置,并可能最终导致逆向淘汰,影响或破坏实体经济的有序运行。①

在正确认识虚拟经济的本质及其与实体经济关系的基础上,虚拟经济有限发展法学理论指出,虚拟经济产生的最初动因是实体经济发展的需要,因此虚拟经济的发展限度应当就是实体经济的发展需要,其必须受制于实体经济的发展限度;虚拟经济自身的高成本性及高风险性决定了虚拟经济的发展需要受到法律制度的限制,需要为投资者、投机者的权益提供制度保障,这决定了虚拟经济只能有限发展。因此虚拟经济的发展必须要坚持有限发展的理念,以实体经济需要为限,以实体经济安全为限。

(二)如何处理虚拟经济中市场与政府关系的理论

虚拟经济有限发展法学理论认为,市场与政府是虚拟经济发展中的两个重要向度,虚拟经济只能在市场经济中有限发展,只有政府的适当规制才能确保虚拟经济的有限发展。虚拟经济扭曲了市场经济中的价值规律和需求定律,放大了市场经济的非自洽性,存在"脱实就虚"发展的风险。这些均需要政府采取合适的公共规制措施以保障虚拟经济安全运行。

就虚拟经济对市场经济价值规律的异化问题,虚拟经济有限发展法学理论认为,虚拟经济领域中的虚拟资本本身不具备价值,但可以通过循环运动产生利润并形成剩余价值。在虚拟资本转化为剩余价值的过程中,市场经济的价值规律是被异化的,主要表现在两个方面。一是虚拟经济交易的商品的特殊性导致实体经济中有关社会必要劳动时间决定商品价格的推论

---

① 胡光志:《虚拟经济及其法律制度研究》,北京大学出版社,2007,第94页。

出现了逻辑链条的中断。因为虚拟经济中的商品并不是劳动产品，其物质载体表现为一些权益类证书，如果不考虑制作这些权益证书的工本费，这些商品并没有耗费传统理论中所述的"社会必要劳动时间"，但却产生了真实的利润。二是虚拟经济中的商品交换价格主要是基于市场主体的心理预期，并不存在一个由社会必要劳动时间决定的基准价格，这导致虚拟经济中的商品价格可以无限地上涨或下跌，从而产生较大的价格波动。就虚拟经济扭曲需求定律现象，虚拟经济有限发展法学理论认为虚拟经济领域的需求定律并没有实体经济中那种必然性的逻辑结果，反而出现了更多的不确定性，因为虚拟经济中的商品并不具有实体经济商品的使用价值，也没有凝聚人类无差别的社会劳动，不能在投资者中间形成偏好，只是投资者逐利的工具。虚拟经济有限发展法学理论认为，虽然市场是最好的资源配置方式，但市场自身不能治愈自己的弊端，只能通过法律或政府规制来克服市场弊端。在虚拟经济领域，市场的非自洽性更为明显，破坏性更大。因为虚拟经济中的市场主体比实体经济中的市场主体更容易忽视他人利益、社会利益和国家利益，他们唯一的目的就是逐利，内幕交易、市场操纵等行为深刻体现了这一特性。另外，虚拟经济放大了市场经济的外部性，特别是负外部性。虚拟经济还存在使一国经济脱实就虚的风险，主要表现在就业岗位减少、难以再工业化、贸易收支失衡等。

针对虚拟经济的前述种种弊端或风险，虚拟经济有限发展法学理论认为政府有责任通过公共规制的方式确保虚拟经济的可持续发展。作为实体经济发展到一定阶段的产物，虚拟经济的初始作用是服务于实体经济，无论其发展到何种阶段，均不应偏离这一初始作用，唯有如此，才能引导资源更好地向实体经济分配。一旦出现虚拟经济自身不能克服的弊端，就只有通过外力的干预才能纠偏。这种外力非政府公共规制莫属。政府可以通过立法为虚拟经济主体设定市场准入的条件，可以通过强有力的手段遏制虚拟经济泡沫，可以通过适当的政策工具遏制虚拟经济中的逆向选择。当然，政府的规制必须要有"边界感",主要体现在两个方面:一是政府不能轻易介入虚拟经济的风险应对,除非确实发生了大规模的系统性风险;二是政府介入虚拟经济市场应对系统性风险的规则必须具有一定的模糊性或原则性。同时政府应建立系统性风险预警机制,以提前发现风险并采取相应的措施将其可能造成的损害降到最低。总之,政府规制的目的是实现虚拟经济与实体经济的有机联动,既不能因为要发展实体经济而过度压制虚拟经济的发展,也不能因为要发展虚拟经济而任由市场主体对实体经济的资金抽取,而是以一种联系的、整体主义的视角和方法来考虑问题,以真正实现虚拟经济与实体经济发展之间的良性互动。

(三) 关于虚拟经济发展限度的理论

虚拟经济有限发展法学理论认为,虚拟经济的地位及其自身特性决定着其必须有限度地发展。至于虚拟经济发展限度的考量,主要应从虚拟经济中市场主体的权益保护是否充分、公权力机构的责任配置是否恰当、虚拟经济的制度体系化是否充分等方面进行考察。

虚拟经济有限发展法学理论认为虚拟经济中的市场主体的权益保护是否充分的问题可以从两个层次进行考察,一是虚拟经济中的弱势交易方最基础的交易需求是否得到充分满足,包括交易基本目的是否能够达到、交易决策的信息基础是否恰当、交易损害是否能够得到必要救济等三个方面;二是虚拟经济中作为强势一方的对策行为能否得到很好的治理,包括对策行为数量的多寡、对策行为治理的效果、对策行为治理的成本等三个重要维度。虚拟经济中公权力机构责任配置的恰当性问题,本质上是公权力机构对虚拟经济的干预边界问题,可以从公权力机构责任配置是否科学及权责配置是否合理来考察。

虚拟经济有限发展法学理论认为公权力机构责任配置是否科学是虚拟经济是否实现有限发展的风向标,其原因在于公权力的责任配置决定着政府干预虚拟经济的边界。如同政府对实体经济只能适度干预一样,政府对虚拟经济的干预也应当保持边界感,要更多地依靠市场、市场中介组织、法律制度来解决虚拟经济中的问题,而不是动不动就使用政府权力。权力配置是否科学本身是一个非常复杂的问题,难以给出确定的标准。该理论认为可以通过排除公权力机构责任配置不科学的情形来进行判定,比如是否存在以问题为指向的运动式监管,缺乏系统性的约束;是否存在多头监管并行,监管协调性不足;是否对金融创新的监管切入缺乏应有的抓手;公权力机构是否承担了无条件的兜底责任等。

虚拟经济有限发展法学理论认为虚拟经济的制度架构体系是否充分,在于相关的制度安排是否能够对整个虚拟经济系统的发展及实体经济系统的发展保持相应的契合度和必要的灵敏度。该理论认为可以从两个角度进行审视,一是有关虚拟经济的制度架构是否契合实体经济的发展,比如金融系统的制度安排是否能够保障本系统的协调运转,从而实现基于市场效率或社会公共利益的资金配置,使得需要资金的人能够以市场的价格得到资金,得到资金的人能够实现资金的最大化保值增值;二是有关虚拟经济自身制度架构的体系化问题,即虚拟经济的制度架构是否有利于实体经济的发展,虚拟经济被嵌入的契约结构是否系统化,虚拟经济的制度安排是否有利于适度的金融创新。虚拟经济系统的交易是通过契约进行安排的,因此,考察虚拟经济的契约结构是认知虚拟经济发展限度问题的绝好切入视角。某一领域的契约环境、契约的执行效率、违约预防机制、违约的赔偿责任等问题是否能妥当解决均会对该领域虚拟经济的发展限度产生影响。若基于契约的金融创新既能满足金融资本逐利的基本诉求,也能应对系统性金融风险,则可以认为虚拟经济已经实现或基本实现了有限发展。

(四)关于虚拟经济有限发展的理论

在虚拟经济有限发展的进路选择上,该理论认为首先要明确国家干预与市场决定相结合的发展模式,既发挥市场在资源配置中的决定性作用,也重视政府对虚拟经济的引导、规制与制度供给。虚拟经济有独立的市场运行规则系统,市场自身的力量不容小觑,但是政府对基础交易制度的架构、监管机构对虚拟经济相关市场深入、系统而严密的监管同样发挥着重要作用。缺乏政府参与的市场不可避免会存在盲目性、短视性,导致市场运行规则系统的失灵,而政府的引导与规制则是克服市场失灵不可或缺的手段。其次,虚拟经济有限发展需要在规模上实现与实体经济的匹配,需要克服"脱实向虚"的倾向,其根本原因在于:虚拟经济的需求弹性较大,几乎没有上限,也没有边际效应问题,所以虚拟经济是否实现了有限发展需要有外在的客观尺度、标准或参照物进行衡量。实体经济作为一国经济的立身之本和财富创造的根源,是虚拟经济赖以存在的客观基础,如果虚拟经济脱离实体经济而自发发展,往往容易出现要么虚拟经济发展"过头",导致"脱实向虚",要么发展"不足",难以发挥其提高资源配置效率和降低风险的作用。[1]换而言之,只有把虚拟经济与实体经济紧紧联系在一起,以实体经济的规模为标尺才能更好地判断虚拟经济是否实现了有限发展,如果将两者割裂开了就难以判断虚拟经济是否实现了有限发展。

在更具体的进路选择上,该理论认为我国改革开放四十年来的成功经验表明大银行金融体制是实现虚拟经济有限发展的重要路径,因此须选择以银行为中心的虚拟经济资源配置体制,发挥银行在资金融通中的主导作用,使基于银行的间接融资体制成为防止虚拟经济过度膨胀的天然防火墙,尤其要发挥大银行在资金融通中的主力作用。在监管体制上,须坚持审慎监管的虚拟经济监管体制,运用审慎监管工具对金融系统的整体风险进行识别,并以维护整个金融系统的稳定和防范系统性的金融风险为监管目标。

---

[1] 冯金华:《正确处理虚实关系推动经济高质量发展》,《学术研究》2019 年第 12 期,第 81-88 页、第 177-178 页。

为此,要坚持监管的技术化要求,为市场提供稳定的预期,注重直接融资市场发展的边界。

　　总之,虚拟经济的有限发展,不是虚拟经济自身的力量使然,其必须借助于外力限制其发展的盲目性。虚拟经济虽然是市场经济发展到高级阶段的产物,但其不仅没有克服传统市场经济的弊端,相反在一些方面甚至集中或放大了市场的缺陷,使市场失灵表现得更加明显,特别是虚拟经济的高投机性、高风险性所带来的严重后果,虚拟经济市场依靠自身根本无法解决。可以说,作为市场经济的最高表现形式,虚拟经济具有市场的一切特征,具有市场的一切好处与所有不足。历史经验已经证明,克服市场失灵,必须依赖市场之外的国家力量。一方面,国家具有发展经济、管理经济的职能;另一方面,国家拥有庞大而强有力的组织系统,有能力履行干预市场的职能。国家通过制定宏观调控政策保障实体经济的发展,为虚拟经济的发展提供坚实的基础与物质保障;国家通过建立风险防范和控制调控机制,为虚拟经济的健康发展提供技术与机制保障;国家通过履行监管职责,对市场的自利性、盲目性、过度竞争、败德行为进行矫正。但历史经验同样证明,国家干预也会失灵,为此,必须树立有限政府的观念,防止政府干预权的滥用,其方法就是合理配置监管权力,保持国家干预机构的独立、专业、中立。[①]　在现代法治国家,国家干预必须在法治化框架下进行,国家干预的权力主体、权力内容及行权程序必须有明确的法律制度依据。

二、虚拟经济有限发展法学理论与期货业发展边界的契合

　　虚拟经济的典型代表之一是期货。前述虚拟经济有限发展法学理论关于虚拟经济与实体经济关系的论证同样适用于期货与实体经济的关系,该

[①]　盛学军:《监管失灵与市场监管权的重构》,《现代法学》2006 年第 1 期,第 37-42 页。

理论有关虚拟经济发展限度的论点同样适用于期货业,这是由期货业的功能及其自身的风险性决定的,也与期货业的发展实情相契合。

(一)期货的功能特性决定期货业的发展要以实体经济为限

在任何国家、任何发展阶段,实体经济都是整体经济发展中的实质性核心部分。无论金融衍生产品如何发展,它都不能完全脱离实体经济的内在发展与需要而存在,必须服务于实体经济,以推进实体经济发展为基本宗旨。期货的产生即是如此。实体经济的发展催生了期货,期货的发展必然与实体经济息息相关,期货功能的发挥必须以实体经济为限。商品期货、金融期货、期权的产生及功能发挥均与实体经济的需求有着直接或间接的关系。

1.商品期货的发展以服务实体经济为限

商品期货是指合约双方通过协议约定在未来以确定的价格交割或清算农产品、矿产品、畜产品、工业品或其他有形物质商品。现代期货交易起源于 19 世纪中叶美国中西部地区的谷物交易。谷物交易最大的特点是季节性很强,在收获季节,农产品市场经常出现谷物供应过剩的状况,即使价格降到很低,仍有大量的粮食找不到买主;而在青黄不接或者收成不好时,谷物的价格又会暴涨。农产品供求的不平衡经常出现,导致了农产品价格的不可预见性。这种情形对农产品的生产者非常不利,因为任何一个生产者都只能基于自身的经验决定自己的农产品种植量却无法预测市场上总体的农产品供给状况。销售商也深受其害,因为销售商如果在高价时进货多却遇到价格暴跌则必然导致较大的损失。为了锁定远期的交易价格,1848 年,82 位商人建立了美国第一家期货交易所——芝加哥谷物交易所。该交易所以谷物交易为主,大部分交易都通过场外磋商的方式完成。此时的期货交易从本质上讲是远期合约。远期合约指交易双方约定在未来某一时间以约定的价格买卖一定数量或质量的资产的协议。在远期合约中,同意在将来某一时间以约定价格买入资产的一方被称为"多头头寸",而同意在将来某一时间以约定价格卖出资产的一方被称为"空头头寸"。"多头头寸"与"空头头寸"作为远期合约的买卖双方就交易的数量、价格、交货地点、交货方式、交易风险等在契约自由与意思自治的原则下进行平等磋商,合约内容并无统一标准,合约将来的履行也仰赖双方对契约的遵守程度。这样的远期合约签订之后,偶尔会出现"多头头寸"或"空头头寸"将合约转让的情形,即"多头头寸"或"空头头寸"退出原合约关系而由新的"多头头寸"或"空头头寸"承受原合约关系所确立的权利与义务。

至 1864 年,远期合约转让的情况不断出现,商务辐射半径不断加大,芝加哥交易所也迎合交易商的需要在交易厅内设置交易柜台专门处理交易商转让合约事宜。[①] 但是,合约转让过程中也经常出现新的多头寸方或空头寸方要求对原合约内容进行调整又必须征得原合约对手方同意或与其磋商的情形,这给合约的转让带来了诸多不便。为了方便远期合约的转让,1868年,芝加哥交易所制定了标准化和格式化的远期合约。[②] 这种标准化的远期合约条款一经确定,无须双方谈判协商,可多次反复使用,在期货交易所内通过公开竞价的方式集中交易,交易所为双方承担履约担保的角色,大大便利了合约的转让或交易。当然标准化合约的转让也使得投机性的交易逐渐产生。所谓投机性交易,是指期货交易者没有现货的基础而单纯从事期货合约的买卖,企图通过期货合约的低进高卖获利的交易行为。虽然投机者没有现货的基础,不具备履约条件,但投机者买卖期货合约仍然是基于其对现货价格变动的预测,因此,投机性交易仍然对期货市场的价格走势有一定的作用,反过来会影响现货市场的价格。从这个意义上说,期货交易是服务

---

① 巫文勇:《期货与期货市场法律制度研究》,法律出版社,2011,第 28 页。
② 巫文勇:《期货与期货市场法律制度研究》,法律出版社,2011,第 28 页。

于现货交易的,现货交易是期货交易的根基,如果没有现货交易的基础,期货交易就成了无源之水、无本之木。因为,商品期货不可能完全脱离现货市场而单独存在,商品期货功能的发挥是有限度的。

(1)商品期货的套期保值功能有限

就商品期货产生的最初目的而言,其最基本的功能应该是套期保值。所谓套期保值是指生产经营者为了规避现货市场的价格波动而在期货市场上进行交易从而锁定远期交易价格的行为。现货市场的买入方为了防止将来现货价格过高而致付出更多的成本就在期货市场买入建仓,获得将来以合约价买入的权利;若将来现货市场价格上涨,意味着期货的价格也上涨,其可以通过卖出期货的方式在期货市场获利,从而弥补现货价格上涨导致的损失,或者其可以通过要求期货合约的对手方履约的方式以其之前锁定的价格买入现货,从而规避现货市场的价格波动。同样,现货市场的卖出方为了防止将来现货价格下跌而致预期收益的损失,可以通过卖出建仓,获得将来以合约价卖出的权利;若将来现货市场价格下跌,意味着其可以通过要求期货合约的对手方履约的方式以其之前锁定的价格卖出现货,从而避免现货卖出时的亏损。但商品期货的套期保值功能与现货市场的走势紧密相关,如果市场上存在操纵行为,则商品期货的套期保值功能将不能实现。

(2)商品期货的价格发现功能有限

随着商品期货市场的发展,期货标准化合约的买卖成了市场的主流,市场的参与者由最初的现货交易商为主演变为以投机者为主,商品期货就具有了价格发现功能。期货的价格发现功能是指期货合约到期价格对现货价格的反映或曰无偏差预测。尽管投机者参与期货市场的目的是利用其价格波动或买卖差价获利而不是套期保值,但所有的投机者都要基于其对现货价格的预测而做出期货市场的决策,而投机者对现货市场的价格预测或多或少地都有现实的依据,这些信息与生产商、加工商、贸易商在期货市场上的公开报价信息混合在一起,反映了市场对现货的生产、需求、库存、进出口、心理偏好等。有学者指出:"期货市场正是这种预期价格形成机制的载体,其产生的一组预期价格比任何形式的行政定价、专家定价都要合理。"[1]已有的研究数据也表明,期货市场是现货市场价格的"晴雨表",现货价格与期货价格具有高度相关性。如 2017 年我国郑州商品交易所 PTA、甲醇和硅铁的期现价格相关性分别高达 0.92、0.88 和 0.89,大连商品交易所的聚氯乙烯(PVC)、聚丙烯(PP)和铁矿石期现价格相关系数均在 0.92 以上,期现价格互动良好。[2]期货的价格发现功能为行业提供了有效定价,成为现货价格的方向标,降低了企业个体搜寻价格信息的成本。生产商可以根据期货价格的上涨与下跌安排现货生产计划,避免了资源浪费,能够提高经济运行效率,优化资源的配置。但商品期货的价格毕竟不同于现货的价格,其只能有限度地反映现货价格,如果市场上存在价格操纵行为或存在虚假的交易信息,则商品期货的价格发现功能将会失灵。

(3)商品期货促进经济转型的功能有限

期货的交割标准,能够为现货行业树立高质量发展的标杆,引导产业升级,淘汰落后的产能。如我国玻璃现货市场长期存在着比较严重的负公差问题,劣质产品充斥市场,郑州商品交易所在玻璃期货交割中增加过磅检重,将贸易时的重量误差由±4% 降低至±3‰,起到了规范玻璃现货市场、避免劣性竞争的作用。为活跃 PVC 期货市场,大连商品交易所在 2015 年发布实施了 PVC 交割注册品牌制度,仅允许产量高、质量好和市场认可度高的主流品牌进入交割,鼓励优质生产企业做大做强,提高供给端产品质量。从运行效果上看,PVC 行业产能过剩的情况得到明显缓解,行业开工率得以提升,尤其是被纳入交割注册品牌的企业开工率明显较高,企业的效益得到显

① 张雷宝:《期货市场与农业产业化经营的关系研究》,《财政研究》2001 年第 7 期,第 41-45 页。
② 中国证券监督管理委员会、中国期货业协会编《中国期货市场年鉴》(2017 年),中国财政经济出版社,2018,第 189 页。

著提升。又如我国进口铁矿石品质堪忧,硫、砷等有害元素的含量呈上升趋势,对我国环境产生了不良影响。2016 年 4 月,原环境保护部出台《关于积极发挥环境保护作用促进供给侧结构性改革的指导意见》,深入贯彻落实党中央、国务院关于供给侧结构性改革的部署。大连商品交易所积极响应政策要求,积极调整铁矿石期货合约质量标准,2017 年公布《大连商品交易所铁矿石交割质量标准(F/DCE I001—2017)》,提高铁矿石交割质量标准,缩小硫、砷等有害元素的允许范围,并自 I1809 合约开始实行,引导现货市场进口品质更高的铁矿石,提高钢铁原料品质,并服务国家供给侧结构性改革。在经济市场化和全球化程度进一步加深及经济发展方式转变过程中,企业充分地利用各类期货产品及相关价格信息实现科学化、精细化和专业化管理,有利于企业经营模式由外延式扩张向内涵式发展转型。[1] 但期货的该项功能受制于期货品种,如果某一行业的产品不适合进行期货交易,则无法通过期货市场促进产业升级。

综上所述,期货服务实体经济的功能有限首先受制于其自身功能发挥的限度或条件上,其次体现在期货品种的有限性上。商品期货的交易品种通常要具备以下商品属性[2]:其一,易存储性。由于商品期货都必须以现货商品为基础,如果现货不易保存或容易腐烂变质,则难以作为期货品种。其二,具有同质性。期货合约的标准化要求其所确定的商品质量等级应能够通过明确的计量方式进行测量或划分。其三,价格波动性。价格因素是一种商品能够成为期货合约交易标的的主要方面,正是价格的波动性促使交易商希望通过期货合约锁定远期交易价格,如果商品价格较为稳定,则无锁定价格的必要性。其四,有良好的现货基础。现货市场的活跃度关系着现货的流动性,是否具有大量的交易者决定着现货市场的竞争模式,是否具有

---

① 姚宜兵:《加快期货市场发展转型服务经济发展方式转变》,《期货日报》2012 年 4 月 26 第 1 版。

② 张美玲:《我国商品期货市场监管法律制度研究》,中国政法大学出版社,2018,第 206-207 页。

充足的货源决定着交易合约的履行情况,最终也会决定现货的价格。若为期货交易的特定品种,还需要满足一些特定的条件,如对外依存度高或现货生产、消费及出口量较大。前者如原油期货,我国是国际上原油进口第一大国,原油的对外依存度较高,但我国对原油的价格几乎没有影响力,原因就在于我国作为原油的进口国,无论在国际现货市场还是在国际期货市场都只能被动跟随价格走势而没有任何的手段去影响原油价格,而在我国的交易所上市原油期货就可以通过合约的设计对原油价格产生一定的影响。后者如 PTA 期货,我国是世界上最大的 PTA 生产、消费和出口国,外国企业对我国该期货品种的套期保值需要很迫切,我国期货交易所对 PTA 期货品种的设计能够对上游的石化价格产生影响,也能对下游的纺织品定价产生影响。因此可以说,期货的功能有限也受制于其品种的有限性。

2.金融期货服务实体经济的功能有限

金融期货是指以外汇、债券、股票指数等金融工具作为标的物的期货合约。金融期货产生于 20 世纪 70 年代的美国市场,与当时世界金融市场的动荡和美国经济地位的变化有着密切的联系。以下通过对金融期货的产生背景和原因的分析,揭示其服务实体经济的功能限度。

(1)汇率期货服务实体经济的功能有限

1944 年,44 个国家的代表在美国新罕布什尔州的布雷顿森林举行联合国货币金融会议,会议成果之一是签署《国际货币基金协定》,并成立国际货币基金组织,实行以美元为中心的可调整的固定汇率制。固定汇率制使各国的货币与美元挂钩,美元与黄金挂钩,其目的是保持各国外汇汇率的基本稳定,便利国际贸易结算中的操作。具体的操作方式是将每一美元的黄金含量确定为 0.888671 克,各国政府各自规定本国货币的黄金含量,同时各国政府或其中央银行可以按照其本国货币含金量与美元含金量的比值确定本国货币兑换美元的比率,也可以以其持有的美元向美国请求兑换黄金。由于黄金的官价不受自由市场的冲击,各国政府可以同美国政府协同维持国际金融市场的黄金官价,从而间接维持其本国货币与美元的汇率。但由于第二次世界大战后西方国家政治、经济发展不平衡,特别是美国经济在 20世纪 60—70 年代陷入滞胀,国际收支状况不断恶化,黄金储备迅速下降,美国无力再维持以美元为中心的固定汇率制。1971 年 8 月尼克松总统宣布停止美元与黄金的兑换,随后美元数次大幅度贬值,固定汇率制崩溃。自 1973年 3 月起,西方国家实行了由市场供求关系决定货币价格的浮动汇率制。由于各国政府不再规定本国货币的黄金含量,也不再维持本国货币的对外汇价,加上各国之间的贸易不平衡,各国汇率涨跌幅度都十分剧烈,这给从事国际贸易和国际资金借贷的主体带来了极大的汇率风险。[1] 以国际贸易为例,商品和服务的价格有 70% 都以美元计算,如果贸易结算时美元汇率(即 1 美元折合本币)下跌,则进口方获利,因为其可以用更少的本币兑换成美元进行支付,与之相对的出口方则获得了更少的本币,从而遭受经济损失。在国际资金借贷方面也是如此。如果借贷的外币汇率上升,则借款人需要用更多的本币兑换外币以偿还本金和利息,从而遭受损失;相反,如果借贷的外币汇率下降,则贷款人遭受损失。

为了保证国际贸易和国际信贷业务的正常进行,必须寻找有效的方法避免因汇率变化而造成的经济损失。避险的方式有多种,如在合同中加入保值条款或进行远期的外汇交易,进行外汇掉期交易等。如果把外汇看作交易标的,则外汇与其他一般商品期货的交割标的就有诸多相似之处,如价格波动大、有众多的买方和卖方,因此外汇期货交易就成为规避汇率风险的优先选择。外汇期货交易是指在一个特定的市场上,交易双方依据一定的市场规则约定未来某一日期根据合约价格以一种非本国货币买进或卖出另一种非本国货币的交易。进出口企业通过外汇期货进行套期保值从而减少

---

[1] 李兴智、许明朝:《金融期货理论与实务》,经济管理出版社,2005,第 26 页。

因汇率波动过大导致的损失。如果外汇期货市场运转正常,则其能正常发挥套期保值的功能,投资者能在一定程度上规避汇率风险,但几乎不可能完全规避汇率风险,而如果外汇期货市场出现操纵等违法行为,则其功能将会大大受限。

（2）利率期货服务实体经济的功能有限

利率期货首先在美国出现。1929 年经济危机的发生,使美国在经济发展理念上摈弃了古典自由主义的传统,凯恩斯的国家干预主义发挥越来越重要的作用,罗斯福新政的很多措施都深受国家干预主义理论的影响。新政之后的美国经济渐渐复苏,第二次世界大战中美国又大发战争财,二战以后美国经济一路高歌猛进占据了世界经济霸主地位。但 1960—1970 年美国经济出现了滞胀现象,迫使美国中央银行越来越多地运用利率杠杆调控宏观经济。当通货膨胀严重、资产价格大幅上升时,中央银行就采取提高利率的办法控制贷款、鼓励存款,通过控制流通中的货币量以缓解通货膨胀;但是如果利率过高,又会导致实体经济成本上升,企业开工不足,失业率上升,容易引发社会矛盾,中央银行又需下调利率,而利率下降又容易导致通货膨胀。如此,美国不得不在高利率与低利率之间权衡取舍,从而导致了利率的波动。

利率波动会波及债券与股票市场。一般而言,债券和股票的价格是根据其预期收益额与银行的存款利率之比来确定的。[①] 银行存款利率的变化必然引起债券和股票预期收益的变动,从而使金融证券的买卖双方都面临着因为利率变化而遭受经济损失的风险。这种风险在债券交易上的表现尤为明显,因为债券的面值、期限和利率是发行时已经确定下来的,债券发行者为了吸引投资者,往往将债券的利率提高至银行利率之上,使债券投资者能获得比银行利率更高的收益。如果债券发行中银行调高利率,则意味着

[①]　李兴智、许明朝:《金融期货理论与实务》,经济管理出版社,2005,第 26 页。

债券发行者必须以低于债券面值的价格出售债券才能筹得资金。这必然导致其募集的资金少于债券面值的和,而债券发行者赎回债券时仍然需支付与债券面值相等的价格,对债券发行者而言,这是一种损失。即使债券以其票面价格发行出售后,债券持有者如转让债券同样面临这样的利率风险,即如果银行利率高于债券上的利率,其只有以低于债券面值的价格出售债券才能变现,从而遭致损失。债券通过吸收社会闲散资金来募集经济发展需要的资金,投资者希望通过债券获得较为稳定的收益,如果因为利率而遭遇资金募集或债券投资的风险,则须寻求有效的方法来规避风险。利率期货即担负着这种使命而产生。1975 年 10 月 20 日,芝加哥期货交易所使用国民抵押协会(GNMA)的抵押证券作为期货合约标志着利率期货交易的开始。[1] 长期国债期货是利率期货合约中最活跃的一种。[2] 利率期货合约是按照事先约定的价格条件在将来的时间内提供给合约持有者带有一定利息资产的标准协议。金融市场上的借贷者通过采取与现货市场相反的立场买卖利率期货合约,从而确保自己现在或将来的金融工具的价格或者收益率,以实现套期保值、套利或者投机的目的。利率期货的观念从美国传播到世界各地之后,日益成为重要的金融期货。尽管如此,利率期货仍会因为设计、需求等各方面因素的影响而导致失败,从而不能发挥其预期的功能。即使设计完美的利率期货,也会因市场各种因素的制约而不能完全发挥作用。

(3)股指期货服务实体经济的功能有限

股指期货的合约标的为股票指数。股票指数指通过选择若干具有代表性的上市公司的股票计算其每日成交价而编制出的一种价格指数。[3] 它代表着股票市场平均涨跌情况和幅度,使投资者能够根据股票市场的历史走势预测股票的未来价格。股票指数被视为一国经济形势的风向标,它的涨

① 李兴智、许明朝:《金融期货理论与实务》,经济管理出版社,2005,第 28 页。
② 李兴智、许明朝:《金融期货理论与实务》,经济管理出版社,2005,第 29 页。
③ 李兴智、许明朝:《金融期货理论与实务》,经济管理出版社,2005,第 30 页。

跌能够反映出一国实体经济的发展状况。20世纪70年代的石油危机使各国的实体经济都受到了严重影响,因为石油是工业化国家的重要原料,石油供应的短缺导致其价格暴涨,引发工业品原材料的成本急剧上涨,由此产生的连锁反应导致各国经济通货膨胀严重,企业的收益大大减少,投资者对股票的信心也受到严重打击。各国股票市场也因此剧烈波动,波动幅度明显加大,频率明显加快。在这种市场环境之下,投资者面临的股票投资风险加大,就出现了对股票投资的保值需求。受商品期货的价格发现功能以及规避风险功能的启发,人们渴望一种新的避险工具能够用在股票投资的保值上,股指期货应运而生。

1982年,美国商品期货交易委员会批准上市了世界上第一个股指期货合约——综合价值线指数,宣告股指期货正式问世。[1] 由于股票指数是极其特殊的商品,没有实物形式,也不能进行实物交割,股票指数合约只是把股票指数控制点数换算成货币进行交易。股指期货从其产生就担负着为投资者的股票投资进行套期保值的功能,虽然股指期货在交易过程中根本没有股票的转手,但所有投资者都要根据其对股票市场的价格变动的预测来决定买入建仓或卖出建仓。若投资者预期股票指数上涨,则可以买入建仓,在股票指数上涨时卖出期货合约而获利。若投资者预期股票指数下跌,则可以卖出建仓,在股票指数下跌时以较低的价格买入期货合约而后再卖出,从而获利。股指期货市场与股票市场的这种关系,能够促进股市交易的活跃与价格波动的合理,从而吸引更多资金进入股市,推动股市的繁荣。股市被称为一国经济的"晴雨表",股市的繁荣往往意味着企业能够更容易筹集资金,扩大生产,促进实体经济的发展。但无论股票市场还是股指期货市场都存在脱离实体经济而受市场心理或预期支配的风险,如果投资者对市场的预期远远脱离实际,则不仅不能服务实体经济还会严重损害实体经济。所

---

[1]　吴明:《股指期货法律问题研究》,中国政法大学博士论文,2008,第20页。

以股指期货服务实体经济的功能极为有限。

同商品期货一样,上述金融期货同样具有价格发现功能。这里的价格发现是指金融期货市场上大量的市场参与者通过公开竞价形成的价格比较真实地反映了市场的供求状况及其变化趋势从而成为现货基准价格的过程。由于期货市场的交易标的为标准化的合约,交易标的无差别,市场上存在大量的买者和卖者,所以期货市场接近于完全竞争的市场。这样的市场形成的价格能够给外汇、利率市场的定价提供参考,从而能够指导生产和经营,对资源配置和资源流向起到引导作用。同样,金融期货也具有套期保值的功能,其目的仍然是规避现货的价格变动风险,其基本的经济原理仍在于期货价格和现货价格因受相同的经济因素影响而表现出了价格趋势上的一致性,当期货合约接近交割时,现货价格总是与期货价格接近,经营者进行与现货市场相反的操作就能够使期货市场的盈利抵消现货市场的亏损,从而避免现货市场的严重损失。由于金融期货具有更强的虚拟性,其服务实体经济的功能与商品期货相比更为有限。

(二)期货自身的风险性决定期货业的发展要以经济安全为限

虽然期货发端于实体经济,根植于实体经济的需要,但期货业发展到一定阶段之后,自成相对独立的虚拟经济系统的一部分,也会产生虚拟经济固有的风险。经济学意义上的"风险"指人们获得某种利益的不确定性,其包含四方面的含义:风险是否会发生、何时发生的不确定性、风险是否可以测定的不确定性、风险的大小及造成损失收益的程度的不确定性。[1] 虚拟经济如果与实体经济发展不协调就会制约实体经济的发展,甚至可能给实体经济带来毁灭性打击。期货具有的价格发现、套期保值等功能都建立在期货行业健康良好运行的基础之上,如果期货市场存在过度投机、操纵等不正当

---

[1] 杨星:《股指期货》,广东经济出版社,2002,第119页。

行为,则不仅期货市场自身的运行会受到阻碍,期货功能会被扭曲,还会波及现货市场或者其他金融市场,从而引发风险。所以期货业的发展也必须在虚拟经济有限发展法学理论指导下坚持经济安全的发展理念,避免期货行业内的风险,更要防范风险的传递与蔓延。

1.商品期货的风险性决定其发展要以经济安全为限

商品期货发展初期,标准化合约的转让主要发生在生产商或供应商之间并主要受私法上合同转让规则的约束。当投机者出现后,合约转让日益普遍,风险日益成为威胁期货市场自身运行的负面因素。期货市场的制度设计须以经济安全为限防范风险的发生。

(1)商品期货的违约风险及安全制度防范

"与传统合同法下的履行相比,衍生品合约最终能否履行存在较大的不确定性。特别是那些基础资产有公开市场报价的衍生合约,只要合同执行价与市场价格出现差异,合约权利义务下的盈亏就马上表现出来,在合约下有潜在亏损的一方存在着未来逃避履行的强烈动机。然而,衍生合约不能履行的后果非常严重。"[①]商品期货发展之初,市场参与者主要是从事现货买卖的生产商或者供应商。这个阶段的主要风险是期货合约的买方或卖方的违约行为。当期货合约的转让越来越普遍之后就出现了投机者,投机者最主要的特征是不从事现货的买卖而单纯从事合约的买卖,意图从合约买卖的价差中获利。因此,期货市场上的交易主体被分成了两大类:从事现货买卖的套期保值者与仅从事期货合约买卖的投机者。由于期货市场有众多的交易者,为了结算的方便,期货交易所建立了会员结算制度,即只有成为期货交易所的会员才能够参与结算,交易所的会员之间从事的期货合约的买卖均以其向交易所交付的保证金作为担保,套期保值者与投机者必须通过

---

① 刘燕、楼建波:《金融衍生交易的法律解释——以合同为中心》,《法学研究》2012 年第 1 期,第 58-76 页。

交易所的会员才能进入期货市场。这样,交易所的会员就成为了套期保值者与投机者的经纪人。经纪人以自己的名义在期货交易所从事期货合约的买卖,但交易指令的发出均来自套期保值者或投机者。如果套期保值者或投机者违约就意味着经纪人必须自己承担相应的责任,为此期货市场建立了保证金制度。期货市场的保证金从性质上讲属于履约的担保金,目的就是防范出现违约行为。无论套期保值者还是投机者都必须向经纪人缴纳保证金以保证将来履约,经纪人则向期货交易所缴纳保证金以作为履约的财力担保。一旦投机者或套期保值者对经纪人违约,则经纪人需要承担风险;一旦经纪人违约,则交易所作为交易担保人必须承担风险。因此,期货市场就分成了如同金字塔似的风险层次,最上层的是期货交易所,其承担交易所会员即经纪人不能履约的风险;中间层的是经纪人,其承担投机者或套期保值者不能履约的风险;最下层的是投机者或套期保值者,其承担市场价格涨跌的商业风险。就期货市场本身的正常运行而言,必须防范出现系统性的违约风险。否则,期货市场将难以正常运行。不仅如此,套期保值者还可能遭遇交割时货物品质不符的风险。对交货不符的风险如果仅在合同法框架下解决,则不仅不利于效率的提升,还可能会产生逆向选择,使交割的货物品质渐次下降,最终导致期货市场不能很好地服务实体经济。因此,期货业的发展必须以经济安全为限,必须通过适当的制度设计尽可能地降低风险。

(2)商品期货的操纵风险及安全制度防范

在制度设计上,期货市场是近乎完全竞争的市场,商品具有同质性,投资者进出容易,市场上有大量的交易主体,公开喊价机制使市场上价格信息透明,似乎不存在实体经济领域里的买卖双方信息不对称问题。但是期货市场毕竟不能脱离实体经济而存在,期货市场的参与主体对实体经济走向或发展信息的掌握仍然会存在差异。比如,世界上较大的粮食公司在全世界都有办事处,他们的代理人四处调查粮食作物的长势及收成,据此他们能掌握全球大豆的产量,因而他们可以知道大豆是否短缺,其他人可能无法知道该信息。正因为如此,期货合约双方在订约时对于标的物(基础资产)未来的价格走势会有完全相反的预期,因此形成了买方与卖方、多头与空头两种对立状态。最终,市场走势只能与一方的预期一致,该方成为合约下的获利方,而另一方则因履行合约而遭受损失。从这个意义上说,衍生品合约都是"零和博弈",它将财富在买、卖双方之间进行分配,但并不创造出新的财富。[①] 在这种市场特征下,合约一方可能会利用资金优势或信息优势制造某种假象,如散布虚假的市场行情信息、囤积现货、人为影响现货市场的供给与需求量,从而使期货市场上的价格也朝着对自己有利的方向偏移。而市场中的多数交易者(尤其是散户)因为缺乏有效的信息获取途径,对虚假信息的过滤及判别能力不足,容易被市场的假象蒙蔽作出错误的决策从而遭受损失。有学者将这种人为操纵期货市场的行为比喻为"期货市场最大的毒瘤"。[②] 1979 年美国亨特兄弟操纵白银期货案是这种行为的典型例子。在操纵事件发生前,白银价格为 2 美元/盎司左右。亨特兄弟在现货市场大量收购白银的同时在期货市场做多,经过 4 年时间,至 1979 年底,他们拥有1.2 亿盎司的现货和 0.5 亿盎司的期货,纽约商品交易所 53% 的存银和芝加哥商品交易所 69% 的存银由其控制,致使银价上涨到了历史最高水平,每盎司 50.35 美元,白银期货的价格也一路上扬。[③] 亨特兄弟进行这种操纵的目的是赚取巨大的利润,其基本的获利原理是通过囤积现货的方式人为制造出供求失衡的假象,从而炒高白银在现货市场上的价格,白银的现货市场价格又会通过市场机制传导至白银期货市场,从而炒高白银期货价格,意图获取巨大的价差利润。这种操纵行为使白银价格严重偏离了其价值。对于需要白银作为原料的工业企业而言,畸高的价格已远远超出其承受范围,这些

①　刘燕、楼建波:《金融衍生交易的法律解释——以合同为中心》,《法学研究》2012 年第 1 期,第 58-76页。

②　董华春:《第八讲期货市场中最大的毒瘤——对操纵期货市场价格行为的认定和处罚》,《金融法苑》2001 年第 6 期,第 117-122 页。

③　张美玲:《我国商品期货市场监管法律制度研究》,中国政法大学出版社,2018,第 98 页。

企业不买或少买白银原料时亨特兄弟收购的白银将不能售出变现,与此同时,亨特兄弟需要大量的银行贷款以维持其较大的现货存量。一旦其偿还不了银行贷款,还会发生跨市场的风险。因此,国家必须对期货市场的操纵风险保持警惕,从制度上防范操纵行为的发生,保障期货业安全运行。

2.金融期货的风险性决定其发展要以经济安全为限

与商品期货相比,金融期货最主要的特征是其无需实物交割而只需用现金结算,其次就是金融期货合约的标的资产风险问题比物质商品要复杂得多。[1] 金融现货市场具有交易规模巨大、交投活跃、流动性强、价格形成因素复杂等特点,使金融期货市场价格要比商品期货市场具有更好的抗操纵性。[2] 但金融期货作为汇率、利率、股指等虚拟经济的衍生物,比商品期货具有更大程度上的虚拟性。市场的虚拟性越强,资产价格越容易脱离其自身的价值基础和社会物质水平而畸形上涨,从而形成经济泡沫。泡沫一旦破裂,金融资产价格就会暴跌,货币就会贬值,银行呆账、坏账会大量增加,企业资金流动性匮乏,继而实体经济会大幅缩水,经济走向衰退。[3] 金融期货的产生是基于套期保值、规避和转移风险的需求,但金融期货自身所具有的投机性能够使现货市场的风险以更加剧烈的方式表现出来。金融期货市场除了同样具有违约风险与操纵风险之外,现金结算机制使投机行为所产生的流动性风险比商品期货市场更严重。虽然金融期货市场的产生不是为了投机者,但是期货市场在客观上仍为投机者提供了买空卖空的场所。金融期货市场的投机者通过不断预测期货合约的价格波动并主动采取进攻性经济行为来谋求获利,恰恰为套期保值者转移风险提供了出口。如果没有投机者,期货市场的上述功能就难以实现,套期保值者的风险将难以转移。但

---

[1] 温观音:《论金融期货风险的法律控制》,中国政法大学博士论文,2007,第64页。

[2] 温观音:《论金融期货风险的法律控制》,中国政法大学博士论文,2007,第64页。

[3] 齐美东、杜鹃:《应对虚拟经济负效应的对策分析》,《安徽农业大学学报》(社会科学版)2004年第6期,第32-36页。

金融期货市场如果投机过度就会产生流动性风险。众所周知,流动性风险有两类风险,一种是市场流动性风险,另一种是资金流动性风险。金融期货市场流动性风险是指金融期货市场上因为成交量不足或者缺乏交易对手而导致期货持有者不能在理想时点完成交易的风险,一般用金融期货市场的交易量和未平仓的合约数来表示。当某一金融期货产品上市后,如果产品交易量下降,就意味着金融期货市场流动性减少,那么金融期货投资者就无法进行对冲交易,就产生了流动性风险。一般来说,期货市场上未平仓的合约数量越多,市场上的期货合约的流通量就会越大,相应的流动性风险就越小;反之,期货市场上未平仓的合约数越少,市场上的期货合约流通量就会越小,相应的流动性风险就会越大。资金流动性风险是指某一金融产品在正常市场价格上变现的能力或金融机构通过对外融资来清偿到期债务的能力。[1] 就金融期货合约而言,投资者的资金流动性风险主要出现在投资者的保证金不足或无法追加保证金的情况下,因为一旦出现这种情况,其持有的头寸就会被迫强制平仓,从而导致其无法变现,产生投资损失。资金流动性风险也可能会被投机者用来操纵市场,如多头逼空头或空头逼多头,如果空头违规操纵市场,将会使大量多头的保证金不足而被强制平仓,这就是人为造成了资金流动性风险。期货市场的流动性风险会增加金融市场的不稳定性,加大整个市场的风险,使破产、倒闭等事件出现连锁效应,给实体经济带来危机。因此,金融期货市场同样需要以经济安全为限,从制度上、机制上防范有关风险的发生。

综上,商品期货与金融期货的风险决定了其必须在保障自身系统安全及实体经济安全的前提下发展,期货业的发展必须根植于实体经济,以实体经济为基础,服务于实体经济。如果期货业的发展超出必要的限度,则不仅其自身的运行难以维系,还会波及与之相关的实体经济。期货业的发展越

---

[1]　吴明:《股指期货法律问题研究》,中国政法大学博士论文,2008,第71页。

脱离实体经济,在风险爆发时对实体经济的破坏越大。因此,期货业的发展不能背离其历史使命,必须坚持服务实体经济的理念,以期货业自身的安全运行及实体经济的安全运行为限。

三、虚拟经济有限发展法学理论与期货业发展史的契合

期货具有一切虚拟经济的风险特性,传统民商法的意思自治、买者自慎等理念不仅无益于期货风险的控制,反而会助推风险和危机的爆发。只有国家这样一个特殊的主体才能站在促进产业协调发展的角度对期货业发展的盲目性、风险性进行有效的控制。比如,我国期货市场建立之初即自发盲目发展,交易所多达50多家,各交易所又盲目决定期货新品种的上市,由于市场条件不成熟,品种设计重复,导致风险案例频发。国家对期货市场的干预主要在期货市场主体准入资格、期货品种的上市和退出、期货市场的风险管理、期货市场异常交易识别、期货市场违法行为处罚、期货市场监管协调等方面。其中期货市场主体的准入资格决定着市场参与者的范围,期货品种的上市与退出关系着期货市场的交易边界,期货市场的风险管理、异常交易识别及违法行为处罚决定着期货市场的行为边界,期货市场的监管协调则与期货业的有序运行息息相关。虚拟经济有限发展法学理论与期货立法史是相契合的,这不仅是虚拟经济与实体经济的互动关系决定的,也是期货业自身的发展规律决定的。

现代期货交易起源于美国,期货市场的发展、成熟、繁荣、扩张均与美国有关。美国对期货市场准入制度的探索,对期货市场交易规则的设定,对期货交易违法行为的监管,呈现出市场自发发展与制度的诱致性变迁同步发生的历史图景。美国期货市场的制度变迁完成之后,会对其他国家发展期货市场产生参照或指引作用,其他国家在立法上不可避免会借鉴或移植在美国已经发展较为成熟的期货制度以发展本国期货市场。因此,对美国期

货立法史的研究有助于其他国家更好地吸收美国的成功经验,避免美国在期货业发展过程中的风险与危机。我国作为市场经济的后发国家,期货市场起步较晚,立法上的准备不够充分,导致我国期货业发展之初出现了混乱与无序的状态,后经过国家的强制性干预而逐渐归于有序。可以说,我国期货立法呈现出了强制性制度变迁的特征,其间也有诸多经验与教训。在此选择我国期货业的发展史与美国期货业的发展史作为研究对象,对其中所呈现出的期货市场有限发展的历史事实进行梳理,以验证虚拟经济有限发展法学理论与期货业发展的契合性。

(一)虚拟经济有限发展法学理论与美国期货市场发展史的契合

美国政府最初对期货市场没有监管,期货交易主要依赖市场主体的自律或自我约束,直到期货交易演变成标准化契约交易并且投机性交易泛滥对实体经济产生了巨大负面影响之后,美国地方政府才开始对期货市场实施监管,此后又逐步将监管的层级提升至美国联邦政府。可以说美国期货市场从自律式发展走向规范化监管的过程就是美国期货市场有限发展的过程。美国期货市场已有160多年的历史,因受期货市场交易风险的影响,其监管制度历经变化,日臻完善。迄今为止,美国期货市场监管体系相较于多数国家而言都是比较完善的,也因此成为许多国家期货监管制度建构的参考样本。[①] 所以,美国期货市场的制度沿革更能够代表期货市场的发展脉络以及期货市场的发展限度。

1.自律式发展阶段美国期货市场的无序与混乱

1848 年芝加哥期货交易所成立,其宗旨是发现并纠正违规交易,保障期货交易的公平公正性,促进期货业的健康繁荣发展。彼时的交易所主要是

---

① 王学勤、吴前煜:《从自律走向法律:美国期货市场监管 160 年管窥》,《证券市场导报》2009 年第 10 期,第 20-26 页。

提供集中交易的场所,同时通过章程提供一些简单的规则供会员交易时遵守,如统一计量单位、统一粮食检验标准。至 1859 年,美国期货市场主要通过交易所会员自我约束的形式维持其正常运行。除芝加哥交易所之外,当时还成立了其他多个交易所。由于没有专门的期货市场法律,这些交易所各自为政,不受政府监管,既没有标准的期货交易合约,也没有成熟的期货交易品种,甚至没有正式的交易大厅,大部分交易都是场外交易,由交易双方就远期合约的内容自行磋商。如果出现违约则由合同法、商法等法律调整。后由于合约转让的现象不断出现,合约交易的地域范围不断扩大,期货交易所需要获得对合约交易规则的制定权限,也需要法律上对该交易规则制定权限的认可。

1859 年,伊利诺州州长签署一份法律文件,准许芝加哥交易所在章程中制定交易规则,并且赋予交易所章程近似于期货交易"大宪章"的地位。[1] 根据芝加哥交易所章程的规定,交易所有以下权力:①制定业务管理规则,选择交易模式;②交易所仲裁委员会有仲裁权;③交易所可以任命粮食检验人员、计量人员,交易所的检验证书具有数量、质量与等级证明效力。[2] 尽管交易所从地方政府手中获得了规则制定权,但从性质上讲,交易所章程的交易规则仍属于自律式监管范畴。交易所获得的规则制定权最终为标准化期货合约的诞生提供了法律基础。至 1865 年,在远期合约不断转让的基础上,芝加哥交易所制定了格式化的标准合约供商人们交易,使得投机性的交易也逐渐泛滥。

自 1859 年伊利诺州政府授予芝加哥期货交易所规则制定权至 1921 年间,美国期货市场主要以地方立法授权的自律式监管为主导,普遍以商会一

---

① 王学勤、吴前煜:《从自律走向法律:美国期货市场监管 160 年管窥》,《证券市场导报》2009 年第 10 期,第 20-26 页。

② 威廉·法龙:《市场缔造者#芝加哥期货交易所 150 年》,王学勤译,中国财政经济出版社,2011,第 35 页。

类的组织进行自我监管。现货交易、远期交易、非标准化期货交易与 1865 年后芝加哥期货交易所的标准化期货合约相互混杂,操纵丑闻不断出现,呈现出愈演愈烈之势。这种情况一直延续到 1920 年以前。① 这一时期的市场特征表现为期货操纵、逼仓与内幕交易。著名案例有 1866 年本杰明·P·哈钦森对芝加哥小麦期货市场的操纵案、1872 年约翰·里昂对芝加哥小麦期货的逼仓案、1909 年詹姆斯·A·帕藤操纵小麦市场案。② 因为当时的期货市场以农产品为主,这些期货操纵或逼仓案件均与主要的农产品——小麦有关。其主要的手法均为操纵者在期货市场做多,同时通过大量囤积现货的方式拉高现货价格,企图获取暴利。

针对市场的混乱与无序,一些州试图以地方立法的形式对期货市场进行监管。尤其是美国经历了自 1866 年至 1896 年的农产品价格下滑后,巨大的价格波动使农民损失惨重。农场主和农民提出抗议,认为期货交易应对农产品价格负责。美国有些州开始立法禁止期货交易,伊利诺州 1867 年则通过法案规定未持有现货之人不得在期货市场上进行空头交易。③

2.强监管阶段美国期货市场的有序有限发展

美国期货市场的混乱与无序状况持续了将近 70 年,其中很重要的原因就是缺乏联邦政府层面的统一且强有力的立法及监管体系,地方立法的实施范围有限,监管力度不足。④ "立法完善度与市场纯净度是正相关的,期货立法是市场操纵的克星,尽早立法是明智选择。"⑤

---

① 王学勤、吴前煜:《从自律走向法律:美国期货市场监管 160 年管窥》,《证券市场导报》2009 年第 10 期,第 20-26 页。

② 张美玲:《我国商品期货市场监管法律制度研究》,中国政法大学出版社,2018,第 108 页。

③ 巫文勇:《期货与期货市场法律制度研究》,法律出版社,2011,第 28-29 页。

④ 王学勤、吴前煜:《从自律走向法律:美国期货市场监管 160 年管窥》,《证券市场导报》2009 年第 10 期,第 20-26 页。

⑤ 王学勤、吴前煜:《从自律走向法律:美国期货市场监管 160 年管窥》,《证券市场导报》2009 年第 10 期,第 20-26 页。

第一次世界大战后,商品期货价格大幅度下跌,美国联邦贸易委员会(FTC)对谷物期货进行了大规模深入细致的研究,对一系列的市场操作,如拆分交易、交叉交易、对敲交易、指令打包以及放弃交易的使用、套期保值和投机在期货市场中的作用等进行了评估和研究。在此基础上,美国联邦政府于1922年颁布了《谷物期货法》,对美国的9家期货交易所进行监管。其立法目的是减少或消除"突然或不合理的"谷物期货交易价格波动,以避免或减少由于期货操纵行为使社会公众产生的不满情绪,进而维护期货市场的价格秩序,树立联邦政府的公信力。其主要内容是:第一,以官方名义对期货交易和期货市场进行了定义,对期货交易的场所和规则进行了规定;第二,只能在经联邦政府注册过的期货交易所内才能进行期货交易,并且投资者只能通过交易所会员进行交易;第三,期货交易所对会员及交易所职员进行自律性监管,并负责保存相关凭证;第四,美国农业部内设立谷物期货管理局,对期货市场进行监管。"该法开创了联邦政府监管期货市场的历史,构建了美国期货市场的法制框架,标志着美国期货市场步入了法制轨道"。①

1929年的经济危机对各行各业都产生了巨大的冲击。罗斯福总统认为证券和商品投机行为是造成经济危机的主要因素。为振兴经济,防止证券、期货市场的操纵和欺诈行为,美国国会在1936年大幅度修改了《谷物期货法》,并将其更名为《商品交易法》。该法对期货上市的品种进行了限制,将期货品种限定为谷物、黄油、鸡蛋、西红柿、大米和棉花,凡是没有纳入该法范围的品种不得进行期货交易。美国联邦贸易委员会经过多年的调查研究发现,大交易商的存在本身就可能会引起市场上的剧烈波动,无论这些大交易商正直与否、成功与否,甚至也无关他是否受到操纵市场的欲望的影响,只要他足够大,他就会在市场上引起"动荡"和"疯狂而不稳定的"价格波

---

① 巫文勇:《期货与期货市场法律制度研究》,法律出版社,2011,第29-30页。

动,损害市场的正常运作,有害于生产者和消费者。[1] 因此该法对投机交易者的持仓量进行限制,禁止预定交易、虚买虚卖和场外交易,并赋予期货交易所监管垄断交易行为的权力。此后,由于第二次世界大战对美国商品市场带来的极大影响,美国农产品价格普遍上涨,该法的许多缺陷暴露出来,投机势力抬头,虚假交易盛行。美国国会又适时对该法进行了修订,增加了监管机构的权力,拓宽了违法行为的认定标准,加重了违法行为的责任。

1973 年,为进一步控制各种形式的投机行为,尤其是针对由于《商品交易法》严格限定期货交易品种而导致许多商品如咖啡、糖、可可、胶合板和贵金属等大量进行期货形式的交易而又不受监管的现实,美国国会又对《商品交易法》进行了大幅度修改,将其更名为《商品期货交易委员会法》,并成立了专门的期货交易委员会对全美所有的期货市场行使联邦管理权,这些权限包括发布规章制度、法令和命令、颁布合约市场规则等。此后,该法又分别在 1982 年和 1992 年经过两次修订,增加了允许开展农产品期权交易试点的内容,使农民能够参与期权市场,分享期权交易的好处;禁止期货经纪人同时为自己账户和客户的账户进行交易;加重期货违法行为的民事责任和刑事责任;将股指期货的保证金决定权授予联邦储备委员会。[2]

2000 年 12 月,美国国会通过《2000 年商品期货现代化法》,其宗旨是改革美国金融衍生品市场,确保美国在国际市场中的竞争地位。其立法指导思想是保护公共利益,防止价格操纵或其他任何破坏市场整体性的行为,通过促进公开和有序的竞争,确保期货市场的安全运行,避免系统性危机。该法对期货市场的风险给予了足够重视,具体措施有限仓、保证金管理制度、大户报告制度、实际控制关系账户监管制度、熔断机制等。在此前提下,结合期货市场的新形势,进一步禁止过度投机、欺诈、内幕交易和经纪人双重

---

① 贺楠:《美国期货市场限仓制度的发展》,《中国证券期货》2018 年第 1 期,第 78-83 页。

② 巫文勇:《期货与期货市场法律制度研究》,法律出版社,2011,第 30-33 页。

交易。其中,持仓报告制度是限制过度投机仓位的手段。对于持仓量较大、日均成交量较高以及现货市场流动性较好的产品,如金融产品、无形商品期货合约及某些特定的有形商品期货合约,该法要求交易所采取持仓报告的方式进行监管。在防范期货市场的欺诈方面,该法详细规定了欺诈的四种法定情形:一是欺骗或欺诈、意图欺骗或欺诈他人;二是故意制作或导致制作虚假的报告或报表;三是故意通过欺诈手段或意图欺诈他人实施两类行为:申报、处理、执行合约指令与代理他人做出合约指令;四是违背事先指令或他人指令的清算方式,急剧买进合约或补进合约,或者未经他人同意,故意或有意识地充当他人的卖出指令的买进者或充当他人的买进指令的出让者。同时,该法还加强了对"虚买""通融交易""虚拟买卖""造成不真实或不诚信的价格报道、登记或记录"等行为的处罚力度。

随着期货立法的完善及市场监管经验的积累,美国期货市场上的操纵事件越来越少,尤其是近些年来,过去那样的市场操纵事件已经很少发生。这表明,期货市场的发展需要强势的监管,越早立法,越加强监管,期货市场的负面影响就会越少,逼仓和操纵的风险就会大大降低。在 2008 年全球金融危机发生后,美国主要市场的交易量减少了 25%~30%。即使在这样的经济形势下,美国司法机构仍提出了严格限制向商品期货市场输入流动性的方案,同时,商品期货交易所委员会也对期货公司提出了增加资本金的要求。[①] 正如富兰克林·罗斯福所说的:"我坚信,证券和商品交易所在我国的经济生活和农业发展中非常必要,并且具有重要的价值,对于我们的商业和农业发展大有裨益。但是,我们的政策必须对这些交易所中纯粹投机行为进行限制。因此我建议,为了保护投资者的利益,为了捍卫我们的监管理念和价值观,国会应该通过政府对证券和商品交易所进行监管的立法,在尽可

---

① 王学勤、吴前煜:《从自律走向法律:美国期货市场监管 160 年管窥》,《证券市场导报》2009 年第 10 期,第 20-26 页。

能长的时间里,消除不必要的、不理性的、具有毁灭性的投机交易。"①

(二)虚拟经济有限发展法学理论与我国期货业发展史的契合

1990年10月12日,郑州粮食批发市场经国务院批准成立,标志着我国现代意义上的期货市场的建立。我国期货市场发展至今已有30年的历史,中间经历了粗放式发展、清理整顿、规范监管等阶段。粗放式发展阶段因缺少国家的干预,期货市场出现了混乱局面,市场主体的盲目性、自利性演绎得淋漓尽致,市场失灵理论被验证。清理整顿阶段体现了以行政手段进行国家干预、有限制地发展期货业的必要性,规范发展阶段则标志着期货市场有限发展步入法治化轨道。②

1.粗放式发展的弊端体现了期货市场有限发展的必要性

继郑州粮食批发市场建立之后,上海金属商品交易所、深圳有色金属交易所于1991相继开业。1993年2月28日大连商品交易所成立。截至1993年底,全国经批准设立的各种期货交易所或批发市场达到50多家,期货经纪公司超过300家,参与期货交易的各类企业和金融机构高达27000家,交易品种有100多个。期货市场的交易额从1992年不足500亿元到1993年底超过5000多亿,一年时间翻了10倍。③ 这一时期我国处于从计划经济向市场经济过渡的阶段,对政府与市场的关系还缺乏明晰的认识,一方面有明显的市场管控意识,另一方面对如何监管又缺乏统一认识,受"摸着石头过河"思想的指引,对期货市场的功能认识不足,监管比较宽松,甚至没有明确的行政主管部门。政府对期货市场的监管主要集中在市场交易主体准入方面,但交易所、期货公司的设立条件由各级政府或政府部门自行掌握,交易

---

① 贺楠:《美国期货市场限仓制度的发展》,《中国证券期货》2018年第1期,第78-83页。
② 巫文勇:《期货与期货市场法律制度研究》,法律出版社,2011,第28页。
③ 张美玲:《我国商品期货市场监管法律制度研究》,中国政法大学出版社,2018,第148页。

品种的上市则由各交易所自行决定,其结果是一些地方和部门为了追求地方和行业利益竞相设立期货交易所或者名为批发实为期货交易的市场,盲目设立期货经纪公司,甚至一些执法部门也参与期货经纪活动。有些交易所过分追求市场规模和短期效益,甚至纵容投机和违规操作行为;有些交易所进行与其他交易所完全相同品种的合约交易,造成了严重的资源浪费,也妨碍了期货市场套期保值及价格发现功能的实现。[1] 这一阶段期货市场盲目发展,将期货的高风险性、高投机性及其盲目自由发展的恶果展现无遗,而期货市场自身又缺乏自我矫正的能力,这充分说明期货市场需要强有力的外部干预。

2.清理整顿阶段初步体现了期货市场有限发展的理念

针对盲目发展的期货市场,国务院 1993 年末下发了《关于坚决制止期货市场盲目发展的通知》(国发〔1993〕77 号)。1994 年 5 月,国务院办公厅又下发《国务院办公厅转发国务院证券委员会关于坚决制止期货市场盲目发展若干意见请示的通知》(国办发〔1994〕第 69 号)进一步规范期货市场,主要内容涉及以下几个方面:

第一,发展期货市场须经过试验并严格控制。《关于坚决制止期货市场盲目发展的通知》提出"根据我国现阶段的实际情况,除选择少数商品和地方进行试点探索外,必须严加控制,不能盲目发展。"由国务院证券委员会负责期货试点工作,具体工作由中国证券监督管理委员会(以下简称证监会)负责。

第二,对期货交易所进行准入控制。将期货交易所的审批权统一收归国务院证券委员会,要求各部门、各级政府立即停止审批新的期货交易所,对已有的期货交易所要重新进行审核和规范:一是将大部分不规范的交易所按批发市场进行管理,这些批发市场不得在其名称中含有"交易所"字样,

---

① 田超:《金融衍生品:发展现状及制度安排》,中国金融出版社,2006,第 143 页。

也不得进行期货合约买卖;二是对少数符合条件的交易所,组织专家进行充分论证,由证监会进行严格审核后报请国务院批准,经国务院批准后方可进行标准化期货合约交易试点。凡经批准进行试点的交易所,须到当时的国家工商行政管理总局重新注册登记,由证监会会同有关部门负责对其进行监管。这一措施将期货交易所由 50 多家清理整顿为 14 家,分别是北京商品交易所、上海金融交易所、上海粮油交易所、天津联合商品交易所、沈阳商品交易所、大连商品交易所、长春商品交易所、郑州商品交易所、苏州商品交易所、广东联合商品交易所、深圳有色金属交易所、海南中商期货交易所、成都联合商品交易所、重庆商品交易所等。这 14 家期货交易所都满足下列条件:当年 1~4 月份的日平均交易额在 1 亿元以上;标准化期货合约交易额在该交易所总交易额中占比 90%以上且月平均实物交割率在 5%以下;拥有不少于 50 个会员;各项规章制度比较健全,通信设施较为完善,标准化期货合约的内容及形式比较符合国际惯例,所上市品种符合国家经济发展需要,形成的商品价格已对国内市场产生较大影响;地理位置较为优越,交通、通信方便;从业人员素质较高,至少拥有 10 名从事期货交易 1 年以上的管理人员。

第三,对期货交易的品种进行控制。要求各交易所以商品期货交易为主,对开办金融期货业务进行严格控制。未经证监会的批准,期货交易所不得自行决定上市期货新品种。对原有的上市品种进行清理整合,1994 年 4 月停止钢材、食糖期货合约,1994 年 9 月停止粳米、菜籽油期货合约。针对当时的国内经济发展情况,禁止开展国内股票指数和其他各类指数的期货业务;经证监会与财政部批准后,少数交易所可开展国债期货交易试点;在有关人民币对外币的汇率期货业务的管理办法出台前,禁止从事汇率期货业务。

第四,对期货经纪公司的准入及业务范围进行控制。将期货公司的注册权统一收归当时的国家工商行政管理总局。各地已有的期货经纪公司由证监会进行严格审核后,符合条件的须到国家工商行政管理总局重新注册登记后方可开展期货业务;不符合条件的则不得继续营业。将期货经纪公司设立分公司的行为视同设立新的期货经纪公司,必须报证监会审核;未经审核,不得设立分公司。针对外资期货公司及中外合资期货公司频频从事违法期货交易的问题,要求这些公司或按法律程序办理注销手续,或转为全资中资期货公司后重新申请注册登记,但在未批准重新注册登记前不得接受新客户。

在业务范围上,禁止各期货经纪公司从事境外期货业务。对于设有期货经营机构的全国性公司,须经证监会重新审核批准后,方可为本公司系统的交易在境外进行套期保值业务,但这类公司在境外进行套期保值业务时必须在证监会指定的期货交易所进行,交易品种须经证监会认可。由于国内期货经纪公司不得从事境外期货业务,这类全国性公司须委托境外期货经纪公司代理交易,但受托方必须是证监会认定的交易所的结算会员。由于证监会无法对这些境外的交易所和经纪公司进行监管,证监会就通过监管协议的方式与这些交易所所在国家和地区的期货监管机构取得联系,通过信息互换的方式进行监管合作。当境外期货业务发生实物交割时,要按有关的进出口管理办法办理。

第五,对参与期货交易的主体范围进行控制。首先对国有企业、事业单位参与期货交易进行严格控制,如果有关国有企业或事业单位确实需要参与期货交易,也只能以套期保值为主,并且只能从事与本单位生产经营有关的期货品种的套期保值业务。其次,亏损的单位不得从事期货交易,即使是盈利的单位参与期货交易也须经其主管部门批准或由公司董事会做出决定。盈利单位的企业主管部门和公司董事会首先要在财务制度中作出明确规定,严格审核用于期货交易的资金总额、资金来源、资金运用、账务处理等问题。再次,交易所和经纪公司须定期向证监会提供参与期货交易的客户名单,以便于证监会与这些客户的主管部门沟通信息。最后,外汇指定银行和有资格经营外汇业务的非银行金融机构利用境外外汇期货业务进行套期保值须经国家外汇管理局和证监会审核批准。

3.规范监管阶段将期货市场有限发展理念法治化

1999 年 6 月国务院颁布《期货交易管理暂行条例》,标志着我国期货市场进入法治化发展阶段。2007 年《期货交易管理条例》取代该暂行条例,成为期货市场发展的基本规范性法律文件,与之配套的《期货交易所管理办法》《期货公司管理办法》《期货从业人员管理办法》逐步出台,期货市场有限发展的理念逐渐明晰,各项制度的建构都围绕期货市场的功能发挥及风险防范而展开。

首先,确立了期货市场的监管模式。期货市场的监管主体包括证监会、期货交易所、期货业协会、期货保证金监控中心。其中,期货交易所与期货业协会被视为自律管理的重要环节。期货交易所的主要职责是提供交易场所、设施和服务,设计标准化合约,安排合约上市,组织并监督期货交易、结算和实物交割,为期货交易提供集中履约担保。期货业协会的主要职责是对会员进行教育管理、监督检查会员行为并给予纪律处分、对从业人员进行管理和培训、受理投诉、维护会员合法权益、期货业发展研究等 8 个方面。期货保证金监控中心的主要职责是保障期货保证金的安全,通过保证金的流入流出及流量对期货市场的运行进行监测监控,及时掌握期货中介机构运行情况等。监管机构的确立与职责分工为期货业的安全运行提供了机制保障。

其次,期货品种的上市以实体经济的需要为限。截至 2021 年 8 月底,我国上市商品期货 64 个、金融期货 6 个、商品期权 20 个、金融期权 4 个,产品覆盖农产品、化工、能源、金属、金融等国民经济重要领域。[①] 这些期货品种

---

① 杨毅:《我国期货期权品种达 94 个 期货衍生品市场服务经济发展功能不断增强》,新浪财经,2021年 9 月 3 日。

大多以实体经济的发展需要为基础,以服务实体经济发展为导向,经过充分调研之后逐个上市。以粳米期货品种为例。粳米期货 1993 年 6 月份在上海粮油商品交易所上市,期间因为市场炒作气氛浓厚,粳米期货价格从 1400元增加到了 2541 元,形成了多方逼仓、空方被套的局面,严重影响到现货市场的粮食安全与稳定,监管机构果断决定暂停粳米期货交易。9 年以后,粳米的生产、供需及消费格局发生了变化,粳米价格呈现出季节性特征。如,2、3 月份学校开学,农民工返城,市场对大米的需求开始放大,价格受到拉动而暂时性上升;经过春节前后一轮采购高峰,4、5 月份,稻谷进入青黄不接时期,稻谷市场进入季节性消费淡季,需求相对稳定,对价格的支撑作用相对较弱。同时,稻谷贸易商及稻米加工厂有存货可供消耗,采购意愿不足,基本处于退市观望状态。另外,伴随着气温的不断升高,稻米的储存也成为棘手的问题,于是稻米加工企业开始压缩进货与生产规模。这些因素都导致稻米交易量的减少,米价也因此被打压。6 月份,正处于稻谷生长的青黄不接高峰期,国有粮库库存越来越少,粳稻的市场供求发生了变化,价格全面提升。7 月份,我国很多地方进入酷暑,国内大专院校开始放假,大米需求不旺,同时局部地区早稻上市,对稻米市场形成心理冲击。稻米上涨趋势变化,局部地区价格回落。① 这些新出现的形势成为粳米期货上市的现实基础。2013 年 11 月 18 日粳米期货在郑州商品交易所再次上市。苹果期货的上市同样基于解决现货市场价格波动大、广大产业企业和果农避险需求强烈的现实。苹果期货上市前进行了充分的调研,充分听取了各方对苹果期货的意见和建议,交割品级设置合理,贴近现货实际。大枣、生猪、鸡蛋期货的设计都体现了以实体经济的需求为限的导向。金融期货作为复杂的高端衍生品,因其固有的高风险性及可能带来的系统性风险问题,必须审慎上

---

① 郑州商品交易所:《粳稻、晚籼稻期货上市申请材料附件 6:粳稻、晚籼稻现货研究报告》,2013 年,第143 页。

市。我国的金融期货品种相对较少,与我国的经济发展阶段有关,也与监管部门秉持的有限发展理念密切相关。

再次,风险管理制度的建构以期货市场的安全运行为限。期货的风险管理制度包括保证金制度、当日无负债制度、涨跌停板制度、持仓限额制度、风险准备金制度、国务院期货监督管理机构规定的其他风险管理制度。

保证金制度。期货市场最基本的风险即违约风险,期货保证金的根本目的是通过担保法意义上财产担保保证交易的顺利进行,防范违约风险。对于不完全履约的期货交易者,期货交易平台可以通过划拨其已经缴纳的保证金的方式,对交易对方的利益予以补偿。当保证金水平设置过低时,意味着市场交易的资金门槛降低,会激励更多交易者参与市场或使市场原有交易者的市场交易量增加,市场活跃度提高,必然引起期货产品价格波动增大,期货交易者的盈亏很容易超出初始保证金水平,如果期货交易者不及时追加保证金,其违约的风险就会加大;如果期货交易所设置较高的保证金水平,则市场参与者会减少,市场活跃度不高,市场的流动性降低。[①] 保证金制度增强了期货交易的安全性,保障了期货交易者、期货交易所、期货经纪公司等市场参与各方的利益,对期货市场的规范有序稳定运行具有非常重要的作用。基于保证金制度对于期货市场流动性与安全性的影响,期货监管机构已将其视为控制交易风险的重要手段。对于期货交易所而言,若某期货品种参与者过少、成交量过低、价格过于稳定,则可以降低保证金水平以吸引投资者参与交易;反之,若某品种参与者过多、成交量过大、交易过于活跃、价格变动异常剧烈,则可以提高保证金水平以抬高参与交易的资金门槛,从而降低交易量、稳定价格。通过保证金水平的高低实现调控期货市场风险的目的,不会增加调控成本,且简单易行,又适用于各种市场参与者,因

---

① 鲍建平:《国内外期货市场保证金制度比较研究及其启示》,《世界经济》2004 年第 12 期,第 65-69 页。

而成为期货交易所控制风险的首选方式。由于期货市场的风险来源及风险大小会因时而变,保证金也须根据市场情况不断调整,尤其是在发生一些突发事件时,更需要以提高保证金比例的方式进行调控。通过调控保证金水平来防范交易风险的方式对于期货经纪公司来说同样适用。[①] 作为保证金制度的辅助工具,当日无负债结算制度要求期货交易所在交易日"当日"及时将结算结果通知会员,要求期货公司将结算结果及时通知客户,使客户的持仓或保证金维持在保证期货市场安全的水平。

期货保证金监管制度。"没有保证金制度的建立,就没有现代期货市场的实践。保证金制度是期货市场分散风险的核心措施,它直接关系到期货市场的成败。"[②]若期货市场保证金制度贯彻不力,期货投资者不交保证金或少交保证金都会导致期货价格大规模下跌时大量期货合约无法兑现,从而导致期货市场的崩溃。有人将保证金比作期货市场体系的血液,认为期货市场的繁荣发展,必须依赖安全与高效的保证金运行环境。虽然法律明确规定期货交易所向会员收取的保证金仍属于会员所有,除用于结算外,严禁挪作他用;期货公司向客户收取的保证金也仍属于客户所有,除为客户交存保证金、支付手续费、税款或依据客户要求支付外严禁挪作他用,但期货投资者将保证金交给期货公司之后,虽然在法律关系上仍然是保证金的所有人,却失去了对保证金的实际占有与控制。单纯依靠期货公司的信用,投资者的保证金将面临极大的风险。青岛国大期货、云南滨海期货挪用保证金案、嘉陵期货经纪有限公司挪用客户保证金用于自营、借款给他人、提取现金案均因保证金监管存在漏洞。鉴于期货保证金在防范风险方面无可替代的作用,对期货保证金的监管就成为防范期货市场风险的重要环节。我国在 2006 年组建了期货保证金监控中心,对期货市场的保证金安全使用进行

① 常淑莉:《期货保证金制度研究》,上海社会科学院硕士论文,2006,第8-9页。

② 王斌:《建立和完善我国期货保证金制度的若干法律问题》,《法律科学》(西北政法学院学报)1995年第1期,第88-94页。

监控。当然,未来应进一步细化其监管权限,拓宽其监管职责,实现保证金监控中心对保证金的动态监管、过程监管、日中监管,同时应建立保证金存管银行与投资者之间的信息沟通机制,将保证金的出入情况及时通知给具体的投资者,使投资者能够参与保证金的监管。[1]

涨跌停板制度。涨跌停板制度指期货合约在一个交易日中的最大价格波动幅度,通常以该合约上一交易日结算价为基准确定其当日价格幅度的最大值和最小值,其中价格幅度的最大值为当日价格上涨的上限,称为涨停板,当日价格幅度的最小值为当日价格的下限,称为跌停板。涨跌停板制度锁定了期货市场交易者在每一交易日的最大盈亏范围,为期货交易所设定保证金水平提供了客观标准,使期货保证金制度能有效地实施。另外,涨跌停板制度通过给市场一定的时间进行缓冲,可以有效减缓或抑制突发事件和过度投机对期货价格的冲击,防止期货价格的暴涨暴跌以及由此可能引发的市场风险。因此,期货涨停板制度与保证金制度相结合,对保证期货市场的正常运转、稳定期货市场的秩序、防范期货市场的日常风险具有十分重要的作用。我国商品期货和金融期货均设置了涨跌停板机制。金融期货市场中《沪深 300 股指期货合约交易细则》第二十一条按交易日期不同设置了每日价格涨跌停板幅度(上一交易日结算价的±10%)、季月合约上市首日涨跌停板幅度(挂盘基准价的±20%)、最后交易日涨跌停板幅度(上一交易日结算价的±20%)。商品期货市场如《郑州商品交易所期货交易风险控制管理办法》的涨跌停板分为三种:每日涨跌停板(交易日结算价的±4%)、上市当日跌停板幅度、单边市涨跌停板幅度。

持仓限额制度。限仓是指交易所规定会员或客户按单边计算的可以持有某一期货合约或期权合约投机持仓头寸的最大值,其最初目的是防止多

---

[1]　刘红丽:《我国期货保证金监管制度研究》,天津工业大学硕士论文,2015,第 35 页。

头在现货市场进行逼空。① 多头逼空是期货操纵的方式之一,其基本的运作方式是当期货操纵者预期可交割的现货商品不足时,即动用大量资金在现货市场购入符合交割标准的现货,从而抬高现货价格。当期货合约临近交割时,逼迫期货卖出方以高价买回期货合约进行对冲,或者逼迫期货卖出方以高价购入现货进行实物交割,操纵者可以从中牟取暴利。多头逼仓从本质上讲是人为操纵的违约风险,前已述及,违约风险是期货市场最基本也是最主要的风险,持仓限额制度即为了间接避免这种风险而设置。目前,我国的持仓限额制度由期货交易所理事会审议通过后施行。以《郑州商品期货交易所期货交易风险控制管理办法》为例,其限仓的基本措施是针对不同的期货合约设置不同的限仓额度,越接近交割期限限仓额度越严。这就有效避免了多头操纵问题。

风险准备金制度。依照我国《期货交易管理条例》第十一条的规定,风险准备金制度是期货交易的风险管理制度之一。依照《期货交易所管理办法》第七十七条的规定,期货交易所和期货公司都有义务存储风险准备金,期货交易所的风险准备金来自手续费收入,并应当按照该项收入20%的比例提取,提取出来的风险准备金应当单独核算,专户存储。期货公司须按照期货交易所的规定提取、管理和使用风险准备金,严禁挪作他用。当客户因违约而出现保证金不足的情况时,期货公司应当以风险准备金或自有资金垫付。显然,风险准备金是与保证金相关联的制度,期货公司向交易所交纳风险准备金,是保持期货市场正常运行的风险防范措施。

我国期货业在发展过程中经历了由乱到治的过程,一直遵循政策先行、以试点试探市场反应、逐步积累经验后制定规范性文件、正式推出上市品种的进路,对期货业的高风险性保持警惕的同时又对期货自身功能有清醒认知。2022年4月20日出台的《中华人民共和国期货和衍生品法》将成熟的

---

① 谭麟:《中国沪深300股指期货投机持仓限制政策研究》,重庆大学硕士论文,2015,第6页。

行业管理规范上升为法律制度,结束了我国期货市场无基本法的历史,同时吸收借鉴国际经验并结合我国实际进行了诸多创新,为期货和衍生品交易的规范化提供了坚实的法治保障,标志着我国期货市场进入了高质量发展的新阶段。期货业需要有限度地发展的理念已经清晰明朗,我国期货业的发展也因此而较为持续平稳。期货业的风险防范措施越来越完善,将有助于期货业的安全运行及功能实现。我国期货业的发展史恰恰证明了虚拟经济有限发展法学理论的正确性。作为虚拟经济的一种,期货业的发展必须以实体经济发展为基础,以实体经济需求为限度,如果期货业自身的运行偏离了实体经济的需求限度则必须由国家通过强制干预的方式进行矫正。

目前,我国发展资本市场的力度不断加大,期货交易国际化的程度进一步提升。随着世界各国资本对中国经济的良好预期,大宗商品市场利多因素在逐步增加。我国期货市场的上市品种逐步增多,投资者将更加多元,对期货监管制度及监管水平都提出了挑战。《中华人民共和国期货和衍生品法》填补了涉外期货交易法律制度的空白,设专章对跨境交易和跨境协作进行了规定,为期货跨境监管提供了框架性规则,对期货交易主体尤其是普通交易者进行了特别保护,对机构投资者的内部控制制度和风险控制制度提出了要求,为规范期货品种上市提供了基础性依据,对期货交易主体过度利用新技术手段进行交易的行为给予了立法上的限制,为期货业较为稳妥地对外开放提供了制度准备,对营造良好的市场竞争及交易环境,避免过度投机炒作,减少人为操纵市场,促进期货业健康稳定发展具有重要的现实意义和长远的战略意义。

第三章 虚拟经济有限发展法学理论视角下的期货交易主体制度变革

在虚拟经济有限发展法学理论框架下,期货业作为虚拟经济体系中的高端市场,"谁能交易"是守住期货业风险入口的关键与首要问题。与银行、保险、证券市场相区别,位于复杂金融产品队列的期货,杠杆率高达二十倍以上,机遇与风险并存,无论是盈利还是亏损,均呈几十倍放大。因此,一方面要发展机构投资者,维持市场应有的理性;另一方面又要防止市场被人为操纵,损害中小投资者利益。把控好投资者结构对期货市场的运行和发展意义非凡。那么,期货市场引入机构投资者有无现实基础?国外有无先例?将面临哪些主要法律困境?如何对现有法律制度进行调适?当投资者结构发生变化时又如何平衡机构投资者、中小投资者的利益?本章试图对上述问题进行逐一分析,探讨在我国期货市场成功引入机构投资者、进行期货交易主体结构调适的法律制度建构。

一、期货市场引入机构投资者的正当性

目前,我国期货市场的投资者以散户为主,机构投资者因为法律限制或者担心风险过大并未大量进入期货市场参与交易,致使期货市场交易理性有所欠缺,从而容易出现投机、非理性投资、价格形成缺乏科学性和权威性的现象。因此,有限引入机构投资者,对于完善期货市场法律制度,还原期

货市场应有的理性,打造权威具有影响力的定价机制,具有深远的战略意义。当然,机构投资者进入期货市场交易,投资者结构自然会发生变化,我们也应关注中小非专业投资者权益的保护问题。

应当注意的是,一项法律制度的"诞生"离不开支撑其存在的现实基础条件以及市场或社会对该制度产生的诉求。没有合适的土壤,制度的酝酿与成长自然困难重重,甚至会中途"夭折"。同样,机构投资者参与期货交易,也需要立足国情,循序渐进,有的放矢,方能在预定的轨道安全运行。

(一)机构投资者参与我国期货市场交易的必要性

对期货市场而言,为什么需要机构投资者参与交易? 他们在市场中能起到哪些作用呢? 我们可以从机构投资者本身的特征、期货市场功能以及国际化角度找到些许答案。

1.机构投资者是稳定期货市场的中坚力量

和散户投资者相比,机构投资者拥有专业投资技能,具有专业投资团队,积累了较多的投资经验(其他金融市场),在市场预判、投资分析与决策等方面更具备投资理性。例如,机构投资者往往会寻找更多的市场信息进行理性、科学、精准的投资,同时他们会向市场传达更为理性、真实、全面的信息。当市场出现非理性和不真实的信息时,机构投资者敏锐的眼光会识别哪些信息为真,哪些信息为假,去粗取精,提炼出准确有效的市场信号,并利用此机会进行较为理性的投资,不会盲目跟风,从而降低期货市场的价格非正常波动的可能性,推动期货市场的信息正确释放,大大提高期货市场的定价效率。所以,如果机构投资者缺位,容易导致市场失衡,价格信号严重失真,造成期货市场交易秩序混乱。

2.机构投资者准入有利于期货市场实现其基本功能

套期保值是期货市场的基本功能之一,也是大多数投资者参与期货市场的目的之一。期货市场由于机构投资者的加入,持仓量与市场容量大大提高,投资者进行套期保值时,不同类型的交易都会出现,可以避免产生因套期保值交易量过大,套利、投机交易量却不足,从而出现多空双方盘的明显不对称的"尴尬"局面。如果机构投资者进入期货市场,将提高期货市场交易质量,丰富交易类型,增强期货市场套保功能。[①] 可见,机构投资者作为新型投资主体参与期货市场,能与套期保值者形成互补的投资关系。如果机构投资者参与期货市场严重不足,期货市场的基本功能就不能正常发挥。

3.机构投资者准入有利于促进期货市场的国际化

在美国、日本等发达国家,机构投资者已成为期货市场的中坚力量,在期货市场扮演重要的角色。伴随着期货市场的发展,机构投资者更广泛地参与到期货市场一定会成为一种国际发展趋势。目前,我国金融市场的开放程度日渐提高,尤其是期货市场,肩负着占据大宗商品贸易战略制高点的重任,扮演着金融市场全面开放探路者的角色,引领着我国经济对外开放的发展。[②] 因此,要想进一步发展国内期货市场,与国际期货市场有效对接,让我国期货市场成为有影响力的定价中心,就必须增加机构投资者的比例,充分发挥机构投资者的独特作用。

(二)机构投资者参与我国期货市场交易的可行性

目前,我国期货市场对机构投资者参与交易的呼声较高,那么,是否具有现实条件呢？以下将从机构投资者参与期货交易的现实状况、当前期货法律法规的现状以及我国期货市场的发展阶段进行分析。

1.机构投资者参与期货市场交易人数递增

近年来参与期货交易的机构投资者数量呈递增趋势。总体来看,自

---

① 杨照东:《机构投资者在期货市场中的培育与发展》,《中国经济时报》2018年6月11日第A05版。
② 胡俞越、杨乐祯、王志鹏:《对外开放中的期货市场》,《中国金融》2019年第4期,第34-36页。

2016 年以来机构投资者积极参与期货市场,数量快速提升,其市场占比稳定在 30% 以上。[①] 从商品期货交易来看,截至 2018 年上半年,在较为活跃的 41 个品种中,法人客户持仓占比已超过 50%。[②] 从金融期货来看,截至 2018 年 9 月,金融期货市场机构开户数达 5.24 万户,尤其是国债期货,机构投资者持仓占比为 84.57%。[③] 从商品期权来看,我国新上市的铜期权机构客户持仓占比达到 87%,成交占比高达 92%。[④] 可见,机构投资者参与期货交易的积极性逐步增加,尤其是金融期货更为明显。

此外,参与期货交易的机构投资者不仅数量增加,而且种类丰富。主要有以下几种:

一是现货企业类。我国现货企业参与国内期货市场是不存在法律障碍的,只需其参与期货交易的条件符合我国相关法律法规(如:《公司法》《合同法》《期货和衍生品法》)以及期货交易所自律规则即可。例如,2021 年 4 月 21 日发布的《郑州商品交易所套期保值管理办法》第四条对套期保值主体做出了规定,申请套期保值持仓可以为非期货公司会员或者客户,具备与申请品种相关的经营资格即可。这一规定较之以前的自律版本,主体资格已明显拓宽。以 2009 年 4 月版《郑州商品交易所套期保值管理办法》为例,这是该交易所第一次发布套期保值交易规则,交易主体必须具备与套期保值交易品种相关的生产经营资格。两者相较而言,现行版本已经删除了"生产"二字,这意味着非生产类企业,如贸易、服务类企业进行套期保值交易已无法律障碍。

---

① 张革:《我国国债期货市场引入境外投资者的意义及可行性探讨》,《债券》2019 年第 4 期,第 22-26 页。

② 沈宁:《期货市场机构参与度提升#活跃品种法人户持仓占比超 50%》,东方财富网,2018 年 10 月 19 日。

③ 宋薇萍:《中金所副总经理张晓刚:将加快研究推出 30 年国债期货等新产品》,新浪财经,2018 年 10 月 18 日。

④ 祝惠春:《我国期货衍生品市场和产品结构加速深化》,南海网,2018 年 10 月 17 日。

二是国内金融机构。我国金融机构有银行与非银行类两大类型,前者如商业银行、农村信用社、政策性银行等,后者包括证券公司、保险公司、信托公司、资产管理公司等。当前关于这两类金融机构参与期货交易的具体规定为:(1)参与商品期货交易必须符合中国银监会 2008 年 3 月发布的《关于商业银行从事境内黄金期货交易有关问题的通知》规定,另外,商业银行不能参与除了黄金期货之外其他大宗商品期货交易。在主体方面,限制为政策性银行、国有商业银行、股份制商业银行、邮储银行这四大类型,农村信用社无缘黄金期货交易。中国工商银行股份有限公司、交通银行股份有限公司、汇丰银行(中国)有限公司、澳大利亚和新西兰银行(中国)有限公司、上海银行股份有限公司、渣打银行(中国)有限公司等 20 家银行(含外资银行)成为上海期货交易所会员,参与黄金期货交易。而参与金融期货,则要遵守中国证监会、财政部、中国人民银行、中国银保监会于 2020 年 2 月 14 日联合发布的《关于商业银行、保险机构参与中国金融期货交易所国债期货交易的公告》之规定,参与交易的品种仅限于国债期货,银行类金融机构虽然目前不得参与股指期货交易,但根据前述规定可以发现,参与黄金期货交易已经解禁。(2)对于非银行金融机构,根据《证券公司参与股指期货交易指引》和《证券投资基金参与股指期货交易指引》,证券、基金公司可以直接参与股指期货的交易;《特殊单位客户统一开户业务操作指引(暂行)》(以下简称“《指引》”)出台后,三大商品交易所颁布了特殊单位(证券公司、基金管理公司、信托公司等金融机构)开户的规定,昭示着这些金融机构进入商品期货有法可依。我国目前并不允许信托公司参与商品期货交易,但是根据原中国保监会印发的《保险资金参与股指期货交易规定》与《保险资金参与金融衍生产品交易暂行办法》,保险公司参与股指期货与其他期货已经没有法律障碍;但是信托公司参与股指期货,根据我国《信托公司参与股指期货交易业务指引》,只能在法律准许的业务范围内进行。期货经纪公司参与期货交易是经纪业务需要,因此它不是市场交易的实质主体。

三是境外机构投资者。随着期货市场的发展,我国逐步准许国外经济机构参与期货市场。根据我国《期货和衍生品法》第十一章"跨境交易与监管协作"、《境外交易者和境外经纪机构从事境内特定品种期货交易管理暂行办法》(以下简称《办法》),符合《办法》中规定条件的境外机构投资者既可以自身参与,也可以委托我国境内机构投资者参与我国特定品种期货交易。

可见,无论是从机构投资者数量还是种类来看,机构投资者参与期货市场渐成气候,为期货市场向机构投资者敞开"投资之门"奠定了现实基础,积累了可贵的投资经验。

2.规范机构投资者期货交易行为的相关规定陆续出台

目前,我国陆续制定了相关法律规范,一方面能够规范机构投资者参与期货市场的行为,另一方面,也为机构投资者参与期货市场提供了相关的法律保障。

从制度规范来看,我国逐渐形成了机构投资者参与期货交易的不同层次的规则体系。法律和行政法规层面,我国先后颁布了《公司法》《合同法》《反洗钱法》《期货和衍生品法》等法律法规;规章层面,涌现了一批部门规章,如《证券投资基金参与股指期货交易指引》《中国银监会办公厅关于商业银行从事境内黄金期货交易有关问题的通知》《公开募集证券投资基金参与国债期货交易指引》《保险资金参与金融衍生产品交易暂行办法》《关于商业银行、保险机构参与中国金融期货交易所国债期货交易的公告》等;自律管理方面,中国期货业协会、各期货交易所出台了一系列自律规则,如《证券公司为期货公司提供中间介绍业务协议指引》《郑州商品交易所做市商管理办法》《中国金融期货交易所交易者适当性制度操作指引》《中国金融期货交易所期货公司会员资格管理业务指引》等。这些规则为机构投资者参与期货市场创建了良好的外部法律环境。

3.不断发展壮大的期货市场有利于机构投资者参与期货交易

随着我国经济不断发展,期货市场的规模稳定扩大,交易种类日益丰富,交易规模不断扩大,与实体经济融合日益紧密。期货市场的加速发展,不仅有利于服务实体经济,还有利于提高金融市场质量,并且为各类机构投资提供了更多的发展机会与发展空间。

从 2020 年期货交易情况来看,期货交易量有增无减。近来受新冠疫情影响,实体企业避险需求增加,期货市场有力支持了实体企业复工复产。疫情期间,期货市场资金量、成交持仓量均创历史新高,截至 2020 年 11 月底,我国期货市场资金量突破 8559.5 亿元,同比增长 55.2%;1-11 月累计成交量、成交额分别达到 53.8 亿手和 382.5 万亿元,同比增长 50.4% 和 45.5%。[1]风险管理是期货市场的主要功能,周遭环境越不稳定,期货市场越能成为"避风港",从成交情况来看,充分印证了这一点。疫情发生后,实体企业的困境表现为:现货库存高、产品销售难、产业链流通遇阻、原材料紧张、现金流捉襟见肘等一系列问题,期货市场以服务实体经济为己任,为其提供了重要保障和支撑。这无形之中也说明我国期货市场已经逐渐体现了自己应有的担当和国内国际影响力。

从 2020 年机构客户参与期货交易来看,截至 2020 年 11 月底,全市场机构客户数达到 5.74 万户,机构持仓、成交量分别占全市场 55.59% 和 37.4%,同比增长 38% 和 98.6%,与 2015 年相比,则分别增长 2.01 倍和 2.49 倍。同年 9 月底,共有 8185 只私募基金和 1621 只资管产品投资场内商品及金融衍生品。[2] 可见,期货市场越壮大,机构客户参与期货交易的条件与时机越成熟。

---

[1] 《方星海副主席在第 16 届中国(深圳)国际期货大会的讲话》,中国期货业协会网,2020 年 12 月 19 日。

[2] 《方星海副主席在第 16 届中国(深圳)国际期货大会的讲话》,中国期货业协会网,2020 年 12 月 19 日。

(三)欧盟经验：期货市场投资者结构变化之应对

当投资者结构发生变化时,在不同的投资者(如专业与非专业投资者)之间投资实力、风险承受能力、风险判断能力、投资经验等主要方面均表现出较大的差异。如果机构投资者与非专业投资者在同一平台从事同一品种的期货交易,自然就会占据优势,如何构建差异化的投资者保护制度,欧盟确立的投资者适当性制度为我们提供了借鉴的蓝本。

在欧盟,涉及投资者适当性制度的法律文件主要为:《欧洲议会与欧盟理事会关于金融工具市场的第 2004/39/EC 号指令》(以下简称《2004/39/EC 号指令》)、《欧盟委员会第 2006/73/EC 号指令》(以下简称《2006/73/EC 号指令》)以及《欧盟委员会第 1287/2006 号规章》(以下简称《1287/2006 号规章》)。这些文件的生效时间为 2007 年。

1.欧盟投资者适当性规则基本结构

设立投资者适当性规则,主要的立法初衷为"将合适的产品推荐和销售给合适的投资者"[①],实现二者匹配销售。主要有以下步骤:(1)对产品是否合适进行判断;(2)对投资者投资情况进行评估;(3)将产品评估结果与投资者评估情况进行比对。以下分述之。

①对产品风险进行判断。基本标准是:金融产品的复杂性如何。复杂性的评价方法有下列几种:

首先,以谁的理解能力判断产品的复杂性。从产品开发、上市到销售的整个流程来看,涉及产品开发者、监管者、销售者、专业投资者、散户五类主体,就理解能力来说,各不相同,逐渐递减。《2006/73/EC 号指令》第 38 条"非复杂工具服务规定"第(d)款规定:与金融工具特征有关的全面充分的信息在获取渠道上是公开的,也是容易理解的,一般零售客户能就是否交易

---

① 张付标、李玫:《论证券投资者适当性的法律性质》,《法学》2013 年第 10 期,第 82-89 页。

作出知情判断的,属于非复杂金融工具。① 由此可以推及,该指令以零售客户的理解能力为基准。

其次,从成本与收益的对比关系进行判断。《2006/73/EC 号指令》第 38 条"非复杂工具服务规定"第(c)款规定:金融工具不会导致客户承担金额超过购买时实际或潜在的负债。也就是说,当投资者购买某一金融产品,未来的收益基本可以预见,相对稳定,则是非复杂的,如政府债券、银行存单;相反,如果未来收益难以预见,或涨或跌,假如下跌,损失会远远超过成本,则为复杂的,如股票、期货。

最后,流动性情况。《2006/73/EC 号指令》第 38 条"非复杂工具服务规定"第(b)款规定:金融工具能以市场参与者可公开获得的价格处置、赎回或以其他方式变现,价格或者是市场价格,或者是独立于发行人的估价系统所提供或确定的有效价格。从本法条可以得出,变现性强,属于非复杂金融工具;变现性弱,属于复杂金融工具。

②对客户投资能力进行评估。在《欧盟金融工具市场指令》中,客户投资能力评估是投资者适当性规则的核心内容。通常情况下,其可区分为适合性评估、适当性评估两类。

从《2006/73/EC 号指令》第 35 条来看,客户适合性评估的基本标准为:(1)投资目标;(2)财务信息;(3)专业知识;(4)投资经历。适当性评估方面,主要考查客户对产品的理解能力,判断依据有二:既往投资经验、专业知识。

对于适合性、适当性标准,《2006/73/EC 号指令》第 37 条的相关规定为:客户是否熟知投资领域、是否具有投资知识、是否有投资经验,具体为:(1)客户熟悉哪些服务、交易、金融工具;(2)客户投资过哪些产品、是否成

---

① 中国证券监督管理委员会:《欧盟金融工具市场指令(中英文对照本)》,法律出版社,2010,第 145-147 页。

功;(3)客户是否为金融专业人士。

在《2004/39/EC 号指令》附录二中,有关于专业客户的界定。如,专业客户是指具备相关经验、知识、技能,并且可以自己进行投资决策、正确评估可能的风险的这类客户。主要有:金融机构、政府机构、大型企业、投资机构。除此之外,属于非专业客户、散户。值得注意的是,指令还提及合格对手方,属于专业客户的一种;区别在于投资公司的义务:与合格对手方交易时,投资公司只遵守合同法上的一般义务,二者地位平等,好似"对手",实力相当。

与此同时,为了增加灵活性,欧盟金融工具市场指令还有对客户"下调""上调"的安排。例如,当有关主体自愿调整客户类型时,并不予以限制。合格对手方可以申请在全部或某一交易中作为客户对待;专业客户认为自身专业知识不能准确评估金融工具风险时,可以申请成为非专业客户;非专业客户包括(公共部门和私人投资者)也可以申请作为专业客户对待,此时自愿放弃较高水平的保护。

③产品、客户的配比性。这一做法可称为最佳执行,是指投资公司在产品推介或销售时,权衡以下要素:客户类型;购买意愿;产品特征;交易场所。最佳执行的落实,需综合考虑执行成本、执行政策、交易指令接收与传送、警示说明等问题,以实现执行公平。

关于执行的宗旨,主要规定在《2004/39/EC 号指令》序言第 33 条,要求执行机构按照诚实、公平、专业的做法,以最大限度保护客户的方式予以完成。在具体操作上,法律依据为《2006/73/EC 号指令》序言第 43 至 82 条、第 5 节第 44 至 46 条,主要在信息提供与执行质量上提出了要求。前者提及提供信息的宽与严依客户类型与金融工具的风险特征的不同而不同,但要确保基本要素的提供;后者的判断标准为:执行速度、执行的可能性、价格改善的可行性与概率等。

2.欧盟投资者适当性制度之启示

如前所述,欧盟投资者适当性规则的制度安排,是相对合理的,成为了很多国家构建此制度的参照样本。① 其经验如下:

其一,复杂产品的界定与范围厘定。随着金融产品的更新升级,采用"复杂"这一标准区分不同类别的金融工具,才能奠定投资者适当性规则的逻辑基点。其中,划分标准应当科学、准确,如果标准有误,则复杂金融工具的范围可能无限扩大或不当缩小。

其二,客户分类尽可能做到科学、详尽、灵活。对投资者来说,投资偏好、风险特点、资金实力、风险承受能力各不相同,如何归类成为该制度构建的关键和重心。不应忽略的是,各国资本市场发育程度不同,在对客户分类时,虽然进行分类的细化指标可借鉴,但某些指标"取值"不能照搬,需考虑本国金融衍生品市场的成熟程度制定细则,设置数据区间,包括资产状况等。

最后,产品与客户的匹配。达到最佳执行是该制度需要实现的目标。其影响因素有:产品推介形式、信息保存方式与年限、后续执行义务等,这些问题在制度设计时不能忽略。

前述三个具体规则是投资者适当性制度的内核,我国在处理投资者结构变化问题时可依据国情借鉴适用。②

---

① 在海外成熟市场,"适当性"作为金融产品创新中的重要监管理念,效果较为显著。赵晓钧:《金融产品创新视野下的投资者适当性——兼论中国金融投资者保护》,《新金融》2011 年第 12 期,第 33-36 页。

② 张美玲、谭金可:《论金融衍生品投资者适当性规则的构建——欧盟经验与借鉴》,《湖南师范大学社会科学学报》2014 年第 5 期,第 102-108 页。

二、期货市场引入机构投资者的主要法律障碍

随着机构投资者参与期货交易积极性增强,之前的法律法规已经难以适应当今市场发展的需要。因此,近几年来,有关部门对一些法律法规作了相应的调整,并且出台新的法律法规与之衔接(如:《期货交易管理条例》的历次修改完善)。但是,由于我国期货市场起步较晚,发展速度又较快,相应的法律法规还难以适应现实需要,尚未形成完整的法律体系。

(一)机构投资者参与我国期货市场的立法现状

我国投资者参与期货交易的法律法规一直在不停地探索、完善、更新,期货法律系统也在不断搭建,近年来,证监会、银保监会等出台的部门规章较多,并逐渐放宽机构投资者进入我国期货市场的限制。

首先,证监会制定的规则有:《证券期货投资者适当性管理办法》(2016年)、《境外交易者和境外经纪机构从事境内特定品种期货交易管理暂行办法》(2015年)、《证券公司参与股指期货、国债期货交易指引》(2013年)、《公开募集证券投资基金参与国债期货交易指引》(2013年)、《证券投资基金参与股指期货交易指引》(2010年)、《证券公司参与股指期货交易指引》(2010年)、《证券公司为期货公司提供中间介绍业务试行办法》(2007年)等。

其次,银保监会等部门制定的规则有:《关于商业银行、保险机构参与中国金融期货交易所国债期货交易的公告》(2020年)、《保险资金参与股指期货交易规定》(2012年)、《信托公司参与股指期货交易业务指引》(2011年)、《中国银行间市场金融衍生产品交易主协议》(2009年)、《关于商业银行从事境内黄金期货交易有关问题的通知》(2008年)、《对中资银行衍生产品交易业务进行风险提示的通知》(2005年)、《外资银行衍生产品业务风险

监管指引(试行)》(2005 年)、《金融机构衍生产品交易业务管理暂行办法》(2004 年)等。与之相反,早期中国人民银行曾发布多个规定限制金融机构从事期货交易,如《关于禁止金融机构进入期货市场的通知》(1996 年)、《关于认真落实国务院领导关于立即切断银行资金流向期货市场的重要指示的紧急通知》(1998 年)、《关于禁止金融机构随意开展境外衍生工具交易业务的通知》(1995 年),立法态度迥然不同。

从上可见,我国金融监管规章越来越放宽机构投资者参与我国期货市场的法律限制,但是有的机构投资者还是不能有效参与我国期货市场,而且监管部门对不同的机构进入我国期货市场有不同的规定。除了对准入条件进行限制之外,有些法律规范性文件还针对机构投资者参与我国期货市场的行为做了一定的约束,例如对一些侵犯其他投资者权益的行为与引起期货市场动荡的行为规定了罚则。

为了更深层次、更具体地讨论这个问题,我们特选取保险业为例,来分析我国的期货市场引入机构投资者的主要法律障碍。

首先,保险公司参与股指期货交易,可以附条件放开。2012 年 10 月 12 日,原中国保监会颁布《保险资金参与股指期货交易规定》(保监发〔2012〕95 号),该规定共十八条,分别为立法依据及立法目的(第一条)、股指期货范围(第二条)、参与交易范围限制(第三条)、管理方式(第四条)、内部决策程序(第五条)、风险对冲方案(第六条)、卖出条件(第七条)、交易日结算余额限制(第八条)、风险控制指标(第九条)、预警机制(第十条)、信息系统配置要求(第十一条)、专业管理人员条件(第十二条)、合作协议(第十三条)、期货公司选择条件(第十四条)、文件报送范围(第十五条)、持仓比例调整与报告事项(第十六条)、禁止事项(第十七条)以及实施日期(第十八条)。从上可见,为确保风险可控,保险资金参与股指期货交易时,从内部决策到正式投资、从交易范围到交易限额、从协议约束到政府监管、从预警到禁止事项执法全方位设立了各项保障措施,其谨慎立法可见一斑。

其次,保险公司能否参与商品期货交易分歧仍然较大。原中国保监会于 2012 年 10 月 12 日发布《保险资金参与金融衍生产品交易暂行办法》(保监发〔2012〕94 号),那么,金融衍生产品到底包括哪些类型呢? 该办法第三条对金融衍生产品进行了概念界定,即其价值取决于一种或多种基础资产、指数或特定事件的金融合约,包括远期、期货、期权及掉期(互换)。如果说这一定义仍然是模糊的,我们则有必要将概念解析的重点放在基础资产、金融合约、金融衍生这些专业术语上。

围绕金融衍生产品是否包含商品期货,形成了肯定说及否定说两种学派。肯定说的观点为,金融合约,其价值是从其他资产衍生而来,可包括股票、债券、货币、利率、商品与相关指数。衍生性商品的本质在于对该项资产的未来表现下赌注,所以包括商品期货以及选择权。[1] 我国学者阙波在其博士论文中将基础资产称为基础利益,其范围不仅包括产品、商品这些有形物品,还包括与金融相关的投资、货币、指数,甚至权利以及服务也在其列。[2] 还有学者形象地将基础资产比作基础建筑材料,而金融衍生产品则是用这些材料搭成的建筑物,除债券、股票、利率、外汇、股票指数外,各种贵金属、重金属这些商品都属于基础资产。[3] 如此肯定说,则《保险资金参与金融衍生产品交易暂行办法》实则已允许保险公司进入商品期货、商品期权市场进行交易。

然而,否定说的代表也不乏其人。有的学者认为在国外很多金融网站中,一般将商品期货归入商品(Commodity),与股票、债券、货币并列成为四大基础资产,而衍生产品的英文为 Derivatives,中文意译为派生物、衍生物,既然商品期货是基础资产,自然不能同时又作为衍生产品,故商品期货不属

---

① 美国不列颠百科全书公司编《不列颠简明百科全书》,中国大百科全书出版社编译,中国大百科全书出版社,2011,第 1879 页。

② 阙波:《国际金融衍生产品法律制度研究》,华东政法学院博士论文,2000,第 1 页。

③ 李启亚:《金融衍生产品与中国资本市场的发展》,《经济研究》2000 年第 2 期,第 49-55 页。

于衍生品行列。① 也有学者认为期货是否是金融衍生产品,不能一概而论,应做区分,如商品期货不是衍生品,金融期货则是衍生品。因为金融衍生产品,顾名思义,是与金融相关的派生物,因此其基础产品需与金融相关,如利率、汇率、债券、股票及其指数等。② 还有学者将基础资产直接等同于金融基础资产,采用列举的方法,将商品期货排除在金融衍生产品之列,如金融衍生产品市场是指以股票、债券、货币等基础金融产品为标的而派生的期货、期权和互换等金融产品市场,并将 1992 年 6 月上海外汇调剂中心开办外汇期货业务作为我国金融衍生产品交易的开端。③ 在金融衍生产品的分类上,有三分说和四分说之分。其中,三分法为利率衍生品、外汇衍生品、股票衍生品④;四分法为股票衍生产品、指数衍生产品、利率衍生产品、货币衍生产品⑤。

综上可见,目前的立法对金融衍生交易是否包含商品期货是模糊的,仍存在多种解释。

(二)机构投资者参与我国期货市场的法律问题分析

尽管我国的法律体系在不断完善,但是机构投资者参与期货市场对于我国来说是一个新的挑战,法律方面仍存在很多问题。

1.法律法规系统性不强

目前,我国有关规范性文件虽明确规定了能进行期货交易的机构投资者类型以及对一些投资者的交易限制范围,但是,对于其中一些机构投资者具体的投资交易行为、业务范围以及信息披露程度尚未明确;而西方国家,

---

① 范洪力:《期货是金融衍生品吗?》,中亿财经网,2018 年 9 月 30 日。
② 《期货市场与金融衍生品市场》,搜狐网,2018 年 6 月 29 日。
③ 江岩:《关于发展金融衍生产品市场的若干问题》,《山东社会科学》2003 年第 1 期,第 26-30 页。
④ 江岩:《关于发展金融衍生产品市场的若干问题》,《山东社会科学》2003 年第 1 期,第 26-30 页。
⑤ 邹功达:《全球金融衍生产品市场的发展及其启示》,《国际金融研究》2002 年第 10 期,第 68-73 页。

如美国对机构投资者的定义、分类、对不同类型投资者的业务范围、投资行为、信息披露程度、持股期限等都以立法的形式作出了明确规定。

对于期货市场已步入转型阶段的我国来说,目前的法律法规层次立法不够。由于我国期货市场起步比较晚,机构投资者入市种类还不够明确,市场还没有完全稳定与成熟。在此背景下,期货市场的情况不太稳定,变化莫测,国家还不能在一个相对变动的状态下出台一部稳定的法律来统筹规范整个期货市场,并且期货的专业性较强,对立法者的专业素养要求也较高,既要精通法律知识,又要深谙期货业务,还要对国际期货市场了如指掌,三者缺一不可。我国只能结合当前国情,边实践边发现问题,并且以预测的方式一步一步探索,一步一步完善;我们深信随着期货市场的日臻完善,在不远的未来,我国一定会有一部统筹性的期货法律,明确规范期货交易的每个环节。

2.限制性条款多,准入门槛高

现有的法律法规、自律规则、政策对机构投资者参与期货市场的限制性条件仍较多,使得其准入门槛较高,一些没有达到条件的机构投资者无法亲自参与市场交易,或者虽可参与但限定为参与我国法律或者期货交易所指定品种的期货交易。

对于现货企业,参与我国期货市场时,应该符合我国《公司法》的一些规定。例如,该现货企业应该是合格的机构投资者并且具备一定的资金力量与抗风险能力,在参加交易过程中应遵守《期货和衍生品法》的有关规定,如果是申请套期保值交易,还需要与参与品种有关的经营资格。

对于国内的金融机构,《期货和衍生品法》虽然原则上废除了金融机构参与市场投资的禁止性规定,但目前限制条件仍然较为苛刻。在我国,商业银行可以作为股指期货交易的特殊结算会员,但是它并不是交易主体,除了黄金期货之外的其他商品期货,我国政策法规不允许商业银行直接参与交易。根据中国银监会《关于商业银行从事境内黄金期货交易有关问题的通知》的规定,商业银行参与境内黄金期货交易必须符合一定的条件,如:资本充足率达到 8%;具有进行衍生产品交易与黄金现货交易的资格;符合《中国银监会关于进一步加强商业银行市场风险管理工作的通知》(银监发〔2006〕89 号)相关要求,具有较强的市场风险管理能力;需出具符合条件的证明文件以及完成相关可行性研究报告;从事黄金期货交易的人员应符合相关条件(如:通过资格考试合格人员不少于 4 人)等。[①]

按照中国《证券投资基金参与股指期货交易指引》和《证券公司参与股指期货交易指引》,证券公司和基金可以凭套期保值者身份直接参与股指期货的交易。自 2012 年 11 月 1 日起实施的《基金管理公司特定客户资产管理业务试点办法》第九条第一款中明确了基金专户中的委托财产可以投资商品期货和其他金融衍生产品,该规定为基金专户提供了参与期货交易的机会。但是证券与基金公司参与期货市场仍有一定的准入条件和领域的限制。例如,根据《基金管理公司特定客户资产管理业务试点办法》第十条,公司经营规范,且最近 1 年内未受到行政处罚或者被责令整改;有专业特定资产管理业务的人员;制定了防范利益输送等业务规则和措施;建立了公平交易管理制度,明确公平交易原则和措施等。此外,《证券公司参与股指期货交易指引》第四条规定,证券公司参与股指期货交易,应当具备专业人员和健全的风险监控与管理制度等。

对信托公司来说,目前可以参与股指期货交易。对于股指期货,中国银监会正式颁布《信托公司参与股指期货交易业务指引》,明确要求信托公司可以以套期保值与套利为目的参与股指期货交易,其他业务暂未放开。2012 年 10 月 12 日中国保监会发布《保险资金参与金融衍生产品交易暂行办法》,其中第二章对保险资金参与金融衍生产品的资质进行了详细的规

---

① 上海期货交易所课题组、杨建明、赫琳:《论我国期货市场机构投资者的培育》,《上海金融》2013 年第 11 期,第 87-94 页。

定,保险公司董事会应承担风险;建立合法的交易、控制与操作制度;建立交易、核算、风险控制信息系统;配备专业人员等。

对境外机构投资者来说,其可以附条件参与我国期货市场。近年来,我国已准许一些符合条件的境外机构投资者参与我国期货市场。境外机构投资者可以自身参与或者委托我国期货公司办理期货业务。依据《境外交易者和境外经纪机构从事境内特定品种期货交易管理暂行办法》第五条的规定①,境外期货投资者需要具备下列条件:所在地区有完善的法律制度与监管制度;资信状况良好,有足够的运营资金;境外投资者治理结构健全,内部控制制度完善,经营行为规范等。此外,为控制风险,境外投资者参与我国期货市场,只能参与交易所指定的特种产品交易,普通商品期货尚不具备交易资格。

期货市场大多数风险不可预测,如果机构投资者的专业性不够、抗风险能力不强、严重缺乏衍生品交易经验的话,就会面临不可挽回的损失,那么期货市场也会面临动荡。1995 年的"327 国债期货"事件我们仍记忆犹新,而 2004 年中航油新加坡公司投资石油衍生品期权交易蒙受 5.5 亿美元的巨额亏损,更是深刻教训,值得我们时刻警醒。所以我国限制不符合条件的机构投资者进入市场也是有一定道理的,随着期货国际化时代的到来,市场的日渐完善,机构投资者成为市场的主要力量是自然而然的。但是,如果加强机构投资者的培育,在他们参加期货市场之前提高其风险抵抗能力,并且让其明确操作路径,一些不符合准入条件的机构投资者将来也能很好地参与期货市场。

---

① 《境外交易者和境外经纪机构从事境内特定品种期货交易管理暂行办法》第五条规定:境外交易者可以委托境内期货公司(以下简称期货公司)或者境外经纪机构参与境内特定品种期货交易。经期货交易所批准,符合条件的境外交易者可以直接在期货交易所从事境内特定品种期货交易。前款所述直接入场交易的境外交易者应当具备下列条件:(1)所在国(地区)具有完善的法律和监管制度;(2)财务稳健,资信良好,具备充足的流动资本;(3)具有健全的治理结构和完善的内部控制制度,经营行为规范;(4)期货交易所规定的其他条件。

3.侵权类型较狭窄,侵权主体范围小

关于期货侵权责任我国有一些法律法规或司法解释已涉及,例如,《期货和衍生品法》《最高人民法院关于审理期货纠纷案件若干问题规定》。

对我国期货市场的侵权,在法律层面,《期货和衍生品法》规定了如下几类侵权行为:期货公司欺诈客户(第五十一条)、内幕交易(第一百二十六条)、操纵期货价格(第十二条、第一百二十五条)等。在司法解释层面,《最高人民法院关于审理期货纠纷案件若干问题的规定》第十章中规定了四种侵权行为,分别为期货交易所、期货中介公司的信息错误引导行为(第五十二条)、期货中介公司不把客户指令入市行为(第五十三条)、擅自以客户名义进行交易(第五十四条)、挪用客户保证金或擅自划转客户保证金(第五十五条)。总体来看,当前我国有关规定的侵权类型仍较少。随着期货市场的不断发展、金融创新的步伐不断加快、金融科技的不断进步,违法方式必然千变万化,例如:期货交易内幕信息的知情人或者其他方式获取内幕信息的人(不管非法还是合法),利用信息进行内幕交易,这种情况下的交易属于侵权行为吗? 答案是否定的。再者,《期货和衍生品法》第十二条只规定了比较典型常见的交易操纵(联合操纵、蓄意串通、自买自卖、恶意囤货、虚假申报、蛊惑操纵、抢帽子操纵、挤仓操纵、跨市场操纵等)。① 随着金融科技的进一步发展以及高频交易的开展,新的操纵类型还会出现。

与此同时,我国期货市场关于侵权主体的范围仍不够详尽。我国法律

---

① 《期货和衍生品法》第十二条:任何单位和个人不得操纵期货市场或者衍生品市场。禁止以下列手段操纵期货市场,影响或者意图影响期货交易价格或者期货交易量:(1)单独或者合谋,集中资金优势、持仓优势或者利用信息优势联合或者连续买卖合约;(2)与他人串通,以事先约定的时间、价格和方式相互进行期货交易;(3)在自己实际控制的账户之间进行期货交易;(4)利用虚假或者不确定的重大信息,诱导交易者进行期货交易;(5)不以成交为目的,频繁或者大量申报并撤销申报;(6)对相关期货交易或者合约标的物的交易作出公开评价、预测或者投资建议,并进行反向操作或者相关操作;(7)为影响期货市场行情囤积现货;(8)在交割月或者临近交割月,利用不正当手段规避持仓限额,形成持仓优势;(9)利用在相关市场的活动操纵期货市场;(10)操纵期货市场的其他手段。

规定的侵权行为仅限于期货公司及其工作人员、期货交易所及其工作人员以及笼统的其他机构或者个人，然而我国参与期货市场的主体往往不限于前者，而我国的法律法规在规定机构投资者的违法行为中并没有提及机构投资者中工作人员的侵权责任问题，原因可能是太复杂并且分散性较广，无法较好地认定。所以，我国相关规定依然存在缺陷，需要扩展侵权责任主体范围。

4.期货市场开放程度不高

以前我国完全限制机构投资者与境外投资者参与我国期货市场，为了适应期货市场的发展需要，自2012年修订《期货交易管理条例》与2015年我国出台《境外交易者和境外经纪机构从事境内特定品种期货交易管理暂行办法》以来，越来越多的机构投资者与境外投资者参与到我国期货市场。但是，我国期货市场并未完全对所有种类的机构投资者敞开"大门"。

期货市场的风险较高，投资者参与市场进行不规范的操作容易造成市场动荡，这正是我国严格限制不符合条件的机构投资者进入期货市场的原因之一。但是，我们也不能忽略，采取"限制"的做法不利于提高我国期货市场开放度，也不利于我国期货市场运行质量的提高，更不利于我国期货市场与世界期货体系的更快融合，必然影响我国期货市场在全球的定价能力，因此，进一步开放我国期货市场已急不可待。

综上所述，机构投资者参与我国期货市场存在的法律障碍是多方面的，有我国期货市场的局限，也有机构投资者自身的原因以及我国国情条件的限制，这些问题的解决需要多管齐下，多方着力。

（三）保险业机构投资者参与期货市场的个案考察

前文已从整体角度概要地分析了期货市场引入机构投资者的法律障碍，下文将以保险业为例，结合近年来保险与期货跨界合作的试点做法，具体考察保险公司参与期货市场的相关法律障碍。

1.郑州商品交易所近年来"保险+期货"试点考察

保险公司参与期货交易,面临保险市场与期货市场对接的实践难题。自"保险+期货"这一服务"三农"、振兴乡村的措施提出后,保险公司与商品期货的连接就成为众人瞩目的问题。从实践来看,保险公司能否参与期货市场、以何种身份参与期货市场,这些问题的解决成为当务之急。

2017 年,为深入贯彻落实中央一号文件"稳步扩大'保险+期货'试点"的政策精神,按照证监会相关部署,郑商所以"扩大覆盖范围,助力精准扶贫,丰富试点内涵,贴近农户需求"为原则,积极开展"保险+期货"试点建设工作。经郑商所立项评审委员会评审,21 家会员单位的 24 个试点项目获得立项审批,包括白糖试点 16 个,棉花试点 8 个,试点地域覆盖河北、云南等 5 个省(自治区),14 个国家级贫困县,涉及农户约 1.9 万户,承保白糖 10 万吨、棉花1.22 万吨。截至 2018 年 1 月 31 日,共计20 个试点项目顺利完成全部流程。[①] 在 2018 年,试点项目增加至 40 个,试点品种继续扩容,增加了苹果期货,覆盖区域扩大到新疆、云南、甘肃、陕西、山西、河北、山东、安徽、广西等 9 个省(区)。[②]

自 2016 年郑商所首次开展"保险+期货"试点以来,历经 3 年时间的积极探索,成效显著:一是试点品种扩容,从 2 个增加到 3 个;二是试点项目递增,从 6 个上升到 40 个;三是覆盖面扩大,从单点小范围开展到县域全覆盖,试点省份由 4 省(区)发展到 9 省(区);四是受益农民急速增加,惠及农户从7675 户剧增到 50132 户;五是资金扶持度提升,从最初的 425 万元增加到5000 万元;六是产品设计更为惠农,平均保险费率从前面的大于5%减为3%

---

① 郑州商品交易所:《郑州商品交易所 2017 年度报告》,郑州商品交易所网,2018 年 10 月 9 日。

② 北京工商大学证券期货研究所、胡俞越、王志鹏等:《2018 年国内期市盘点》,《期货日报》2019 年 1 月 2 日第 T6 版。

左右;七是赔付效果显著。①

2.期货交易所"保险+期货"试点中的法律困惑

然而,从其试点做法来看,在保险公司进行价格风险对冲时,无一例外,保险公司并未以套期保值者身份进入期货市场,而是通过与期货公司风险管理子公司签订场外期权的形式将风险敞口转移。比如,2018 年云南梁河开展的白糖"保险+期货"项目,保险标的为白糖期货 1901 合约,操作模式分为如下步骤:(1)梁河县蔗农与人保财险签订白糖价格保险合同;(2)人保财险同时向海通期货风险管理公司——上海海通资源管理有限公司购买白糖场外期权进行再保险。从这一案例我们可以看到四方主体:蔗农、人保财险、海通期货、上海海通资源管理有限公司。此试点案例,折射出如下法律问题:

一是人保财险的法律地位定性问题。学界对此争议较大,其中一派学者认为保险公司是中介机构,是经纪人,不承担风险。② 他们的理由是:(1)从农民的角度来看,他们很难参与期货市场进行套期保值。一方面由于期货市场的专业性强,而农民的知识储备很难理解期货知识,很多专业术语也难以琢磨透,因此难以实际参与到期货交易中来;另一方面期货市场门槛过高,有最小交易额限制,小规模经营的农户农产品数量很难达到最低门槛线。例如,上海期货交易所天然橡胶期货合约设定的交易单位为 10 吨/手,郑州商品交易所棉花期货合约交易单位为 5 吨/手,大连商品交易所玉米期货合约交易单位为 10 吨/手,这些最小交易额的设置使得很多家庭经营的农户受生产规模的制约无法参与到期货市场。(2)保险公司具有代理优势。保险公司之所以能代理农民参与期货市场进行套期保值,主要是因为保险

---

① 数据统计周期为 2016 年 1 月 1 日至 2018 年 12 月 31 日共计 3 年时间。

② 李亚茹、孙蓉:《农产品期货价格保险及其在价格机制改革中的作用》,《保险研究》2017 年第 3 期,第 90-102 页。

公司的网点分布能遍及农村。目前,农村的保险机构基本已覆盖到乡镇,基层的协保员许多直接来自农村,与农户的沟通、协调非常便利,在核实农作物种植面积、核定产量时能确保真实性。(3)保险公司与期货公司风险管理子公司签订场外期权合约,实为接受农民委托,寻找期货公司风险管理子公司在期货市场进行套期保值交易,帮助农民转移价格风险。作为经纪人,基本特征为:本身并非交易中的一方,不承担交易风险,仅收取佣金等一些费用。

另一派学者认为保险公司并非经纪人,而是实际承担合同义务的一方主体。其理由是:(1)保险公司是合同义务的承担者。在保险合同中,农民是投保人,保险公司是缔约的另一方,当合同约定的保险责任产生时,保险公司应当按照合同约定的赔偿金额、赔偿方式如实履约,不能以自己已将风险转移出去进行抗辩免责;(2)期货风险管理子公司违约的赔偿风险实际由保险公司承担。期货风险管理子公司签订场外期权合约后,进入场内市场操作一笔或多笔方向相反、金额相同的交易进行风险对冲,但凡投资必有风险,如果投资失败,而期货风险管理子公司又无赔偿能力时,保险公司就会成为事实上的责任承担者。

其次,保险公司的套期保值身份问题。通过对比1999年《期货交易管理暂行条例》以及2016年《期货交易管理条例》,可以发现:(1)金融机构从事期货交易从绝对禁止到附条件放开,但限于银行业金融机构。前者在第四十七条规定"金融机构不得为期货交易融资或者提供担保",这意味着不论哪一种类型的金融机构,均不得从事期货交易。当时由于期货市场建立不久,各项法律制度尚待完善,包括金融机构在内的很多市场主体对期货交易仍很陌生,贸然进入后果难以预料。后者沿袭2007年版《期货交易管理条例》,对银行业金融机构从事期货交易融资或者担保业务的资格准入实行审批制,审批机构为国务院银行业监督管理机构。可见,在期货法律效力最高的规范性文件中保险公司仍无缘参与期货交易。(2)保险公司也不符合套期保值者交易身份。前者在第四十八条限定仅国有企业、国有资产占控股地位或者主导地位的企业能从事套期保值业务，并且进行期货交易的品种限于其生产经营的产品或者生产所需的原材料；期货交易总量应当与其同期现货交易总量相适应。根据法规前后条文不难推断，此类国有企业、国有资产占控股地位或者主导地位的企业仅限于生产经营企业，是不包含金融机构这些服务企业的。后者在第四十一条中提到，国有以及国有控股企业进行境内外期货交易没有要求生产经营企业，但是与第四十条结合起来理解，该类企业也是不包含金融机构的。

　　考察上述期货立法，可以发现保险公司无疑是不具备套期保值身份的，我们暂且把视线投向期货相关自律规则。以《郑州商品交易所套期保值管理办法》2016、2018 年两个版本进行考察，前者对套期保值交易的客户和非期货公司会员要求具备与套期保值交易品种相关的生产经营资格（第四条），而生产经营资格实则限定为生产企业、加工企业、贸易类企业（第十四条），从需要提交的相关材料如生产计划书、现货仓单、购销凭证、加工订单也足以得到佐证。我们欣喜地看到后者的条文已将"生产经营资格"修改为"经营资格"（第五条），这为保险公司套期保值身份的准入迈出了一大步，但目前仍然受制于《期货交易管理条例》的约束，尚未直接进入期货市场开展具体套期保值业务。与此相似，在 2018 年《上海期货交易所套期保值交易管理办法》第六条以及 2018 年《大连商品交易所套期保值管理办法》第四条仍然要求具备"生产经营资格"。所以，保险公司未来以何种身份进入期货市场交易仍有很长的路要走，各项配套的法规制度都需调整以应对。

　　再次，我国目前并不允许保险公司与信托公司参与商品期货交易，但可以参与股指期货交易。对于股指期货，2011 年 6 月中国银监会正式出台并实施《信托公司参与股指期货交易业务指引》，规定明确要求"信托公司固有业务不得参与股指期货交易。信托公司集合信托业务可以以套期保值和套利为目的参与股指期货交易。信托公司单一信托业务可以套期保值、套利和投机为目的开展股指期货交易。信托公司申请以投机为目的开展股指期货交易,要满足开展套期保值或套利业务一年以上的要求"。

可见,保险公司参与商品期货交易尚未解禁,套期保值身份难以确定,而这些已经对当前稳步推进"保险+期货"试点,助力乡村振兴带来了较大的阻力。

三、期货市场引入机构投资者的法律制度准备

机构投资者进入期货市场,需要各项配套法律制度与之衔接。比如,出台法律法规积极培育机构投资者,提高机构投资者投资素质;降低准入门槛,提高机构投资者进入市场的积极性,在法律政策上鼓励其进入;完善其侵权责任、侵权救济制度,为机构投资者建立后续保障体系;增加期货市场的开放程度,积极引入境外投资者,为我国期货市场注入一股新的力量。以下分述之。

(一)培育机构投资者

做好机构投资者培育工作,乃是期货市场健康发展的现实要求和前提基础。与某些西方国家相比,参与我国期货市场的机构投资者种类较少,而且现行法规政策中关于机构投资者的限制较多。因此,发展我国期货市场机构投资者,有必要借鉴国外期货市场的经验,亦可参考证券市场培育机构投资者的有效做法,适当放宽市场准入条件,既要增加机构投资者数量,更要提高机构投资者群体的质量,质和量缺一不可。投资者培育是一项漫长且细致的工作,需要机构投资者的积极参与、我国政府的积极推动,以及相关政策法律的支持,充分发挥"三驾马车"的合力。

我国金融机构已逐渐进入我国期货市场,但是由于政策法律的限制,一些机构投资者还不能够全面参与到我国期货市场,例如我国证券投资基金

只能参与股指期货交易,商业银行还只能参与黄金期货与国债期货交易。而国外的期货投资基金与对冲基金早已成为期货市场的主要机构投资者,由此可见我国在这一方面仍落后于期货市场成熟的国家。如果碍于机构投资者给期货市场带来的波动,那么一定要完善我国机构投资者培育制度,在机构投资者进入市场之前就提高其质量,做好准备工作。

在机构投资者培育方面,上海期货交易所课题组提出了如下四个方案:一是完善配套法律制度,创造外部环境;二是降低机构投资者参与成本;三是在对外开放中引入境外机构投资者;四是全面、切实、有效贯彻实施《期货和衍生品法》,为机构投资者提供切实的法律保护。① 上述措施从机构投资者发展的外围条件(如资格条件、风险控制、评价体系、参与成本、开放程度)到机构投资者的内部构成(国内与境外、行业结构、机构大小),结合我国期货市场现阶段发展的特点,方案可行。不过还应注意的是,由原来散户为主到以机构投资者为主的投资者结构变化,会触及到投资者利益的调整,原先势力(或实力)的平衡分布格局将被打破,在同一平台从事同一品种交易时,机构投资者往往处于绝对优势地位,这不利于中小弱势投资者的保护,需要建立相应的投资者适当性制度。

(二)机构投资者参与我国期货交易的法律建议

根据前文关于机构投资者参与我国期货市场的法律现状与问题的分析与讨论,我们建议全面、切实、有效贯彻实施《期货和衍生品法》,并通过降低准入门槛,完善侵权救济制度,科学建立投资者保障基金制度,实行产品分类、客户分类制度,促进机构投资者成功参与期货市场,有效调整我国期货市场投资者结构,建立规范的期货交易主体制度。

---

① 上海期货交易所课题组、杨建明、赫琳:《论我国期货市场机构投资者的培育》,《上海金融》2013 年第 11 期,第 87-94 页。

1.贯彻落实《期货和衍生品法》,完善交易主体规范体系

我国规范期货市场现行的法律有《期货和衍生品法》《公司法》《反洗钱法》《合同法》等;行政法规有《期货交易管理条例》《公司登记管理条例》等;部门规章包括《证券期货投资者适当性管理办法》《期货公司监督管理办法》《信托公司参与股指期货交易业务指引》等;司法解释有《最高人民法院关于审理期货纠纷案件若干问题的规定》。从这些规定来看,期货交易法律体系基本确立,但我国期货市场起步较晚,机构投资者加入期货市场的时间更晚,随着期货市场的不断完善,金融创新产品甚至混合型金融产品不断涌现,市场交易主体结构将会有巨大变化,这将面临两方面的问题,一是机构投资者参与期货交易经验不足,二是投资者机构调整后普通投资者权益保护问题。

由于投资者的类型不同,投资者的投资决策以及他们参与期货交易的目的、方式都不相同,应尽快贯彻落实好《期货和衍生品法》,明确规范各类机构投资者参与期货市场行为,使机构投资者能更明确、更理性地进行投资活动,从而发挥机构投资者应有的市场稳定与调节作用。比如,区分不同投资目的的机构投资者,在合约、交易、结算等方面建立起便利于不同类型机构投资者的制度框架,区别对待不同的持仓方式(单边持仓、套期持仓、套期保值持仓、投机持仓),提高机构投资者使用资金的效率等;还可按投资者所属行业进行划分,区分金融机构投资者、非金融机构投资者,分别规定其投资领域、交易品种以及交易量;还可按其登记地是否是国内来区分境内机构投资者以及境外机构投资者,建立不同的交易平台,限定交易品种,建立相应的交易规则。目前,我国在这方面的规定还需完善[①],各类机构投资者应适用不同法律法规来规范其参与期货的行为。

---

① 苏小勇:《机构投资者参与期货交易的法律保障研究》,《南方金融》2010 年第 7 期,第 86-88 页、24 页。

2.降低准入门槛,提升市场活力

从各部门的规章政策来看,有关部门对机构投资者参与期货市场限制多于鼓励,并且审查较为谨慎,条件苛刻。从审慎监管的角度考虑,这固然重要,尤其是在投资者参与初期,为了控制风险,这些限制性规定具有合理性。但是,随着期货市场的发展和机构投资者自身抵御风险能力的不断提高,要是仍大量保留限制性规定,就有可能降低市场活性,使得机构投资者不能根据自身需求与市场变化调整其"战略",容易"束缚手脚"。此外,我国期货市场需提高机构投资者接受度,使机构投资者自愿、积极地真正参与进来,才能不断完善我国期货市场运行的主体环境,并加快国际化进程。我们建议,立法时分对象、分阶段、分投资目的对机构投资者进行灵活的附条件的监管,监管措施因监管对象、市场发展阶段、投资目的不同而不同,使机构投资者行为更规范,从而提高市场稳定性,为机构投资者创造一个良好的监管环境。

3.完善期货侵权救济制度

有必要细分侵权类型,明确侵权责任,让投资者为自己的违法行为埋单。就期货市场风险来看,若以可预见性来划分,可区分为期货市场的固有风险和侵权风险。对于前者,机构投资者可以预测到并采取适当措施来降低或规避风险,这些风险包括市场自身的风险、政策法规带来的风险还有投资行为所带来的风险等。对于后者,往往表现为期货市场各类主体侵权所带来的风险,机构投资者是难以预测到的,具有偶然性。

在我国,内幕交易、操纵市场与欺诈是侵害投资者利益的主要违法行为。[①] 但是,我国在这方面的法律规定相对简单、笼统、零散。在理论界,通常将市场上最为常见的操纵方式分为三种:交易操纵、信息操纵、行为操纵。

---

① 《期货和衍生品法》第六条提到了欺诈、内幕交易和操纵期货交易价格三类侵权行为。

其中交易操纵又细分为联合操纵、连续交易、虚假申报、洗售（又被称为"虚买虚卖"，"虚售"等）以及轧空等①；信息操纵包括内幕交易中通过传播虚假信息造成期货市场异常波动，还包括对真实信息的隐瞒影响公平交易；行为操纵则分为特定时段交易（包括开盘价格操纵和尾市交易操纵）以及虚假申报等。

在我国相关法律中，交易操纵类型不够细化，并且对操纵类型的定义也没有西方国家那般清楚与明确。例如：我国《期货和衍生品法》第一百二十七条与《刑法》第一百八十一条都是关于传播有关期货交易的虚假信息的规定②，《期货和衍生品法》第一百二十六条以及《刑法》第一百八十条都规定了内幕交易、泄露内幕信息的行为③，但是对于隐瞒真实信息导致期货市场不能公平交易的行为，我国相关法律尚付阙如。又如，我国法律较多地提及了操纵市场价格（如：《刑法》第一百八十二条、《期货和衍生品法》第一百二十五条）④，但是价格操纵仅仅属于交易操纵的一种⑤，然而从上文来看，交易操纵的行为远远不仅局限于这一种。所以，我国法律应该细分其种类，囊

---

① 美国《证券交易法》和我国《刑法》《证券法》均将洗售定义为以自己为交易对象，进行不转移所有权的自买自卖，影响证券交易价格或者证券交易量。

② 《期货和衍生品法》第一百二十七条区分不同人员（如一般人群、国家工作人员、传播媒介及其从事期货市场、衍生品市场信息报道的工作人员）分别规定了编造、传播虚假信息或误导信息的行为相应的行政责任与民事责任。与之对应的刑法规定为：《刑法》第一百八十一条中关于"编造并传播证券、期货交易虚假信息罪"。

③ 《期货和衍生品法》第一百二十六条规定"违反本法第十三条的规定从事内幕交易的，责令改正，没收违法所得，并处以违法所得一倍以上十倍以下的罚款……"，以及《刑法》第一百八十条"内幕交易、泄露内幕信息罪"。

④ 《刑法》第一百八十二条规定"操纵证券、期货市场罪"，以及《期货和衍生品法》第一百二十五条规定"违反本法第12条的规定，操纵期货市场或者衍生品市场的，责令改正，没收违法所得，并处以违法所得一倍以上十倍以下的罚款；没有违法所得或者违法所得不足一百万元的，处以一百万元以上一千万元以下的罚款。单位操纵市场的，还应当对直接负责的主管人员和其他直接责任人员给予警告，并处以五十万元以上五百万元以下的罚款。操纵市场行为给交易者造成损失的，应当依法承担赔偿责任。"

⑤ 王广娜：《我国股指期货交易中个人投资者法律保护》，天津大学硕士论文，2012，第28页。

括常见的侵权行为,并可借助兜底性条款开放性地容纳其他新型侵权方式(如金融科技发展导致的新型侵权行为),借鉴国外经验并结合我国市场需要,制定与其他侵权行为相关的法律制度,使侵权行为更具广泛性与包容性,进而更好地保护投资者利益,使期货市场更好地发展。

此外,我国现行规定中关于"谁为侵权主体"也不够明确,除了期货经纪公司以及期货交易所是明确的侵权主体之外,其他主体在法律法规中都用"任何单位以及个人"来表述,但是参与期货市场的投资者或者工作人员往往不止上述种类,还包括:机构投资者及其工作人员、以会员方式参与期货交易的商业银行及其工作人员、个人投资者等,这些主体都有其特殊性。当这些市场参与者实施了侵权行为时,被侵权者该如何寻求救济?或者说,当这些特殊主体侵害他人权益时,他人该如何获得救济?而我国人民法院又该依据什么法律审理此类案件?这都是未知的,机构投资者参与我国期货市场还处于初级阶段,我国并没有一个完善的侵权制度来保证期货市场投资者的权益。因此,需要将上述主体囊括其中,使期货侵权制度更为体系化、规范化。

当权益遭到侵犯时,还需要建立有效的纠纷化解机制,才能使维权得以实现。在现有法律法规的基础上,有必要继续健全投资者纠纷解决机制,建立救济维权体系。当前,对于机构投资者侵权行为,在《期货和衍生品法》实施之前,我国司法解释禁止以机构为代表人诉讼形式立案,我国机构民事赔偿的诉讼实践中,均是以单一诉讼或共同诉讼的形式立案,在诉讼中适用合并审理以提升案件的处理效率,但这种诉讼救济的效果非常有限。而运用共同诉讼的弊端纷呈,一是人数多的诉讼当事人一方,参与人步调很难达成一致,例如在小额侵权诉讼中,容易形成个人上诉,多数人不愿意上诉的情形,从而使得共同诉讼效果削弱;二是共同诉讼容易出现"搭便车"心理,有些人对诉讼抱观望态度,这不利于得到救济;三是共同诉讼判决不具有扩张性,没有登记的受害者仍需重新提起诉讼,造成诉讼资源的浪费。如果采用单人诉讼,由于投资者分布较广,举证困难,会造成诉讼成本高于救济赔偿金额的尴尬情况。采用上述维权诉讼方式,长此以往不仅不会有助于受害者反而会助长侵权者。因为诉讼方式是否合理,对期货投资者是否能得到有效救济,是否能提高我国司法效率,具有关键意义。期货投资者侵权损害具有受害人众多、地点分散、损害金额统计复杂等特点。因此,传统诉讼方式不能与机构投资者侵权损害赔偿诉讼完全整合,这使得机构投资者侵权救济得不到充分实现。① 由此可见,我国传统的诉讼方式和机构投资者侵权救济诉讼之间难以进行有效对接。因此,需要一种新的诉讼方式或者制度来突破此难题。美国、澳大利亚、加拿大等国家采用集团诉讼,德国采用投资者示范诉讼②,在我国台湾地区采用团体诉讼,上述经验值得参考。另外,我国法律对于期货违法行为规定尚且太窄并且案件变化多端,导致我国司法机关缺乏从整体上救济侵权损害的法律立场,也缺乏对具体案件的借鉴与指导。

可喜的是,在《期货和衍生品法》实施之后,依据第五十七条,"交易者提起操纵市场、内幕交易等期货民事赔偿诉讼时,诉讼标的是同一种类,且当事人一方人数众多的,可以依法推选代表人进行诉讼",可见,团体诉讼方式当前已经解禁。适时引入集团诉讼制度,对提高诉讼效率,减少诉讼成本具有积极意义。但由于期货市场的特殊性,代表人诉讼实施中还有很多问题待解。如:代表人诉讼的具体程序、有无必要设立特别代表人诉讼制度。

4.完善投资者保障基金制度

我国2016年《期货投资者保障基金管理暂行办法》明确了保障基金的定义、管理运用原则、筹集、管理与监管、使用等,建立起了防止投资者保证金因期货公司违法违规等原因损失的保护框架,2022年《期货和衍生品法》

---

① 雷桂森:《证券侵权救济制度研究》,南京师范大学博士论文,2015,第34-35页。
② 雷桂森:《证券侵权救济制度研究》,南京师范大学博士论文,2015,第60-62页。

第五十八条提到国家设立期货交易者保障基金。期货交易者保障基金的筹集、管理和使用的具体办法,由国务院期货监督管理机构会同国务院财政部门制定。这是我国保障基金进步的一面,但与此同时仍存在一些问题:没有具体的管理机构,并且没有具体说明其职能。为了更好地发挥期货保障基金的用途,本书建议从以下方面予以完善:

一是提高保障基金制度立法层级。世界上建立了完整投资者保障基金制度体系的国家,大部分都是用法律来规制基金的运作。如:美国《投资者保护法》以及爱尔兰《投资者赔偿法》;另外,一些加入欧盟的西欧国家,如西班牙、法国等,都把欧盟的《投资者赔偿计划》加入国内的投资者基金保护体系中,并且以本国的法律明确规定保障基金的执行方式、基金执行机关(或组织)的职能等。[1] 但是,我国《期货投资者保障基金管理暂行办法》是期货发展过程中出台的第一部有关期货保障基金的部委规章,制定部门为证监会和财政部,与以上国家相比立法层次较低,完善程度不够,法律效力也就大打折扣。

二是建立独立的基金监管运作机构。有些国家是以基金公司负责赔偿基金,如美英德等国家;此外,在新加坡,受地域范围限制证券市场又高度集中,采取的是由期货交易所或者是其他组织发起的投资者赔偿基金。[2] 根据我国《期货投资者保障基金管理办法》,第十四条仅说明中国证监会、财政部可以指定基金代管机构,并没有明确具体的管理机构;第十八条、第十九条明确规定基金财务由财政部监管,而基金业务由证监会监管。[3] 保障基金在

---

[1] 金昱茜:《中欧证券投资者保护基金制度比较及其完善》,中国政法大学硕士论文,2011,第42页。

[2] 王广娜:《我国股指期货交易中个人投资者法律保护》,天津大学硕士论文,2012,第31页。

[3] 《期货投资者保障基金管理办法》第十四条规定"中国证监会、财政部可以指定相关机构作为保障基金管理机构,代为管理保障基金。"同时,第十八条规定"财政部负责保障基金财务监管。保障基金的年度收支计划和决算报财政部批准。"第十九条规定"中国证监会负责保障基金业务监管,对保障基金的筹集、管理和使用等情况进行定期核查。中国证监会定期向保障基金管理机构通报期货公司总体风险状况……"

监管上不归属于同一个机构,表面看来有利于相互监督,但是,当遇到问题时,多头监管难免导致互相推诿,使得问题不能及时解决。建议设立专门的保障基金监管机构或者采用独立公司模式,由此监管机构内部可以形成独立的运作模式和管理体系,使得效率最大化。

四、投资者结构变迁下非专业投资者权益的保护

随着投资者结构的变化,投资者内部力量分布不均衡的问题凸显出来。越是大型的机构投资者,市场判断能力、风险承受能力越强;相反,越是小型投资者、散户,市场判断能力、风险承受能力越弱。如果仍按传统的思路对投资者进行一体化保护,显然对非专业投资者极为不利。

机构投资者在投资者整体中占比增大,投资者的风险抵御能力就会出现变动,购买同一产品的不同投资者面临的风险大小也会出现差异。尤其对期货市场而言,期货合约是"零和博弈",它将财富在买、卖双方之间进行分配,但并不创造出新的财富[1],换句话说,在总财富不变的情况下,这意味着当部分投资者获利时,其他投资者就会承担相应损失。机构投资者大量涌入之后,如果仍然沿袭既往的投资者保护制度,必然对散户不利。

(一)期货市场投资者保护法律制度的现状与不足

很多国家针对投资者结构复杂的特征纷纷建立了投资者适当性制度,以评估某一产品对某一类投资者的风险特征与大小。我国首先在股指期货领域建立了投资者适当性制度[2],之后又扩展到金融期货领域[3],2017 年又

---

① 刘燕、楼建波:《金融衍生交易的法律解释——以合同为中心》,《法学研究》2012 年第 1 期,第 58-76 页。
② 2010 年《股指期货投资者适当性制度实施办法(试行)》。
③ 2013 年《金融期货投资者适当性制度实施办法》。

出台了大一统的《证券期货投资者适当性管理办法》[①]，自律机构也纷纷出台投资者适当性制度，如《上海国际能源交易中心期货交易者适当性管理细则》（2017 年 5 月）、中国期货业协会《期货经营机构投资者适当性管理实施指引（试行）》（2017 年 6 月）、《郑州商品交易所期货交易者适当性管理办法》（2019 年 5 月）、《大连商品交易所期货交易者适当性管理办法》（2019 年 5 月）、《上海期货交易所期货交易者适当性管理办法》（2019 年 5 月）、《中国金融期货交易所交易者适当性制度管理办法》（2019 年 2 月），2022 年《期货和衍生品法》（第四章"期货交易者"），试图在期货领域建立全方位的投资者适当性制度。

在此，有必要对金融衍生品投资者适当性制度与金融消费者保护制度进行对比分析，以明确其界限。

1.期货市场投资者保护法律制度的现状

金融消费者保护制度与投资者适当性法律制度的不同主要体现在以下几个方面：

（1）两者的适用范围不同

目前我国银行业、保险业和证券业等领域都建立了金融消费者保护制度，也就是说只要与我国境内依法设立的为金融消费者提供金融产品和服务的银行业金融机构，提供跨市场、跨行业交叉性金融产品和服务的其他金融机构以及非银行支付机构进行了金融产品或者服务的交易就应当被视为金融消费者而受到保护，但是投资者适当性法律制度主要适用于证券业、期货业和其他一些金融衍生品领域，可见投资者适当性法律制度适用领域内的金融产品更为复杂、风险性更强，故要对进入市场的投资者进行更为严谨的规制。

---

① 2017 年《证券期货投资者适当性管理办法》。

(2)两者保护的主体范围不同

金融消费者作为时代的产物,是对金融商品和服务进行消费的特定群体,是消费者概念在金融领域的延伸。学界在对金融消费者的概念进行讨论和界定的时候,基本都把金融消费者的主体限定为"自然人"[1],同时 2016年中国人民银行制定的《中国人民银行金融消费者权益保护实施办法》也对金融消费者进行了明确的规定,"金融消费者是指购买、使用金融机构提供的金融产品和服务的自然人"。[2] 从中,我们可以看出金融消费者的主体是自然人,也就是说金融消费者保护制度保护的主体主要是自然人。但是在投资者适当性法律制度中,因为符合一定条件的自然人、经营机构和其他组织都可以成为投资者,所以投资者适当性法律制度的主体范围要比金融消费者法律制度保护的主体范围要广。

(3)两者的保护制度设计不同

金融消费者保护制度通过信息披露机制、个人金融信息保护机制、金融消费者权益保护工作内部监督和责任追究机制等来对金融消费者的权益进行保护。而投资者适当性法律制度的核心要义是将适当的金融产品卖给合适的投资者,所以该制度主要包括投资者分类、金融产品分级,金融产品和投资者匹配制度以及责任追究制度。

---

[1] "本文认为法律上的金融消费者概念应当是:在金融服务法或金融消费者权益保护法的适用范围内,为满足非营业性的个体金融需要而购买或使用金融产品或者享受金融服务的自然人。这一概念首先对投资者概念进行了解构和划分,将投资者中的一部分归为金融消费者,如机构投资者或法人投资者被排除在金融消费者的范围之外,同时个人投资者中采取营业方式的专业投资者亦被排除在金融消费者范围之外。"陈洁:《投资者到金融消费者的角色嬗变》,《法学研究》2011 年第 5 期,第 92页;"金融消费者的主体只能是自然人,是主要为了个人、家庭成员或家务目的而在一项或多项金融活动中获得任何金融产品或者服务的自然人。"罗传钰:《金融危机后我国金融消费者保护体系的构建——兼议金融消费者与金融投资者的关系》,《学术论坛》2011 年第 2 期,第 108 页;"作为特殊消费群体,金融消费者是'与金融机构建立金融服务合同关系,接受金融服务的自然人'"。李明奎:《制度变迁视角下金融消费者保护机制刍议》,《法律适用》2011 年第 1 期,第 45 页。

[2] 2016 年《中国人民银行金融消费者权益保护实施办法》第二条的规定。

（4）两者的功能不同

金融消费者保护制度，是从普通消费者保护制度中衍生出来的，其制度基础依然是由于市场信息不对称、主体地位不平等导致的对金融消费者的倾斜保护，尤其注重对金融消费者的知情权、安全权和选择权等权利的保护。[1] 而投资者适当性法律制度则更侧重于对投资者交易风险的把控，通过设定资金、交易经验、专业知识等门槛，将投资者的交易行为合理化、适当化，不仅有利于降低投资者的交易风险，还有利于维护金融市场的稳定。

（5）两者的法律责任制度不同

因为金融消费者购买金融商品或接受金融服务的时候，多是采用格式合同（如保险合同、房贷合同、证券开户协议等），此时金融机构要负担说明提示义务，且格式条款不得加重金融消费者责任和排除金融消费者权利。可见，在金融消费者与金融机构的法律关系中，两者虽是平等主体但因为格式合同的单方性和不可变性，就会限制格式条款的适用，通过规定金融机构的说明提示义务来防止不良金融机构利用格式合同谋取不正当利益。但是在期货投资者适当性法律制度中，法律不光强调金融机构的风险揭示和信息告知义务，同时也强调投资者应当根据自身能力审慎决策，独立承担投资风险。因为经营机构的适当性匹配意见并不是保证，其只有在未合理履行投资者适当性义务的时候才要承担相应的法律责任。同时，在金融消费者保护制度中，若是金融机构存在欺诈行为，其应当按照金融消费者的要求增加赔偿，不仅仅局限于金融消费者所受到的损失。但是在投资者适当性法律制度中，若是金融机构未尽适当性义务导致金融消费者损失的，只应当赔偿金融消费者所受的实际损失，包括其本金和按照中国人民银行发布的同

---

[1]　金融消费者的权利主要包括：金融消费安全权、金融消费真情知悉权、金融消费自主选择权、金融消费公平交易权、金融消费损害赔偿权、金融消费结社权、金融消费受教育权、金融消费受尊重权、金融消费监督权。强晓红《对我国金融消费者权益保护之探析》，《中国商界》2008 年第 12 期，第 120-121 页。

期同类存款基准利率计算应得的利息,并不包括惩罚性赔偿。①

2.期货市场投资者保护法律制度的不足

可见,投资者适当性制度的适用范围是相对狭窄的,仅针对复杂金融产品。结合投资者适当性相关立法,以下分别从产品识别、投资者分类标准、执行行为、责任分配等方面逐项展开研究,探讨其不足。

(1)复杂的界定标准不清晰

在现有规定中,投资者适当性规则涵盖金融衍生品、创业板市场、融资融券业务等,这主要是考虑到我国资本市场还处于起步阶段,有一定的合理性。但从投资者保护体系来看,2013年修改后的《消费者权益保护法》已对金融消费者予以保护②,若投资者适当性制度又覆盖所有的金融领域,这种过度"父爱"主义立法不能体现投资者适当性制度的特有价值,也影响到合同自由,对我国非专业投资者的健康成长也不利。

在复杂与否的判断上,2012年《证券公司投资者适当性制度指引》第十五条采取"客户"标准,如"产品的条款和特征不易被客户理解"。该条款的不足是显而易见的,"客户"可以有多种理解,包括零售客户、专业客户。如以专业客户为标准,复杂产品范围相对较小,因为他们的理解水平较高;如以零售客户为标准,复杂产品范围相对较大。

另外,单从《证券公司投资者适当性指引》十五条来看,复杂性的判断有6个标准:①产品销售有关条款不易理解;②产品结构为组合结构;③价值难以评估;④流动性不强;⑤透明度不高;⑥潜在损失可能超过支出成本。与欧盟规定相比,在估值、流动性、透明度方面具有相似性,但略显粗糙。如不易估值是什么原因导致的,是市场价格?还是发行人的估值?或是定价方

---

① 《全国法院民商事审判工作会议纪要》第七十七条规定。
② 《消费者权益保护法》第二十八条规定,"……提供证券、保险、银行等金融服务的经营者,应当向消费者提供……安全注意事项和风险警示、售后服务、民事责任等信息。"

式依赖于复杂的计量模型(如 Black-Scholes 期权定价公式)? 从条文来看,不得而知。另外,"具有复杂的结构"与"复杂金融产品"从逻辑学角度来讲,有"同语反复"之嫌。[①] 而欧盟规定中"复杂"的判断比较清晰,包括产品结算需要参照可转让证券、利率、商品或其他金融指数、气候变量、运费费率、通货膨胀率等因素,其复杂性反映在与多种因素挂钩的产品结构上。

最新规定《证券期货投资者适当性管理办法》,将证券、期货统一立法,均列入投资者适当性制度适用的范围,其立法初衷应该是对之前的零散规定进行系统化规范。在我国,投资者对证券交易相对熟悉,其交易方式相对于金融衍生产品,也简单一些,我们认为通过金融消费者保护制度足以保障投资者权利。但是,金融衍生产品与证券的产生途径有明显差异,需要建立更高级别的风险防范对策。

(2)没有建立科学的客户分类标准

2013 年《金融期货投资者适当性制度实施办法》中的客户有 3 类:自然人投资者、一般单位客户、特殊单位客户。与 2010 年《股指期货投资者适当性制度实施办法(试行)》(第四至六条)相比,变化如下:(1)名称不同。2010 年规定中只提到投资者,没有再细分。(2)是否需要具备法人资格有差异。其中两类仅规定为单位,无需具备法人资格,可见,非法人单位申请开户不受限制。(3)审批手续不同。特殊单位客户可直接申请开户,不需批准。(4)"向上"调整的灵活措施不同。突破之前投资者不得灵活调整的规定,增加了一般单位客户经申请可被认定为特殊单位客户的规定。这反映了我国投资者适当性规则逐渐放松的变化趋势。

与欧盟指令中的"专业"划分标准对比发现,我国客户分类标准为:"组织形态+经营范围",如自然人与一般单位客户的区分标准为组织形式,特殊单位客户主要看经营范围,如果是金融类的客户都属于此类。与《证券公司

---

① 《法律逻辑学》,法律出版社,2004,第 55 页。

投资者适当性制度指引》(第十条)以是否"专业"作为判断标准,差异较大,形成证券公司、期货公司两类不同的适用规则,整体上欠缺协调性。

在《证券期货投资者适当性管理办法》中,客户分类集中在第七至十四条。其中,第七条明确了投资者的两大类型:普通投资者与专业投资者;第八至十四条分别就两类投资者的范围、如何转化进行了明确。虽然这一规定较之前的文本有了进步,将"专业性"提升到应有的高度,但在提法上普通投资者与专业投资者并不相称,普通投资者的范围过于宽泛,而且能做多种理解,如规模小的、非专业的、没有经验的、没有组织机构的,等等。如此推测,则分类标准为多元的,并非与专业投资者形成对应关系。第七条没有给出明确的分类标准,后续的法条又只是列举两类投资者范围,同样欠缺明确的分类标准。

此外,《期货和衍生品法》第五十一条对交易者进行了类型划分:普通交易者和专业交易者,分类标准为财产状况、金融资产状况、交易知识和经验、专业能力等因素。该法授权国务院期货监督管理机构规定专业交易者的具体标准。可见,专业交易者最终的判别还需要证监会更为细化科学的标准出台。

(3)尚未建立完备的执行标准

金融机构在销售产品时,先通过分析产品的风险特征、客户的投资情况,然后将其配比,判断是否合适交易。《期货和衍生品法》第五十条原则性地规定了期货经营机构应当向交易者提供与其情况匹配的服务。从我国投资者适当性管理具体规定来看,已涉及产品推介、信息披露、风险提示、提示语言、投资教育、客户建档等方方面面,但以下方面有待完善:(1)执行原则需要明确;(2)虽建立客户资料档案,进行全过程录音或者录像,但对互联网等非现场交易方式如何留痕仍缺乏可行方案,并且录音或者录像的保管地点、保管时长都需要进一步探索;(3)内部监督方面,虽规定了定期自查制度、主动报告制度,但对自查部门设置、人员配备、纠错方式并未提及。

(4)如何建立责任追究机制尚待探索

适当性义务履行不当需要承担多大的责任是历次立法考虑的重点问题。《金融期货投资者适当性制度实施办法》(第十四条)提到,"投资者应当遵守'买者自负'的原则……不得以不符合投资者适当性标准为由拒绝承担金融期货交易履约责任。"从本条来看,当金融机构违反适当性义务时,投资者无望获得民事赔偿。从第十七至十九条来看,仅为行政责任,如约见谈话、增加内控合规次数、取消从业资格等,重罚轻赔,投资者的损失没有补偿的机会。早期司法实践中不乏这样的案例,以 2010 年卢某与上海证券交易所等权证交易侵权赔偿纠纷上诉案为例,上诉人以上交所、国海证券、广东机场集团等公告方式存在瑕疵,权证上市公告书表述不完整等为由,要求被上诉人对自己的投资损失承担连带赔偿责任。但法院以"上诉人是否投资系争权证,以及投资的盈亏取决于投资者自主的投资决策,交易损失应自行负担"为由判决上诉人败诉。总之,权证的投资者应该理性面对,牢记风险自担,虽然金融机构适当性义务违反可能面临监管机构的行政处罚,但对受损害的投资者来说,在当时的立法背景下无望获得赔偿。

在《证券期货投资者适当性管理办法》中,第三十七至四十二条对违反适当性义务逐项规定了法律责任,涉及经营机构及其责任人员、从业人员,责任类型包括责令改正、监管谈话、出具警示函、责令参加培训、警告、罚款、市场禁入,较之前的立法也有很大改观;《期货和衍生品法》第五十条原则性地规定了期货经营机构适当性义务履行不当导致交易者损失时应当承担赔偿责任,民事责任首次在基本法中予以确认,也意味着责任体系较之前得到较大改观。

但是民事责任的贯彻落实以及赔偿界限仍是立法中的难点。有学者认为,在我国证券法律责任构建时,应将民事责任置于核心地位①,因为民事责任有其独特的功效,与行政责任形成互补优势,可实行连带责任、过错推定和损害结果推定等。对交易者来说,民事责任设置合理,他们因此遭受的损失才能得到应有补偿。

(二)投资者结构变迁下投资者适当性制度之完善

期货市场投资者结构发生改变之后,投资者适当性制度的重要性凸显,在之前立法的基础上,应当重点对产品复杂性识别、客户分类标准、执行方式、责任类型进行修改与完善。

1.细化复杂产品识别标准

对产品复杂性进行准确判断是明确与落实投资者适当性制度适用范围的前提。如果这个前期工作没有做好,导致投资者适当性制度适用范围过宽,可能有损期货市场的流动性或活跃性,适用范围过窄又势必影响对中小投资者的保护。对于复杂性的判断,可以从以下方面着力:

一是明确复杂产品的判别是依据非专业客户的智识水平。由于我国资本市场并非成熟,从衍生交易起步时间来看,1990年才成立第一家期货交易所,2006年开始股指期货交易,积累的经验不足;从衍生交易典型案例来看,1995年"3·27国债期货事件"、1997年天然橡胶R708事件、2004年中航油石油期权事件,曾对期货市场发展造成了沉重的打击。这些无不说明我国投资者适当性制度适用范围不能过窄,不宜笼统地用"客户"来判断产品复杂与否,而应从客户中再进一步细分,根据零售客户的理解能力作为判断标尺。

二是结构复杂性的界定标准。我们认为,金融衍生品结构复杂性的判断,应该分析衍生路径、参与衍生的变量以及与基础证券的内在关联性等方

---

① 刘俊海:《论证券市场法律责任的立法和司法协调》,《现代法学》2003年第1期,第3-13页。

面。如恒生指数期货以香港股票交易所的 33 种股票的加权平均股票价格作为标的商品,各种股票的权重也会定期调整;与基础证券的关联上,股票指数是其基础资产,但股指期货价格的变动容易受宏观经济、行业动态以及股指现货走势特别是有较大影响的权重股的走势影响。由此,结构是否复杂才可分辨出来。

三是衍生产品在开发国的本土销售情况也不容忽视。如果在产品开发国某衍生产品禁止对个人投资者销售,那么其复杂性超出了一般金融产品,进而在产品继受国,该产品的复杂性、风险性还会进一步递加,对投资者应建立更高的保护标准。2008 年"雷曼迷你债券"(Minibond)风波就是一例。"雷曼迷你债券"虽名为债券,但实为一种结构性债务工具(包含了担保债券凭证、信用违约掉期、利率掉期等金融衍生产品),在美国本土及世界其他地区,不允许出售给个人投资者;而在香港,大量推销给个人[1],从而酿成了许多投资者遭受损失的悲剧,这个教训应该吸取。

2.建立科学的客户分类标准

当前我国的客户分类仍是实行以专业性为主、综合其他多种分类方法的混合判断标准。建议采用欧盟"零售客户—专业客户—合格对手方"三分法,统一期货投资者分类标准。具体做法为:(1)将特殊单位客户(大型金融机构)定位为合格对手方,免去评估要求;(2)专业客户不限于单位,可以包括符合条件的自然人;(3)零售客户仅限于自然人。

在投资者身份转化方面,当前《证券期货投资者适当性管理办法》第十一条做出了较为宽松的转化规定,两类投资者在一定条件下可以互相转化,从专业投资者向普通投资者的转化只需"告知"经营机构即可,从普通投资者向专业投资者的转化则需要自行"申请"、经营机构有权"否决"。这一规定过于宽松,对中小投资者的保护不利,特别是专业投资者可以轻松改变自

---

[1]　王端、王维熊:《雷曼"迷你债"大风波》,财新网,2008 年 10 月 13 日。

身身份,与中小投资者受到同样保护,这不符合设立投资者适当性制度的初衷。我们建议:在"向上"转移时,可保留零售客户→专业客户,但零售客户→合格对手方的跨级"向上"转移通道暂不宜开通;同时,"向下"转移的通道也不宜开通。这主要是为了保护欠缺专业知识的零售客户,以便在零售客户区设置一个有效的风险"隔离带",如下图所示:

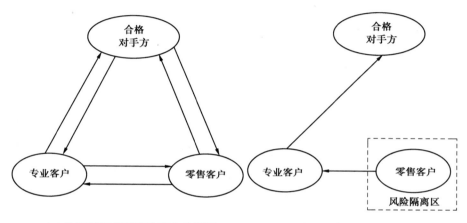

(a)欧盟投资者适当性客户分类图　　　　(b)我国投资者适当性客户分类图

图 3.1　我国与欧盟客户"向上""向下"转移关系图

在评估标准上,除资金标准、知识测试、投资经历、诚信状况外,建议增加投资偏好、投资资金来源、工作经历等,如分析投资者的投资目的、投资资金是否有贷款情形、既往职业、工作稳定性等。在评估方式上,还需结合后续动态评估,建立持续跟踪机制,定期关注客户的重大信息变更,如财务状况或工作的重大变动,以履行持续性的"了解你的客户"之义务。

3.健全执行标准

首先应明确执行的总体原则:(1)有利于客户的原则。应以客户收益最大化为原则快捷安排各项执行措施;(2)谨慎、诚实、勤勉尽责的原则。无论是产品推介还是信息披露,提供给客户的信息必须正当、清楚、无误导。无论是投资者合规性教育还是风险匹配,金融机构从业人员都应勤勉尽责、忠于职守;(3)公平对待客户的原则。在产品推介时,同一问题向不同客户提供的投资建议应当一致;(4)岗位分离与考核原则。既要实行客户开发人员、开户知识测试人员、复核人员相分离,又要将适合性原则列为代理人的酬金考核指标。

在证据保存或留痕上,除客户基本信息外,各个关键阶段的信息应予以保存,如评估阶段客户评级资料,产品推介阶段风险揭示资料,均应保存书面纸质材料;咨询阶段双方就金融产品销售的有关交谈,要做好录音记录。在现有规定要求保存至少 20 年的基础上,还应对保存地点进行公正化安排,可考虑同一地域设立一个金融档案保存中心,由当地证监局管理,防止保存过程中记录灭失、毁损等不可恢复的情形发生。此外,当通过互联网交易时,电子证据建议一式两份,由经营机构与投资者各持一份。

在内部监督上,建议借鉴欧盟做法,在金融机构内设立合规性监督组,定期监督执行质量。同时,要保证合规性监管组的相对独立性,如合理的经费支持、岗位设置上不交叉、监管人员经常化与固定化,从而在现有外部监督(交易所对期货公司会员的监督)的基础上,建立起"内部+外部"无缝隙监督管理体制。

4.违反适当性义务法律责任追究机制的完善

当前《期货和衍生品法》规定了适当性义务履行不当的民事责任,这意味着因金融机构过错使不合格投资者从事金融衍生品买卖导致亏损,金融机构的责任较以往有所加重。但民事责任认定、赔偿边界仍有待进一步探索。

责任认定时,"产品卖给不合格投资者"应作如下区分:(1)由投资者提供虚假证明材料获得评估通过的,由买者自行负责①;(2)由双方共同过错导致损失的,按各方过错大小分担损失;(3)由投资公司单方违反适当性义务的情形,应负赔偿责任。

此外,还应考虑立法的路径选择、获赔投资者范围、损失的计算标准以及是否设置上限。路径选择上,一方面可考虑纳入投资者保障基金获赔范围,或者在条件成熟时,另行设置有别于存款保险制度的金融衍生品保险制度。② 第一种情形,可修改《期货投资者保障基金管理暂行办法》第二条,在期货公司严重违法违规或者风险控制不力两种情形之外,另加"违反投资者适当性义务";第二种情形,对零售客户实施强制保险,其他则可由投资者自愿投保。

至于获赔投资者范围,既要考虑我国资本市场不成熟的现状,又要注意衍生品市场不创造也不减少财富,仅仅是财富转移(风险规避与风险偏好者之间传递)③的特点,建议现阶段遵循"最有利于零售客户"的原则,只赔偿零售客户的损失。条件成熟时,商业保险机构可把所有投资者纳入获赔主体范围。

赔偿上限上,可对《期货投资者保障基金管理暂行办法》第二十条第(一)款进行如下修正:对每位零售客户的保证金损失在5万元以下(含5万元)的部分全额补偿,超过5万元的部分按80%补偿。也就是说,仅赔偿保证金损失,不赔价差损失、佣金损失、税金损失、利息损失,从而使违反适当性义务民事赔偿制度得以破冰,虽其补偿功能有限,但可一定程度上阻吓适

---

① 在金融机构与投资者"权利—义务"配置结构中,"单边义务说"是主流观点。颜延,倪刚:《投资者保护与金融机构的适当性义务——以金融衍生产品销售为例》,《学海》2013年第3期,第132-140页。笔者赞成"主次义务说",即金融机构承担主要义务,投资者承担次要、配合、附属性义务。

② 与存款追求养老、供养子女等不同,金融衍生品投资主要是套期保值,所以存款保险制度一般由各类存款性金融机构集中建立一个保险机构,而金融衍生品保险制度可由商业保险机构承保。

③ 唐·钱斯、罗伯特·布鲁克斯:《衍生工具与风险管理》,丁志杰、郭凯译,机械工业出版社,2010,第12页。

当性义务违反行为。

宏观立法上,当今之计可由证监会制定规章,区分证券市场与期货市场,单独出台《期货投资者适当性管理办法》,再由期货业协会制定《期货投资者适当性制度操作指引》,完成"规章+自律规则"的体系化建构,并且证监会不再授权交易所、期货公司制定相关指引,防止交叉、重复、抵触立法。从欧盟高度统一的金融工具市场指令的实施效果来看,这种立法方式是成功的。[①]

---

① 张美玲、谭金可:《论金融衍生品投资者适当性规则的构建——欧盟经验与借鉴》,《湖南师范大学社会科学学报》2014年第5期,第102-108页。

第四章 虚拟经济有限发展法学理论视角下的期货品种上市制度变革

在整个虚拟经济体系中,由于交易品种的复杂程度不同,风险大小各有千秋,投资者对交易品种的难易理解程度差异较大,从银行产品、保险产品、证券产品到期货,风险呈递增趋势,投资者的风险承受能力也出现较大的变化。在不同的风险场域,可交易哪些品种、交易标的如何进入市场应当依据风险大小而定。

期货品种上市制度关乎上市权力如何配置、上市效率能否提升、交易风险可否防控、定价权力大小等重大问题,在虚拟经济的高端领域扮演至关重要的角色,是大国金融战略中制高点抢占不可或缺的一环。因此,在虚拟经济有限发展法学理论视角下,探讨期货品种上市制度不仅仅在期货市场法律制度构建中具有举足轻重的地位,在整个虚拟经济体系中也具有"牵一发而动全身"的全方位辐射效应。那么,我国应该选择哪种品种上市模式呢?现行的上市制度有何不足?需要怎样变革?以下将对上述问题一一探讨。

一、期货新品种上市模式评价

对期货新品种上市,各国做法不一,主要有以美国为代表的审核模式、以日本为代表的试运行模式、以英国为代表的注册模式、以我国为代表的审批模式(1999—2022)。

（一）以美国为代表的审核模式

1.审核模式的产生

美国期货市场起步较早,强大的经济实力使得美国期货市场发展速度较快,法律体系也相对完善和科学,其中以期货品种的上市机制最为突出,该机制基本奉行"广撒网""广种薄收"的指引思想,对品种的上市并没有过多的限制。这样的上市机制又与较为成熟的期货市场相辅相成,不仅实现了美国期货市场的良性循环发展,而且还对世界期货市场的发展产生了深远影响。[①]

早期,美国农场主为了有效地规避因供需失调所引发的价格波动而带来的损失,逐渐形成了合约双方事先商讨交易条件且规定在未来特定时间再进行付款与交割的"预见"契约或远期契约的交易模式,远期合同得以产生。随着1848年芝加哥期货交易所的成立,标准化交易合约的推出,保证金制度的运用,期货市场得以产生。品种上市也由早期的交易所自发组织、自我管理,过渡为自我认证和请求提早批准相结合的审核制,其中专业监管机构的成立为审核制的推行提供了条件。

2.审核制的具体做法

美国现行法律体制中,期货品种上市机制原则性的规定是在《商品交易法》中,而期货品种上市机制的具体内容,则由1974年成立的专门监管机构——商品期货交易委员会(Commodity Futures Trading Commission,简称CFTC)详细规定。根据现行品种上市和合约市场规则的相关规定,美国期货品种上市有两种途径,分别是交易所自我认证和请求CFTC提前批准。

---

① 汤云龙、常飞:《美国期货品种上市机制的借鉴与启示》,《现代管理科学》2014年第3期,第82-84页。

（1）交易所自我认证。该方式是指交易所拟上市品种在没有申请 CFTC 提早批准的前提下，应该依照要求认证，证实其将上市的品种符合且持久性地符合《商品交易法》及其规章，才能成功上市。此外，在 CFTC 为了验证期货品种市场安全性主张交易所提交增补证据、信息或资料时，交易所理当提交。若交易所虚假认证，或者根据《商品交易法》的相应规定，CFTC 有权作出推迟品种上市的决定。同时由于具有自由裁量权，CFTC 还可以要求交易所撤销自我认证的提请。可见，交易所自我认证的前提是上市在先，事后由交易所依相关程序补充认证手续。

（2）请求 CFTC 提早批准。该方式是指交易所新开发的期货品种在没有按照相关程序向 CFTC 自我认证的前提下，须在上市之前得到 CFTC 的同意和批准。在这个过程中，除非拟上市品种的合约条款违背了《商品交易法》或 CFTC 章程，否则 CFTC 在收到申请材料后的 45 天后就无权拒绝批准该品种的上市。即使是需要经过延期审查的上市品种，在延期审查结束时，都视为批准许可。此外，CFTC 对审查期的延长还须要经交易所书面确认。在拟上市品种因为违背或者可能违背《商品交易法》及其规章的情况而被暂时不予批准时，CFTC 应向交易所下发不予批准的通知并说明原因，但暂时的不予批准并不影响将来对修改后符合要求的该产品的批准。[①] 因此，在美国现行体制下，只要拟上市品种符合《商品交易法》中对期货品种上市规程及 CFTC 的详细规定，那么该品种就能够顺利上市，不受其他任何因素的影响。

3.审核模式的适用条件

值得一提的是，根据 2000 年生效的《商品期货现代化法案》（CFMA）中的规定，期货交易所可以在自我认证程序的前提下，不经 CFTC 提前审批就

[①] 雷晓冰：《我国期货品种上市机制面临的问题及解决——〈期货交易管理条例〉实施两周年之际的反思》，《河北法学》2009 年第 4 期，第 115-120 页。

通过上市新产品和制定新规程。然而,美国近年来期货新品种上市的研究与实践显示,即使在新的法案出台之前,所有的新品种上市还必须经过CFTC批准,CFTC也很少因为拟上市品种可能潜在的风险而否决申请,只要交易所能证实新上市品种主要不是用于投机,而且也不存在明显的方法或途径,操纵价格、影响市场秩序,CFTC就会批准上市,并让交易所进行风险管理。总体而言,无论是自我认证还是申请提前批准,都应符合相关上市法律要求,否则将遭到CFTC的上市否决。

(二)以日本为代表的试运行模式

1.试运行模式的产生

在亚洲期货市场中,日本可谓是一抹较为靓丽的色彩。悠久的期货业发展历史使得日本形成了高效、严谨的法律监管体制。早在17世纪,世界上最早的有组织性的期货交易就已经在日本出现;1950年,《日本商品交易所法》诞生,并在其制定之后先后进行了多达30次的修改。这不仅为日本期货市场的蓬勃发展奠定了坚实的基础,也为其日后的辉煌起到了推波助澜的功效,驱动日本期货市场逐步成为全球范围内较为成熟的期货市场之一。

在17世纪的江户时代,商人在大阪"米市"展开远期的"稻米交易",日本期货市场可以溯源至此。到18世纪的德川幕府时代,由于是通过一年三次现货交割的差价结算方式进行稻米买卖,稻米期货交易市场已经在日本被公认,这也被称为全球最早的商品期货交易所。[①] 到1893年,《日本交易所法》在加快建设期货交易制度化建设的目标中得以诞生。不得不提的插曲是,因为世界大战的发生,大量交易所被强制关闭,但商品交易所却成为灾难中唯一的"幸存儿",发挥着管理风险的独特与先天优势,这次幸免也使

[①]　时岩、永启蒙、申志刚:《独具特色的日本期货市场发展之路》,《期货日报》2006年5月18日第4版。

得日本商品期货的发展仍然保留较强的实力,使其能够在世界大战后恢复更快,发展更为迅猛。

2.试运行模式的具体做法

纵观日本期货市场的发展,不难发现其大致分为三个阶段,分别是:期货市场初建至 1893 年、1893 年至二战前、二战后至今。第一个阶段是初步建立阶段,与美国期货市场建立之初类似,日本期货市场当时采用交易所自我管理模式,并未建立政府监管机构。此种自律情况持续了几百年,直到 1893 年《日本交易所法》(以下简称《交易所法》)的诞生才得以改变。新制定的《交易所法》规定,大藏省对商品期货等进行协调管理,但是商品期货市场仍然没有专门的独立监管部门。在二战后,日本抓住期货市场振兴的时机,《交易所法》被大量修改,并且颁布了《商品交易所法》。随着法律法规的逐步完善,日本对于期货市场的管理,在尊重产业和市场自主性的同时,加强了主管大臣对商品期货的监督,由专门的监管机关针对不同种类的商品期货进行管辖,如农产品期货由农林水产省大臣监管,工业品期货由经济产业省大臣监管,而金融期货则由大藏省大臣管理。时至今日,日本依然沿用商品期货和金融期货各自由不同机构进行监管的体制。[①]

期货上市机制作为期货市场体制中的一部分,是随着市场体制的变化而进行相应变革的。与美国期货品种上市机制随着改革而变得愈发严格形成鲜明对照,日本的期货品种上市机制却由严到宽,逐渐放松监管。具体而言,是从"有益论"转变到"无损论"。所谓"有益论"是指交易所若想要上市新品种,必须证明新品种的上市能对期货市场的发展产生有利影响。"无损论"是指交易所上市新品种,只需要经过几年对新品种的试运作,交由市场

---

① 彭真明:《日本期货管理立法及其对我国的启示》,《日本学刊》1994 年第 2 期,第 147-158 页。

证实新品种的上市并不会对期货市场的发展产生不利影响即可。[①]"试运行机制"不仅减少了品种与市场需求脱节的机会,还因为其采用了较多便利的交易方式,例如定盘与动盘两种交易方法,交易时间短,无需随时盯盘,大大便利了家庭主妇和上班族,从而拓展了商品期货市场交易人群和交易规模。再如该机制优先采取电子下单和远期合约的交易方式,契合了市场需求,加强了交易稳定性,降低了交易成本,提高了商品期货市场的信用度。

3.试运行模式的适用条件

此模式证明起来更加简单易行,期货品种经试运行测试后被证明无害的,经相对应监管部门批准后,就能正式上市。日本期货品种上市制度的转变,使得市场从现货商手中取得了检验产品盈损的权利,让市场这只无形的大手能够更贴近实际发展状况而施展拳脚,"让市场说话"的模式真正被激活。当然此种模式的效能要想得以最大程度的发挥,还离不开参与者的热情,只有真正被大量交易的期货品种,期货市场的慧眼也才能识别它的好坏。上市机制的放宽,让大批新品种涌现在日本期货市场中,在提高市场效率的同时,因势利导又促进了期货市场的进一步繁荣。

(三) 以英国为代表的注册模式

1.注册模式的产生

英国是首个进行资产阶级革命的欧洲国家,自由开放的思想随着时代的发展,逐渐深入人心。在经济发展方面,这样的思想也贯彻其中,比如更为强调市场在资源配置中的作用,强调期货市场自律管理,并不依赖其他机构或者人员的监管,采用市场自主发展、自律监管的模式。这样独特的模式

[①] 雷晓冰:《我国期货品种上市机制面临的问题及解决——〈期货交易管理条例〉实施两周年之际的反思》,《河北法学》2009 年第 4 期,第 115-120 页。

使得其期货品种上市机制尤为灵活自由,新品种上市的权力完全握在交易所,由市场的实际交易情况决定优胜劣汰,具有市场发展活力的就能存活,而交易不活跃的品种就会被市场淘汰,落得被摘牌的命运。

2.注册模式的具体做法

在英国,期货品种上市交由交易所自主决定,具体由交易所董事会负责执行,政府其他监管部门无权干预其新品种的上市。只有拟上市品种在开发过程中违反《伦敦金属交易所规则及规定》等交易所出台的相关规定时,才会有暂停上市和停牌上市的情况发生。这种制度安排与美国期货上市机制中要求明确拟上市品种不会对期货市场秩序产生影响的规定有异曲同工之妙。但是伦敦交易所对期货品种上市进行了十分明确且具体的规定,作为申请主体的产品开发者必须满足交易所相应的会员资格条件,7类会员中前5类才具有这样的资格。具备相应资格的产品开发者还必须向交易所提交上市申请,通过申请才可上市。每一类拟上市产品,其上市程序也明确规定,不同种类的上市产品可以在执行处进行相关查阅,参考其是否符合产品上市指南或标准。[1] 而且,已经被交易所注册上市的产品仍然没有脱离交易所的管理,无论产品开发或者管理者对该产品进行何种改进或者由于政策的变化导致相应品种的上市条款发生改变,都必须告知交易所,并由交易所再次考量决定该产品是否还符合当下的市场需求,能否继续上市。[2]

3.注册模式的适用条件

注册制下期货上市只需要符合交易所明确的自律管理规定就具有上市资格,没有其他的硬性约束。前期的会员资格满足参考指南标准便有申请权。对于期货品种上市后交易的管理,设计了投诉程序,由交易所接待已经

上市期货品种的质量投诉,在交易所的首席执行官认可投诉并上报董事会后,该产品可能面临暂停交付的后果,直到产品质量达到董事会认定的标准,才可以再次上市;而在投诉调查后仍然不符合标准的产品就会被交易所退市。这样的期货品种上市模式较为宽泛,给英国的期货市场发展提供了自由宽松的环境。

(四)以中国为代表的审批模式(1999—2022)

1.审批模式的产生

我国的期货上市机制随着期货市场的发展,也在不断地变化。前期,由交易所来决定期货新品种的上市,然而由于国内期货市场发展并不成熟,对比国外期货交易市场及品种上市机制,还存在较多不足。因此在初期,期货品种上市机制不仅没有给我国期货市场发展带来动力和优势,相反其弊端却显露无遗。由于利益的诱惑和经济的过热发展,以及投资者对期货这一新生事物的懵懂与茫然,期货市场变得盲目无序,混乱不堪。为了解决这样的乱象,也为了规范并敦促我国期货市场的健康良性发展,国家相关部门紧密配合,大力整顿,最终形成了我国期货新品种上市要各部委协商同意方能上报的惯例,审批制的雏形由此出现。在 1999 年起施行的《期货交易管理暂行条例》的规定中,期货交易所上市、中止、撤销或者恢复期货交易品种,应当经中国证监会批准。该条法律规范将期货上市审批权交到了证监会手中,同时体现出我国期货新品种上市机制由自律管理走向审批制,或者更具体地表述为"联合审批制"或"国务院审批制"。自此我国期货品种上市模式在探索中逐渐形成了较为成熟且有代表性的体制:审批制。[①]

在后来的发展过程中,虽然我国的期货品种上市机制有细微调整,但是从根本上来讲并没有发生变化,并且在交易所向证监会申请和报国务院批

---

① 胡连恩:《改善期货品种上市机制》,《中国金融》2013 年第 16 期,第 75 页。

准的过程中,只要其中有一个部门反对该品种的上市,该品种的上市之路就会遇阻,设计的产品也会夭折。所以,严格意义上来说,我国期货品种上市机制是较为严格的,程序是较为复杂的,审批时间也是较为漫长的。

2.审批模式的具体作法

如前所述,我国期货品种上市模式属于审批制,具体规定在我国 2017 年修订的《期货交易管理条例》中。① 根据规定,国务院、证监会、期货交易所在品种上市时的权力有所区分:对期货交易所来说,其享有设计合约,安排合约上市的权力,但更多地倾向于执行落实方面;对证监会来说,上市、中止、取消或者恢复交易品种,期货交易所都无权自主办理,必须经证监会批准;而批准期货上市,证监会还应当征求国务院有关部门的意见,这对证监会的批准权作出了些许约束。但是对于具体的征求部门、审批法律依据、审批的法定时长及应准备的材料,《期货交易管理条例》均没有具体的说明,存在疏漏。②

在我国期货市场的发展过程中,随着对外开放程度的加深,出现了较为特殊的期货品种,市场中不再仅存在性质单一的普通商品期货,但是现有的法律体制、法律具体规定明显未能紧跟市场发展的脚步,对此还没有作出详细的规定,目前仍参照老上市办法执行,这大大不利于我国期货市场的有效运行。

3.审批模式的适用条件

当前我国运行的审批制较具代表性,其上市条件较为严苛,需要经过监管部门依照法规要求进行审核批准,只有经过批准的期货品种才可以上市交易。这样的审批制度适用于当下我国经济增长较快,但期货市场仍在转

---

① 《期货交易管理条例》第十条、第十三条的内容。
② 刘操:《浅议我国农产品期货品种上市机制的改革与创新》,《物流工程与管理》2011 年第 5 期,第 85-86 页。

型的发展现状,或者说对期货经济仍然在摸爬滚打阶段的国家也具有较强的适用性。在本阶段,期货品种种类有限,期货品种开发速度不会过快,风险处于可防可控之中,期货市场不会高速运转,当然也不会成为脱离缰绳的野马。

4.对审批模式的评价

在品种上市模式归属上,在 1999 年至 2022 年间,我国属于审批制。从具体操作方式来看,具有"严格"的典型特征。

首先,品种上市地点的选择由证监会协调确定。按照我国现行商品期货交易惯例,一个期货品种只能在一个期货交易所上市交易。实践中,上市地点一般由证监会负责协调。上市地点一旦确定,则由该期货交易所负责开发与设计期货合约,其他交易所则不会重复设计。因此,某期货品种在哪个交易所上市,不是由竞争机制所决定的,而是综合考虑品种类别、历史因素、谁先提出或者说前期工作由谁完成。这种做法固然可以避免重复开发导致的资源浪费,但品种上市地点的安排又有"指标分配"之嫌。

其次,证监会审批权的行使受到一定制约。比如,证监会审批时,需要向国务院有关部委征求意见,不能单独、直接作出审批决定。《期货交易管理条例》第十三条分为两款,第一款第(二)项对证监会批准"上市、中止、取消或者恢复交易品种"进行一般性的授权,与此同时,第二款又以补充性、限制性条款的形式规定"国务院期货监督管理机构批准期货交易所上市新的交易品种,应当征求国务院有关部门的意见","应当"一词的使用强调了这一程序必须履行,而不是可选择的行为。如果国务院有关部门对上市新的期货品种执异议,审批程序就会遇阻,虽为补充性条款,此时却会产生阻却性效果。

第三,审批层级较多。实践中,期货品种的上市与恢复采用的是非市场化的两级审批制,一为交易所上市新品种时向证监会提起申请,二为证监会

报国务院批准。只有两道程序顺利通过,期货新品种才能获准进入市场交易。这种层级审批制具有以下特点:

从积极意义上来说,之所以会采用"严格"的较为谨慎的模式,主要是因为在此阶段我国期货市场仍处于转型期,并未进入成熟市场的阶段。此时我国投资者对期货市场仍缺乏全面、深入、充分的认识,立法上也缺少高层次的法律,如果期货上市出现恶意竞争的情况,就会严重扰乱市场秩序,阻碍期货市场的进一步发展。这一点也是历史经验的总结,由于交易所在期货市场建立早期追求量的发展而忽视监管和缺乏规避风险的意识,自我约束力薄弱,为了避免不成熟的交易品种贸然推出,此后国务院广泛征求各部门的意见,特要求在新品种上市时加强审查和批准,目的是在上市前阶段对产品质量进行层层把关和管理,论证其可行性,评估其上市可能的风险,确保风险可防可控。

从消极角度来看,我国层层上报的期货品种上市制度难以适应市场需求的不断增长以及投资者对期货品种多样化的需求,限制了期货市场的活力和投资者的选择渠道,也使得期货品种上市速度相对缓慢。

总体而言,这种"严格的"审批制度是一个相对保守的形式。审慎审查与期货市场发展之间存在不可避免的矛盾与张力,目前期货市场对新的期货品种需求日益上升,如何更好地调和其中的矛盾以求最大限度地发展期货市场以促进经济可持续发展,是新形势下经济发展需要直接面对的问题。而审批制强调政府管理,难免掺入一些人为因素,政府对期货品种上市制度仍有一定程度的干预,期货主管机关享有决定新期货品种是否上市的权力,在政府与市场之间如何找到新的平衡点在期货立法中是重要问题。

(五)不同国家间期货品种上市法律模式比较研究

从前面的分析可以看出,各国期货品种上市模式各有所异。以下将从上市法律环境、期货市场成熟度、决定上市的权力配置、上市程序、上市效率等方面逐一比较,分析其优势与劣势,以期对我国上市模式如何定位提供参考。

1.上市法律环境比较

当今的美国期货市场是全球公认的最现代、最健全、最成熟的期货市场,同时也是全球期货上市品种最多、交易规模最大的期货市场。美国期货上市法律体系比较健全,现行有效规定主要有:《2000 年商品期货交易现代化法》《2005 年交易所规则》《2010 年多德—弗兰克法案》《2011 年反操纵实施细则:反操纵最终规则》,此外还包括商品期货交易所的自律规则。因此,美国期货品种上市有章可循,上市工作能有条不紊地展开。

2008 年世界经济危机以来,日本商品期货市场在全球经济相对低迷的情况下,仍然能够取得长足的发展。这不得不归功于以下几个原因:其一,日本政府对日本期货市场发展采取了一系列跟随市场变化而不断调整的政策及措施,给予期货市场发展更多的空间和机会;其二,日本不断改革商品期货市场的交易规则,积极迎合更多人对期货交易的多元化需求。其三,与其他体制相比,日本期货品种上市模式具有一项显著优势,其采用设定最低运作标准并且给予尝试机会的方式,赋予更多新开发品种崭露头角的可能,使得日本期货市场拥有更多活力。这种模式的基础条件要求较低,不需要具备像美国一样的强经济基础和高成熟度的硬性条件,该模式始终保持有效的秘诀就是在观察试运行效果和确保上市之后或存续或调整或撤销该品种的相关操作规程上拥有极强的可操作性。

英国作为典型的注册制国家,在自律规则的制定上作了严谨详细的规定。这些期货产品的上市和交易模式,在无形中也保证了其自律管理制度的有效施行,一定程度上使得金融监管不至于过度强硬,提升了金融系统和市场自身的管理和协调能力,保障了经济的高效自由发展,但值得注意的是过度自由化也会带来风险隐忧。

对中国而言,期货品种上市一度采用审批制度,意味着品种入市门槛高。对于经济发展水平当时还在发展过程中、仍然在不断提升,期货市场运作体制还处于摸索提高阶段的我国而言,该期货品种上市模式曾发挥了不可替代的作用。当期货市场逐渐走向成熟,该种上市模式的弊端逐渐显露,有必要进一步厘清各主体权力边界,规范上市程序。

2.期货市场成熟度比较

美国之所以采用审核制,是因为其期货业发展有长期的积淀,市场成熟度较高,并且市场运行效率较高,因此与审核制相匹配。因为此种模式的建立和运行既需要经济基础作后盾,也需要成熟的法律制度作为支持保障的,同时金融科技发展也不能滞后,这在期货经济起步的国家或者经济实力不够敦实的国家,是无法完全达到运作该上市体制的条件的,故盲目套用该模式可能会出现超前发展的现象。

日本在经济危机时期仍然能在期货经济上取得长足进步,应该归功于日本对于"试运行体制"的重视。日本针对该体制不断地修订和整改,让该体制的灵活性和市场适应性相得益彰,在较大程度上迎合更多的客户需要,使得市场充分发挥了自己的检验能力。

注册制的实行需要较为成熟的经济运行体制和经济发展水平,辅之自由开放思想的历史传承,因为自由开放的思想在无形之中可以激发开发新品种的动力。与其他体制不同的是,注册制的上市体制对期货市场参与者的金融知识、素养水平和遵守已经制定出的原始规程的自觉性要求较高。若投资者不具备与市场所需的应变能力,或产品自身隐含的风险过大,可能会导致国家无法把控期货市场中蕴藏的风险的局面,酿成较大的金融风险。

我国曾实行的审批制度与我国当时期货市场运行的阶段基本匹配,随着期货市场国际化改革的推进,截至 2022 年年底,我国境内期货市场期货和期权产品数量达 103 个,合格境外机构投资者(QFII)和人民币合格境外机构投资者(RQFII)可参与 41 个期货和期权品种,其中大豆系列全品种链条同步引入境外交易者①,意味着我国期货市场逐渐发展成熟,风险防控水平日渐提高,对期货品种上市速度与效率提出了新要求。

3.上市的权力配置比较

审核制兼顾了政府与市场两个主体的不同职能,一方面重视市场在资源配置中的作用,另一方面,通过法律规则的制定也有效地防范了市场的乱象发展和期货品种的盲目上市。此模式较合理地分配了市场和管理部门的权利(力),其安全可靠性也较高,当危险来临之际、期货经济波动之时,审核制期货品种上市模式可以对市场灵活感知,较为快速地作出相应改变以适应新的变化,使得上市决策更为科学理性。

"试运行制"经过不断的优化,决定期货上市的权重被较为均衡地在监管部门、期货交易所和市场之间恰当分配,该模式的核心是期货品种在试运行后无损无害即可以被市场选择"留下"。这一模式只需要适度地服从对应监管部门的监管要求即可,相对科学合理。

注册制下期货上市只需要符合交易所的自律规定就具有上市资格,没有其他的硬性约束,由期货交易所掌握上市权限,金融监管部门侧重宏观的审慎监管,具体执行环节基本不过问。这与英国实行金融混业经营、混业监管的金融模式密不可分,"超级监管者"既没有精力在具体金融领域事必躬亲,也无暇关注每个细节是如何操作的。当然,其现实需求对于上市决定权的权重较高,即市场的需求是决定权重的主力军。

审批制品种上市机制给期货上市环节增加了政府主观意志的决定份额,权力集中在期货监管部门,某种程度上这种机制对市场的实际需求关注不够或反应较慢,政府监管意志权重过重或会抑制市场自发调节功能的施展,进而可能对激发我国期货市场的活力与生机带来一定影响。

---

① 《期货日报评出 2022 年国内期市十大新闻》,《期货日报》2023 年 1 月 3 号第 3 版。

4.上市程序比较

审核制是有选择性的上市模式,可以在事前核准或自我认证两种方式中选择更为适合特定品种的那一种,不会让上市机制显得过于刻板呆滞和繁琐,具有可调整的灵活度是其中较为可取的一点。对于上市申请何时核准、材料如何补充、不通过时审核部门的义务均有章可循,程序较为透明,这一定程度上对上市效率有促进推动作用。

"试运行机制"经过多年的试验,不断地优化,不再繁琐,整个开发过程几乎只需经过交易所这一个管理机构,上市程序中几乎没有太多的阻碍,有了积极的"证实结果"就代表"基本成功",该机制赋予了开发者更多的信心,也让运行成本随之减少。值得注意的是,该机制下,各个期货品种"交给市场检验"的时间并不相同,从几个月到 5 年不等,所以期货品种最终的命运很难判断,在此种情形下,投资者难免抱观望态度,不敢轻易试水并进行大量投资。

注册制较为倚重市场的现实需求,上市程序与其他的上市机制相比,相对简单一些,这是其独到之处。注册制作为最为宽松的上市模式,具有上市条件宽松、上市程序十分便捷快速、市场可操作性更大的优点,适合期货市场较为成熟、投资者风险抵御能力比较强的国家。

而审批模式,操作步骤较为繁琐,而且对期货市场上市的品种数量也有一定的限制,适合处于发展前期,对种类、数量、覆盖面要求不太高的期货市场。审批制期货品种上市程序相对严格,期货品种上市需要经过监管部门的审批,只要其中某一项没有通过,审批就视为不通过,这个过程通常较为冗长和复杂,等待时间较长,需要在实践中不断优化。

5.上市机制运行效率比较

在审核制模式下,期货品种上市时根据期货交易场所的不同和交易品种的风险大小进行区分,分别采用了自我认证和事前核准两种不同的做法,这样的"按需定制"方式提高了期货品种上市的效率,使得在上市过程中能够持续保持较高的运作效率,美国期货市场丰富的期货品种以及每隔几天就有新品种上市,已经充分证明了这一点。此外,监管机构并非不闻不问,而是适当介入,也能一定程度上控制市场风险。

"试运行机制"在不断的修订中及时地适应了市场需求,加强了交易稳定性,降低了交易成本,提高了期货市场的信用程度和运作效率,使期货市场逐步得到了社会的认可。该机制的运作因为有一个"试水"的过程,所以前期可能较慢,市场检验也依赖投资者参与程度、成交数量、产品设计的科学程度,任何一环数据的缺失都会让市场检验的结果打折,当然待检验通过,获得"正式通行证"之后这些期货品种往往是较有生命力的。

注册制模式下,上市与否可以由期货交易所自行决定,免去了等待审批或核准的漫长步骤,大大节省了上市时间,整个阶段的平均速率较高,运作效率在四种模式中无疑是最高的。而且上市后会保持相对平稳的状态,这一点与"试运行机制"相比,能否上市事先就可以确定,无需市场来"裁判"。

审批制模式下,期货品种上市标准和程序的不完善产生了链条效应,容易产生一系列问题,如审批效率的低下,等待时间的漫长,前提经费投入巨大。而较低的审批效率,不仅抑制了新品种开发的积极性,而且期货市场中匮乏的期货品种数量和种类可能使得部分潜在投资者不能将风险有效转嫁,不利于我国期货乃至整个金融市场的发展和繁荣,甚至影响到现货市场价格的稳定。

综上,经过对上市法律环境、期货市场成熟度、决定上市的权力配置、上市程序、上市效率全方位比较,我们得知不同模式各有自己的优缺点,且各模式都是根据本国期货市场发展状况、金融监管体制、交易思想及习惯形成的,所以不能脱离其实施的现实背景而粗略地判断孰优孰劣。审核模式上市速度较快、程序简单、形式审查收放有度,但是需要较为完善的法律制度保障;试运行模式是日本结合本国期货市场现状创新的成果,形式新颖但是普适性有待考察;注册模式程序最为简单且效率较高,但需要市场调节能力的提高和较高的市场参与者素养;审批模式程序繁杂、速度较慢,但是稳妥保险,是综合考虑当时我国期货市场发展国情后选择的结果。

6.其他期货新品种上市模式是否适用我国

在上述诸多模式中,审核模式、试运行模式是否适合我国呢?

首先,审核模式是指在期货品种上市程序中,期货交易所上市新的期货品种要经过期货市场监督管理主体审查。所以,期货主管机关在实质审查后有权确定期货能否上市。审核模式具有以下特点:(1)期货主管机关独立审查新品种,对交易所不符合法定要求的设计可以禁止上市交易。(2)主管机关在新品种核准之后,有权依据期货品种违反社会公共利益或者对投资者不利等原因撤销已核准的确认书。审核模式对政府审核程序与权限要求较严,立法中应当明确政府审核的标准、程序、权限、责任,否则很容易出现审核效率不高的情形。当前我国很多期货产品没有上市期权,不利于实体企业对冲风险[①],产品结构有待调整,如果上市效率不高,不利于期货市场的发展。

其次,试运行模式将期货品种能否上市交给市场检验,试图通过市场自我调整、自我管理、自我发展、自我约束的运行规律,将新开发的期货产品通过其在市场的试上市进行操作,观察其"表现"。若是其能够通过市场的大浪淘沙,同时又符合法律法规的强行性规定,还不至于损害社会公共利益,检验期结束后,可以正式上市。可见,试运行模式对金融市场的运行要求很高,也对经济发展阶段有很强的依赖性,政府需要有完善的监管体系。而目前,我国的市场经济发展还不是很完善,同时,政府监管体系的建构也有待改进,贸然实行试运行模式,并不能很全面系统地进行高效监管,期货市场

---

① 唐婧:《期货和衍生品法正式施行:期货期权新品种上市实行注册制,提高违规行为处罚力度》,《21世纪经济报道》2022年8月2日第7版。

的长期安全稳定也难以保障。故目前的现实情况下,我们并不能像日本一样实行试运行制。

最后,注册模式是以市场为导向,由交易所根据市场需求决定某一期货品种上市。其上市程序由产品开发者向交易所提交申请文件之后,由期货交易所决定是否上市,效率相对较高。注册模式具有以下特点:(1)只需提供规定的新品种上市最基本的条件,对期货品种上市不作实质性规定。(2)由交易所确定新品种的上市而非期货主管机关。可见,此模式是以期货市场成熟,投资者风险抵御能力强并且投资者保护制度健全为前提的。

综上所述,上述三种期货品种上市模式中,核准模式和注册模式充分顾及了市场的需求,发挥了市场的调节作用和自我保护功能。随着我国期货市场发展不断成熟,各项配套制度不断完善,投资者风险防患意识增强,今后期货品种的"进退"市场,需要处理好政府与市场两手调节的力度、边界、权限,既要发挥市场的活力,又要有效防控好风险。就先前我国的审批模式来看,注重政府管理,政府对期货品种上市拥有一定意义上的决定权,期货主管机关有权决定新期货品种是否上市、何时上市,所以具有较大的不确定性,对投资者需求的关注度有待加强,故本次《期货和衍生品法》以法律形式确认我国期货新品种上市模式为注册制符合我国现实国情及市场化改革的需要。

二、我国期货新品种上市模式定位

如前所述,当前世界上的期货上市模式主要可以概括为四种,分别为审核模式、试运行模式、注册模式和审批模式。那么,未来我国期货市场品种注册制上市机制又该如何贯彻落实呢? 以下将从为什么要确定好期货新品种上市模式、我国期货新品种上市模式发展历程、我国注册制(2022.8—)期货新品种上市模式宏观定位逐次展开分析,为我国期货市场品种上市机制的完善提供智识助力。

(一)建立完善的期货新品种上市模式的必要性分析

期货品种上市,事关期货市场交易的品种范围、金额大小、风险分布、价格发现,是期货市场平稳发展的头等大事,不容小觑。

1.始以规矩,以成方圆

孟子曾谓之"不以规矩,不能成方圆",良好的机制是万事万物运行的伊始和基础。"机制"是指各要素之间的结构关系和运行方式,无论是在期货市场较为发达的欧美国家,还是在期货市场仍在完善中的我国,科学完善的上市机制都是期货市场运行的基本制度保障。只有做好上市制度保障工作,才能从根源上确保期货市场交易的有序性,健康发展的可持续性,避免产品盲目上市、恶性竞争。

2.把控源头,彰显职能

期货交易的标的物——品种,在期货市场充当风险管理媒介和载体,承载着除了一般商品的基础交易属性之外的价格发现、风险管理、定价权争夺等特定的职能。从产品开发到产品交易,期货品种上市机制是其中的联结和纽带,所以其对于期货市场的安全平稳运行起着举足轻重的作用。期货品种的成功上市是期货产品迈向期货市场进行合法交易的第一步,是整个期货市场交易的源头所在,其重要性可想而知。因此建立并完善高效的期货品种上市机制,从源头保证交易的安全性,激发市场的活跃度,是促进我国期货市场繁荣发展的必不可少也是重中之重的一步。

3.防范风险,激发活力

一国的期货品种上市机制一般需要具有"预警和防范期货市场风险""保障和促进期货交易效率""激发和提升期货发展活力"等功能,以此充当期货市场发展的风险预警器和活力助推器。该机制若对期货品种上市缺乏有效管理,容易导致期货市场中商品品种上市泛滥、期货交易市场秩序混乱、期货交易活性下降等严重后果,最终可能会使期货市场走向低迷、困顿。在我国期货市场建立初期,就存在因为商品品种上市机制不完善而造成严重后果的案例。如1993年苏州商品交易所推出了线材期货商品,仅仅1994年一年,全国就有15家期货交易所涌现出线材期货。由于各期货交易所盲目地上市新品种而罔顾基本的市场需要和交易规律,造成了严重的价格波动和资源浪费。同时,全国各地过于悬殊的价格差异更是导致了线材期货的紧急叫停。最终在上市不到一年的时间里,线材期货不得不退出市场,成为了我国期货市场品种上市机制不完善的"牺牲品"。血与泪的教训进一步昭示期货品种监管的重要性,故加强和完善品种上市机制是我国期货市场发展过程中的实践经验总结。

(二)我国期货新品种上市模式的发展历程

我国期货品种上市机制的运行和实施,从期货市场建立到现在历经30年的发展,一路坎坷,从无到有,从混沌到稳定,出现过盲目竞争的混乱时期,也经历过整顿治理阶段,最终一步一步探索和实践,不断变革发展和完善,不断丰富和健全期货品种体系,逐渐形成了中国特色的期货品种上市模式。这30年的探索与发展,可大致分为三个阶段:

1.我国期货品种上市的探索与混沌时期

在20世纪80年代之后,在经济发展的新形势下,我国开始对期货进行研究,着手建立期货市场。我国第一个期货交易市场是1990年建立的郑州期货交易所,代表着我期货市场迈出了第一步。在此之后,我国期货交易迅速得到发展,不断扩大,到1993年下半年,中国已经出现了50多个期货交易所。这一时期,新期货品种的上市基本决策权在期货交易所,由其决定期货品种能否上市。当时全国交易所众多,竞争激烈,加上对期货市场缺乏充分了解甚至存在错误认识,各种交易所在系统不完善、不能统筹安排的条件下盲目上市期货,各自争相开展某些品种的交易,引发了很多风险事故。盲目的高速发展导致中国期货市场曾一度陷入困境和混乱。[1]

2.我国期货品种上市整顿与调整时期

鉴于当时期货市场复杂混乱的情况,1993 年之后我国的期货交易进入了整顿时期。我国期货市场混乱的状况引起了国务院的高度重视,1993 年11 月,国务院开始对期货市场进行整合,主要做法为两种:一是缩减期货交易所,二是上收期货上市决定权。在缩减期货交易所方面,把我们国家原本的 50 个期货交易所裁减为 15 个试点期货交易所,而后又将其合并成上海期货交易所、大连商品交易所和郑州商品交易所。在期货上市决定权上收方面,为了阻止期货市场的盲目扩张,重点对期货品种上市制度做出调整和限制,收回期货交易所对期货品种上市的决定权,由国家严格把关审批期货品种上市,以解决期货市场品种盲目上市、后期监管不力、交易混乱的局面。国务院在 1998 年发布的《关于进一步整顿和规范期货市场的通知》,明确规定中国证监会可以根据市场需要调整上市品种。《期货交易管理暂行条例》作为我国第一部关于期货的行政法规,于 1999 年 9 月 1 日正式实施,该条例第十四条、第十七条对期货品种上市做出了明确规定,厘清了期货交易所与证监会的权力边界,根据该条例品种上市必须经证监会批准,而设计期货合约、安排期货合约上市的执行层面的具体细节问题,则交由期货交易所负责解决。[2]

---

[1]　黄运成、王海东:《推进期货品种上市的注册制改革》,《中国金融》2014 年第 10 期,第 14-17 页。

[2]　黄运成、王海东:《推进期货品种上市的注册制改革》,《中国金融》2014 年第 10 期,第 14-17 页。

其间,发生了"327"国债期货事件。① 当时,我国正面对通货膨胀的巨大压力,"327"国债事件暴露了当时我国期货市场存在的很多问题:发展中的新兴市场,风险控制制度的缺失、监管体系的不健全、政府行政色彩浓厚、监管形式单一、期货市场法律法规体系不健全等,考察调研与准备工作不充分,如推出某一新期货品种的现实条件是否具备、风险应对准备工作是否充分,这些问题的存在显示出我国期货品种上市机制的多项缺漏。此次事件引起了期货业界新的思考,迫使国家加快对期货市场进行整顿和监管,国家开始高度重视期货市场的完善和发展并着手调整各主体之间的职能和权责分配。经一蹶者长一智,今日之失,未必不为后日之得。虽然我国金融期货在这期间受到严重挫折,但是我国也由此进入休整与调息的阶段,我国养精蓄锐,不断修补制度漏洞,调整期货品种上市制度,促进我国期货市场逐渐稳定发展,期货品种上市制度也逐渐完善。

3.我国期货品种上市制度的稳定与发展时期

2007 年经过不断修改与论证的《期货交易管理条例》发布,该条例明文规定了"期货交易所管理期货品种上市,但应该报经证监会批准"这种在实践中形成并获得公认可行的机制(参见图 4.1 我国期货品种上市流程)。在此机制下,我国期货市场交易品种不断丰富,期货交易规模不断扩大。农产品、能源、贵金属等类型的 42 个期货品种应运而生。2010 年,中国商品期货

---

① 1995 年由上海万国证券公司、辽宁国发(集团)公司引起的国债期货风波。当时万国证券联合辽宁国发集团,成为了市场空头主力,而另外一边,中国经济开发信托投资公司(简称中经开),隶属于财政部,成为了多头主力。1995 年 2 月 23 日,财政部发布公告称,"327"国债将按 148.50 元兑付,当日,中经开率领多方借利好大肆买入,将价格推到了 151.98 元。随后辽宁国发的高岭、高原兄弟在形势对空头极其不利的情况下由空翻多,"327"国债在 1 分钟内涨了 2 元。这对于万国证券意味着 60 亿人民币的巨额亏损。万国为了维护自身利益,在收盘前八分钟时,做出避免巨额亏损的举措,大举透支卖出国债期货,做空国债。下午四点二十二,在手头并没有足够保证金的前提下,空方抛出 1056 万口、面值 2112 亿的卖单,以 147.50 元收盘,空方甩掉巨额亏损还盈利 42 亿。1995 年 2 月 23 日晚上十点,上交所在经过紧急会议后宣布:1995 年 2 月 23 日 16 时 22 分 13 秒之后的所有交易是异常的无效的。至此,万国亏损 60 亿。

交易首次超过美国,成为世界最大的商品期货市场。

图 4.1　我国期货品种上市流程

（①期货交易所将设计好的期货新品种报证监会批准上市;②证监会在审查批准过程应当征求国务院有关部门的意见）

在品种结构布局上,我国首先开始农产品期货交易,然后慢慢加入金属期货和其他产品。2010 年中国金融期货交易所推出了沪深 300 指数期货,期待已久的金融期货终于上市。金融期货的引入标志着中国期货品种由商品期货向金融期货的扩展,丰富了我国期货品种体系,使得投资者对冲股票市场投资组合风险有了新的金融工具,从更深层次来说,我国股指期货定价权的维护也迈出了第一步。① 值得一提的是,2013 年 9 月 6 日,我国新国债期货在中国金融期货交易所上市,这是在“327”国债事件 18 年之后,我国国债期货重新上市,对我国期货品种创新发展和体系完善具有重大突破意义。

我国期货市场成立数十年来,取得了长足发展,成效显著,特别是期货品种上市制度在国家政策的调整下得到了稳定的发展。伴随着我国期货市场的平稳发展和壮大,我国期货品种上市条件逐渐标准化、程序化、规范化、品种结构渐趋合理。

（三）《期货和衍生品法》第十七条关于品种注册上市的解读

根据前面的分析可知,此前的上市审批制过于严格,不能适应期货市场

---

① 新加坡推出 A50 指数期货之后,许多海外投资者优先选择使用该期货对冲投资大陆证券市场的系统性风险,国内投资者也有不少使用其对冲投资组合风险的,这意味着如果本国金融期货市场产品不足或欠缺,他国股指期货的推出会影响我国股指期货的定价权形成。韩乾:《金融市场需要更多股指期货》,《中国证券报》2015 年 3 月 25 日第 A12 版。

的快速发展要求,以及投资者的品种多样化需求,甚至会阻碍期货市场服务实体经济的深度与广度。本次《期货和衍生品法》立法的重大亮点之一就是第十七条的修改,因此,在《期货和衍生品法》施行后我国未来的期货新品种上市模式如何贯彻落实,需要对《期货和衍生品法》第十七条进行准确的解读,重点针对当前《期货和衍生品法》确定的注册制上市模式下期货期权合约上市标准进行分析。

相较于《期货交易管理条例》第十三条关于期货品种采取审批制的相关规定,本条以基本法的形式对期货期权合约品种上市的条件予以明确,即具备经济价值、不易被操纵以及符合社会公共利益三项标准。以下主要针对本条所提出的三大标准进行解读:

1.具有经济价值

经济价值是指一项商品或服务的价值表现,它反映了市场价格水平以及交易者的购买意愿,通过经济价值可以衡量一项商品或服务的实际价值。期货期权合约也是一种商品,其价值可以通过经济价值来衡量。

那么应该如何评估期货期权合约的经济价值? 首先是投资者的需求。从市场需求的角度检查,期货期权合约是否具备投资价值,是否能满足投资者对套期保值和投资获利的需求;其次,市场资源的配置。从市场资源的角度考察,期货期权合约新品种的上市是否有利于合理分配市场资源,确保市场的有效运作;再次,市场价格的稳定。从市场价格的角度考察,期货期权合约上市后是否能够保持市场价格稳定,不发生异常波动,确保交易安全;另外,市场发展的可行性。从市场发展的角度考察,期货期权合约是否具有可持续发展的前景,是否能够满足投资者长期投资的目标。

具有经济价值对期货期权合约上市的重要性毋庸置疑。期货合约品种和标准化期权合约品种应具有较高的经济价值,以保证市场交易的有效性和合理性。经济价值标准对期货期权合约的上市至关重要,它不仅可以确保期货期权合约上市的安全性,还可以确保市场的公平性,保护投资者的利益。

首先,经济价值可以保证上市期货期权合约的安全性。在评估期货期权合约的经济价值时,可以考虑其市场需求、市场潜力、市场竞争情况等因素,这些因素能够反映期货期权合约的真实价值,有助于避免市场上出现不实信息或虚假宣传,从而保证期货期权合约交易的安全性。其次,经济价值可以保护投资者的利益。期货期权产品具有经济价值,投资者参与交易才有可能实现其或套期保值或投资获利的投资目的,是维系投资者市场信心的关键,没有经济价值的产品注定不会被投资者青睐,也无法确保市场的公平性,自然会被市场淘汰。再次,经济价值可以促进市场健康发展,能够有效地防止市场上的不良行为及操纵行为的发生,从而维护市场的稳定。最后,经济价值可以更好地提高期货期权合约的质量,能够有效地促进市场的公平竞争,保证期货期权合约的上市具有合理性,从而更好地服务于投资者。

因此,在注册申请上市时,应当提交申请者在期货市场的实力和有关合约的风险把握能力的证明,以及有关的市场影响的分析,以确保期货期权合约品种的经济价值。

2.不易被操纵

市场操纵,又称为市场操纵行为,是指投资者或者市场参与者为获取非法利益而违反公平交易原则,运用法律禁止的操纵手段改变市场交易秩序,破坏市场公平性,达到不正当的经济利益的行为。

常见的市场操纵的手段包括:投机、拉涨拉跌、利用短线高折价卖出、做空、恶意抛盘等。市场操纵的行为会直接影响到期货期权合约市场的正常运行,这样一来,市场的价格就不会反映实际的供求关系,也就无法提供给投资者指导投资的决策参考,也会影响到投资者对市场的信心。而且,市场操纵还会影响市场的稳定,如操纵者利用期货期权合约的上市,扰乱市场秩序,破坏市场稳定性;此外,市场操纵还会削弱期货期权合约市场的效率,影响市场的资源配置,损害社会经济的发展。

那么如何评估期货期权合约是否容易被操纵?评估正在申请上市的期货期权合约在上市后是否容易被操纵,可以通过以下几个步骤来评估:首先是了解市场,这一步包括了解期货期权合约上市市场的基本情况,包括市场结构、参与者、投资者的风险偏好等。其次是分析市场参与者,通过分析参与者的规模、结构、资金来源、操作策略和信息披露情况等,以确定市场状况是否容易被操纵。再次是评估交易规则,通过评估交易规则、报价机制、报价精度、交易量等,以确定是否存在交易者利用特定交易手段操纵市场的可能性。最后是分析监管制度,考察监管机构对市场操纵行为的监督和处罚机制,以判断市场是否容易被操纵。通过上述步骤,有助于分析正在申请上市的期货期权合约在上市后是否容易被操纵。

不易被操纵是市场规范发挥作用的重要保障。不易被操纵是期货期权市场品种上市的重要标准,它有效地防止了市场上的不良行为及操纵行为的发生,保护了投资者的利益,有利于建立一个公平、公正、有序的市场环境,并从根本上促进了市场的健康发展。

期货合约品种和标准化期权合约品种应具有较高的不易被操纵性,以确保市场的公平性和保护投资者的利益。不易被操纵标准的确立,在期货期权合约品种上市前就要充分预测评估,可为期货期权市场的发展增加规范性,从而有效地防止市场的恶性循环,维护中小投资者的合法权益。而且,不易被操纵标准也有利于期货期权市场发展的稳定性,因为它可以有效地防止市场上的操纵行为和投机行为,从而确保期货期权市场的正常运行和可持续发展。另外,期货期权市场的运行离不开健全的市场体系,而不易被操纵是建立健全市场体系的重要保障,是维护市场公平秩序的重要法律制度,是建立健康、良性的市场环境的基础性标准。

要确保产品不易被操纵,首先要建立健全相关的监管机制,确保期货市场的稳定,加强期货期权市场的监管,防止市场出现异常波动;其次,要建立有效的风险把控机制,加强市场监管,确保品种不易被操纵。最后,要求期货交易场所对期权合约品种的投资者准入和投资者保护制度加以严格规范,以避免投资者因操纵行为而受到损害。

3.符合社会公共利益

社会公共利益是指社会共同的、长远的利益,它涵盖社会发展中的经济、文化、科技、教育、环境等方面的利益。它的最终目的是创造一个更有效率、更稳定、更公平、更可持续的社会环境。

社会公共利益标准对维护金融市场稳定至关重要,那么如何评估期货期权合约是否符合社会公共利益? 衡量一项正在申请上市的期货期权合约新品种是否符合社会公共利益,需要从多角度出发进行考量。首先是检查合约内容,对于申请上市的期货期权合约,要检查其对应的基础资产,确定其是否符合有关法律法规的规定,是否违背社会公序良俗,是否有足够的透明度,以及其设置的权益是否符合投资者的利益。其次是在市场规模方面对其进行评估,了解这一合约是否具备足够的市场支撑和潜在投资者。再次是在投资风险方面进行考量,要考虑此期货期权合约可能带来的风险因素,分析申请上市的期货期权合约对相关市场的影响,确定其对市场的稳定性是否有利,确保它能够带来真正的社会公共利益。最后是评估其对信息公开程度,这一点主要是为了评估该期货期权合约的投资者是否能够获得足够的信息披露,以及是否明确了投资风险,以便对该品种产生足够的理解和把握。

社会公共利益原则对期货市场行稳致远不可或缺。根据法律规定,期货期权新品种上市需要符合社会公共利益这一基本原则,这意味着新品种上市需要经过充分审查,以确保期货期权合约新品种的上市符合社会公共利益的要求。

首先,社会公共利益标准能够有效地限制违禁的品种的上市,从而减少市场上不良品种的传播,防止市场的投机行为;其次,社会公共利益标准可以确保期货新品种上市的合理性,着重考虑合约市场的经济效益及社会效益;此外,社会公共利益标准能够督促有关部门通过实施严格的监管政策,加强对市场参与者的监督,减少对市场稳定的不良影响,帮助建立健全市场监管体系;最后,社会公共利益标准还可以强化市场参与者的道德和法律意识,保障投资者利益,以确保市场公平公正,有助于维护金融市场的稳定发展。

为此,社会公共利益标准要求上市申请人积极披露期货期权合约新品种相关信息的客观性和准确性,及时向投资者更新有关上市合约的相关信息,使投资者能够更准确、更及时地掌握相关信息,以便作出正确的投资决策。

三、我国期货品种上市法律制度的具体设计

在宏观上确立期货品种上市模式的基础上,还需要结合审批制期货品种上市中存在的各类法律问题,对品种注册制上市各项具体制度进行完善。

(一)我国期货品种审批制上市制度的经验与教训

在我国审批制上市模式的实践中,期货品种的上市在程序上首先是通过期货交易所的反复研究和审查,然后要征求证监会、国务院、国家相关部委、现货部门和有关地域辖区意见。国务院在综合各方面的意见后作出同意或者不同意的批示。从审批流程来看,其中的任何一个环节或部门,由于各种原因都可以提出反对意见,可能导致某一品种将无法顺利面世,面临搁浅甚至会夭折的命运,不仅如此,一套完整程序走下来耗时很长,往往需要

历经几年,效率受到极大的影响。总体而言,我国之前的新品种上市制度对市场需求重视不够。这反映了期货市场对品种的实质需求与政府的主观干预之间的矛盾。

如前所述,我国商品期货市场已经进入规范监管阶段,出台了一系列风险控制措施,但现行监管法律制度仍存在诸多不足,特别是随着期货市场的发展、对外开放的加强、转型阶段新形势的出现以及金融科技的推动,不少既有制度已经表现出明显的不适应性。在发展态势方面,我国期货市场呈现出相对良好的趋势。近年来,随着"保险+期货"助力"三农"发展、上海国际能源交易中心以及期权市场的建立,期货品种的上市速度在进一步加快,品种进一步扩容。但是,我们不应忽略的是,我国期货市场发展增快的品种扩大需求与期货市场存在明显的品种上市滞后形成鲜明的反差,当前上市程序繁琐、耗时长、效率低,我国应积极寻求突破,对期货品种注册制上市制度进行探索和改革。

1.期货新品种上市干预较多,流程复杂

在审批制下,期货品种上市过程中,仍存在品种上市干预较多、流程复杂的现象。在任何国家,风险控制都是期货市场永恒的话题。期货品种是期货市场风险产生的根源,品种的选择是否得当,合约的设计是否合理都直接地决定着潜在的风险大小。[1] 在《期货和衍生品法》出台之前,《期货交易管理条例》明文授权证监会负责期货品种上市、中止、取消或者恢复的审批工作,但实践中,新品种上市审批过程中,证监会并不具备完全的自主权。一个新品种的上市,除了需要经过证监会的审批外,往往还需征求发改委、商务部、现货商品的主管部门和相关企业,以及主产区的相关部门的意见并取得同意,然后还要向国务院报批,最终的决定权仍然掌握在国务院手中,证监会很难独立决策。就品种上市程序来说,并非干预越多越好,我国曾实

---

[1]　李慧鹏:《期货品种开发研究》,首都经济贸易大学硕士论文,2006,第34页。

行的严格的审批制已经暴露出很多问题。

　　这种严格审批的做法至少有如下不足：第一，审批时间漫长。以我国原油期货为例，筹备工作将近 4 年，直到 2014 年 12 月原油期货才正式获得批准。从 2013 年上海国际能源交易中心的设立，到 2015 年 3 月该中心就 4 大业务规则发布首批征求意见稿①，再到 2018 年 3 月 26 日原油期货正式上市交易，历时近十年。在 2019 年红枣期货上市时，虽审批周期有所缩短，但仍然有 2 年之久。②

　　第二，法规的权威性受到损害。1998 年《国务院关于进一步整顿和规范期货市场的通知》（国发〔1998〕27 号）在"取消部分商品期货交易品种，提高部分商品品种的期货交易保证金"中已明确，"今后，中国证监会可根据市场需要调整上市品种"，这一精神在 1999 年版《期货交易管理暂行条例》第十七条中作为正式法条予以规定与固化。如果仍然采取清理整顿期的陈旧做法，新品种上市需要国务院最后定夺，就会出现法规适用冲突，减损法规的权威性。

　　第三，批准的不确定性致使期货交易所创新动力不足。在国外，一个新期货品种的上市研发费用巨大③，我国期货交易所的开发费用投入与国外相距甚远，有限的开发费用如何用到刀刃上就成为期货交易所最关心的问题。由于实行严格的审批制度，产品开发后未来命运尚难确定，如果前期的投入

---

① 2015 年 3 月上海国际能源交易中心发布的首批 4 大业务规则为：《上海国际能源交易中心交易规则（征求意见稿）》《上海国际能源交易中心会员管理细则（征求意见稿）》《上海国际能源交易中心境外特殊参与者管理细则（征求意见稿）》《上海国际能源交易中心信息管理细则（征求意见稿）》。

② 红枣期货是郑商所上市的第 13 种农产品期货，也是我国首个干果类期货品种。郑商所在 2017 年 4 月 7 日召开了第一次红枣期货合约规则论证会，到同年 4 月 25 日再次举办红枣期货合约规则论证会对《红枣现货市场研究报告（初稿）》的内容及相关制度进行论证，直至 2019 年 4 月 24 日，郑商所公布了红枣期货合约及相关业务规则修订案，最终在 2019 年 4 月 30 日上午九点正式上市。

③ 芝加哥商业交易所平均每个品种的开发费用为 200 万美元，每年要推出四五个新品种，这样，该交易所每年在新品种的研发方面要投入 800～1000 万美元。薛卫、赵丽：《对我国期货品种创新的研究》，《辽宁经济》2004 年第 5 期，第 60-61 页。

难以收到预期的效果,则期货交易所开发产品的积极性不高,动力不足。

2.期货新品种上市的标准有待进一步明确

商品期货品种上市需要符合什么条件,这直接关系到品种的甄选、品种上市是否可行、能否成为活跃商品、能否担当起价格发现与套期保值的功能。因此,上市标准是品种上市机制设计中的核心与关键问题,但目前的法律有关上市标准的规定并不十分明确。现行法律法规缺乏明确的上市标准,尤其是在期货市场对外开放以及实施"保险+期货"的进程中,境内特定品种期货、期权产品已经在我国诞生,目前期货市场的品种分布已经不再是普通商品期货与金融期货,期货品种的不断丰富需要期货新品种上市机制的完善,而现有法律规定对此类期货如何上市并未给予足够重视。

首先,从体系来看,《期货交易管理条例》缺乏期货上市的专章规定。该条例全文有 5 处提到"上市"一词,分别分布在条例的第二章"期货交易所"(第十、十二、十三条)、第四章"期货交易基本规则"(第二十七条)、第六章"监督管理"之中,分布章节较散,欠缺系统性立法逻辑。其中,第十、十二、十三条规定的是我国期货上市时各个主体的权限分工,第二十七条仅涉及对上市品种交易运行中的即时行情进行发布的具体要求,第四十六条规定的是证监会对品种的上市行使监督管理权,以上这些内容皆与期货品种上市的标准无关。在证监会颁布的指引中,2010 年 6 月证监会期货一部制定了《期货交易所业务活动监管工作指引第 6 号——关于期货交易所新品种研发和上市工作指导意见》,该指引提到了上市新品种应当具备 4 个条件,如市场化程度高,易于标准化,现货交易量大,风险可控。但这些标准仅考虑到普通期货品种上市的特点,无法满足境内特定品种期货、金融期货上市的要求。

值得注意的是,在国家乡村振兴战略指引下,我国致力于扩大"保险+期货"试点并且支持重点领域特色农产品期货期权品种上市,更需要明确上市的标准,以便从众多的农产品中筛选出适合开展"保险+期货"试点的农产品类型,助力乡村振兴,提高农民收入。从红枣期货的上市来看,红枣期货上市之前,中国证监会期货监管部、郑商所农产品部多个部门联合期货公司以及我国红枣产业龙头企业,对新疆特色农产品现货市场多次进行实地考察,展开了一系列理论论证,最终认为红枣可以上市的优势在于:有大量的现货市场(我国目前红枣产量约为 500 万吨),易于储存和运输,方便大宗商品进行交易,而且具备标准化的条件。[1] 红枣期货的上市流程值得我们进一步发扬,今后此类农产品期货品种的推出,都可以借鉴红枣期货的上市模式,以使得上市模式制度化、规范化,有计划地进行。

在实践中,期货交易所对期货品种上市的设计,往往经过多方论证,多次讨论研究,根据国家政策倾向着手品种开发,尚没有一份明确具体的规范性法律文件规定期货品种上市的具体标准和应该遵循的要求及原则,以及上市标准的制定应该遵循的依据和程序。如此一来,期货交易所在设计期货上市过程中可能会出现品种开发标准不规范不统一的情况,并且对于新期货品种的开发,如若没有一个具体明确可操作的上市标准,不利于期货品种的全方面开发与创新,不利于构建完整的期货品种体系。

3.缺乏具体的上市审批程序

金融法是程序法与实体法的统一[2],期货品种上市监管法律制度也不例外。期货品种上市,需要遵循何种程序、审批时限为多长,这些直接决定着品种上市的速度与效率,在期货立法时是不可绕开的法律问题。

《期货交易管理条例》第十三条笼统地规定了证监会批准期货交易所上市新的交易品种,应当征求国务院有关部门的意见,但征求的部门是谁,具体答复依据、时间与程序,否决意见的法律后果均不得而知,不可避免产生

---

[1]　周璐璐:《红枣期货诞生:保"价"护航产业链》,《中国证券报》2019 年 5 月 6 日第 A06 版。
[2]　岳彩申、盛学军:《金融法学(第二版)》,中国人民大学出版社,2015,第 14 页。

品种审批的随意性、低效率与不确定性。就整个审批机制而言,审批的步骤和程序都存在漏洞,缺乏科学性。在审批程序不甚明了的情况下,目前我国一个期货品种上市需要历经几年的时间,等待期过长。这种仅仅重视权限分工,忽视具体程序的做法亟待扭转。

此外,期货新品种上市审批过程繁琐,运行效率低下。以我国红枣期货上市为例,从2017年4月提出到2019年4月上市,历经2年。其中,不排除我国特殊的期货品种上市模式下存在行政力量过强,导致期货市场的运行效率下降的问题,但不可否认的是,在每个环节的操作过程中,各个部门之间或者部门内部之间常常存在重复检查,部门内部还要从低到高进行逐级审查,这样的审批程序无法保证审批环节的透明性和规范性,在批准与否和时间长短之间有各种可能性,极易造成时间拖延的问题。如此种种大大增加了上市期货品种的复杂性和难度,行政因素过强,市场力量被抑制,降低了工作效率,抑制了期货市场的活力。①

(二)我国期货品种注册制上市法律制度落地的具体对策

幸运的是,《期货和衍生品法》采用专条对期货品种上市模式,中止上市、恢复上市、终止上市,上市标准等做出了规范。不可忽视的是,期货期权合约品种注册制上市制度的实施,需要《期货和衍生品法》配套的规定和相关政策的支持。当前,《期货和衍生品法》有关期货品种上市配套制度尚待出台,导致期货期权合约品种注册制上市制度的落实仍显困难,从而影响到期货期权市场的稳定发展。因此,应当加强对下位法的完善,规范期货期权合约品种注册制上市制度,确保市场的稳定性和公平性。

为了达到这一目标,必须根据我国期货市场的基本国情,因期货品种而异,构建系统的上市制度。今后期货品种上市时,应在政府多大程度上干

---

① 胡连恩:《改善期货品种上市机制》,《中国金融》2013年第16期,第75页。

预、采用何种标准、上市程序如何规范等方面着力改善。

1.合理界定政府与市场在品种上市中的作用边界

政府与市场是作用于期货市场运转的两手力量,而其作用边界在期货品种上市中务必予以明确。我们认为,注册制的实施,绝不是意味着完全把期货上市交给市场,在期货品种上市时,应当尊重市场规律不假,但是绝不能全盘否认政府指导的作用,政府在期货期权合约注册制上市模式新常态下可以更好地简政放权,因此,政府作用的边界依期货品种不同、风险差异大小、投资者类型差异应有所不同。

应该说,市场化原则是期货品种上市的首要原则。所谓市场化原则,是指期货品种上市时,应以提升产业服务能力和配合资源性产品价格形成机制改革为重点,贯彻市场在资源配置中起决定性作用的总方针,确定拟上市的新期货品种。早在 2014 年《国务院关于进一步促进资本市场健康发展的若干意见》(简称"新国九条")中就提到要"坚持市场化和法治化取向","紧紧围绕促进实体经济发展,激发市场创新活力",并以其为指导思想提出了未来资本市场建构的蓝图。无论是国外期货上市的成功经验,还是国内期货市场改革的总体要求,都已提示市场的力量在期货品种上市时不容忽视。

从国外经验分析可以得知,无论是实行核准制的美国,还是注册制的英国,抑或推行实验上市的日本,都充分尊重期货市场运行规律,注重市场调节手段的合理运用。

从我国现有政策法律的大环境来看,市场化原则符合国家的方针政策。早在 2004 年国务院发布的《关于推进资本市场改革开放和稳定发展的若干意见》(国发〔2004〕3 号)中,就提出了"建立以市场为主导的品种创新机制",2014 年国务院新"国九条"又特别提到要"推进证券期货监管转型",要求做到:"依法规范监管权力运行,减少审批、核准、备案事项,强化事中事后监管,提高监管能力和透明度。支持市场自律组织履行职能。"可见,国家对资本市场的顶层设计已经明确市场化改革的基本方向,需要在今后的法律中予以稳定与固化。

市场化原则从某种意义上讲,就是要处理好政府与市场的关系。尊重市场规律,依据市场规则、市场价格形成机制、市场竞争实现效益最大化和效率最优化,政府监管要科学、要适度,这是产品上市应该坚持的方向。从期货市场运行情况来看,目前我国推行注册制是市场功能发挥的需要,是加强交易所竞争的需要,是应对国内外竞争的必要举措,而且制度实施具有可行性:如市场运行条件、制度基础已经具备。[1] 可以适当放开监管,减少行政干预,确立市场化主导的原则。根据证监会的统计,我国商品期货交易量曾连续5年居全球首位,目前,商品期货市场较为活跃,对品种创新的速度与效率提出了更高要求,因此,冗长的审批程序会束缚期货市场的发展。而对于金融期货和新近产生的境内特定品种期货,鉴于其风险较大,投资者对其熟悉程度并不高,而且交易规则、投资者开放程度不一致,政府作用的空间应大于普通商品期货。因此,政府与市场作用的边界,不能一概而论,而应依据产品特点、交易规则、风险大小、投资者类别,合理划出二者发生作用的空间。与政府监管相对应,还需要明确期货交易所的权力和具体职能,赋予其上市调查、合约设计与上市后合约修改等权限。只有政府监管和市场互相影响和作用,形成良性互动,才能充分发挥期货品种上市制度对期货市场发展的能效。

2.细化期货品种上市标准

在美国,《商品期货交易现代化法》规定了商品期货上市的核心标准,要求具备现货交易基础并且流通量大,确保市场存在相当数量的套期保值者。同样,英国伦敦金属交易所商品上市规则也要求具有数量较多的现货供应商,以防止市场操纵。英、美这些经验值得我国参考。

---

[1] 黄运成、王海东:《推进期货品种上市的注册制改革》,《中国金融》2014年第10期,第14-17页。

我国期货法律法规应该直接、具体设定新期货品种上市的条件,明确交易所可以对于符合什么样条件下的期货期权品种的上市申请予以通过。应注意的是,期货上市制度需要充分结合我国的实际情况,在期货基本法律配套制度不完善的背景下,实践中还面临金融基础设施待完善、投资者还不完全成熟、企业使用金融产品的水平不高的现实困境,所以,期货品种的选择更要仔细地斟酌与考虑,上市过程不应该过于简化,完全脱离政府监管是不可取的。

目前,我国《期货和衍生品法》仅原则性地规定了期货期权新品种上市的三大标准,没有法规规章对其进行细化,配套规定也仅 2010 年证监会期货一部制定的《期货交易所业务活动监管工作指引第 6 号——关于期货交易所新品种研发和上市工作指导意见》对期货品种上市机制进行规范,该指引虽提及上市新品种应当具备 4 个条件,但文件效力太低,且冠以"指导意见"一词,严重减损了其执行效力与约束力,难以收到预期的法律效果。

由于商品期货与金融期货自身产品特征、风险分布、上市条件有较大差异,宜区分为两种类别,分别确立上市标准的细化规则,以下重点对经济价值标准进行探讨。

(1)商品期货上市明细标准。在我国,无论是普通商品期货品种还是境内特定期货品种上市,都应界定上市条件与标准。就具有经济价值而言,立法时,建议区分一般条件与特别条件。其中,一般条件适用于普通的商品期货;特别条件是境内特定品种期货上市的附加条件。

①品种上市的一般条件。所谓一般条件,是指无论哪种商品期货,都要求具备的基本条件,具有广泛适用性和全面覆盖性。一般而言,要求拟上市的期货品种具备如下商品属性:

其一,适宜储存。由于商品期货的现货商品为实物形式,如果是农产品还具有保质期,要实现套期保值与实物交割,必须满足商品在持有期间品质上不发生腐烂变质,数量上不减少不损耗的条件,这样才能实现远期交易。

其二,具有同质性。每一份期货合约都是标准化的,其质量等级能清楚无误地进行划分。该商品具有官方或行业普遍认可的质量标准体系,才符合期货交易的要求。如果产品差异过大,划分等级、标准化管理就会显得艰难。

其三,价格波动频繁。价格波动是促成期货市场套期保值者与投机者加入的重要原因。对套期保值者来说,价格波动是其锁定成本,防范风险的重要动因;对投机者来说,价格波动才有赚取价差的可能性。Telser(1981)认为价格变动是某种商品是否适宜进行期货交易的重要评价指标。[①] 因此,价格由市场形成,波动频繁是其上市必不可少的条件。反之,如果商品由政府定价,价格接受管制,对市场供求信号反应不灵敏,则该类商品即使上市,因为不需担心未来价格变化使得产品无人问津而搁置,甚至"打入冷宫",从而蜕化为"僵尸品种"。

其四,拥有良好的现货基础。活跃的现货市场具有如下特征:具有充足的货源,大量交易者的加入,供求基本面作用力强,从而保证套期保值者的数量与套利交易的可能。同时,市场参与者多,操纵市场的机会就会锐减,期货市场发现价格的功能才能凸显。

②品种上市的特别条件。境内特定品种期货除具备上述上市的一般条件外,还应具备下列特别条件(或附加条件):

首先,对外依存度高。越是对外依存度高的商品期货,其价格全球联动性越强。所以,要在国际定价中发挥力量,要提高国际认可度,投机者必须来自世界各地,交易规则适应全球交易。以我国第一个境内特定品种——原油期货为例,中国原油供应主要依靠进口,进口依存度达59.6%,据统计,中国原油进口量从2000年的0.7亿吨上升到2014年的3.1亿吨[②],成为国际

[①] Lester G. Telser, "Why There Are Organized Futures Markets?", *Journal of Law & Economics* 24, NO.1 (1981):1 - 22.

[②] 张寿林:《原油期货:酝酿良久的国家战略》,《中国金融家》2015年第8期,第112-113页。

上原油进口第一大国,但当时中国对世界原油价格几乎没有影响力,在定价上处于被动状态,亟待借助国际化的期货市场扭转这种不利局面,形成中国对国际原油市场的影响力。

其次,现货生产、消费、出口量大。出口量大的商品,外国相关企业对我国该期货产品的投资与保值需求迫切。如 PTA 期货,我国是世界最大的 PTA 生产、消费和进口国,所以我国率先推出了 PTA 期货。由于其他国家目前还没有 PTA 期货品种,有需求的境外现货商只能参与我国的 PTA 期货交易,而欧美相关市场和企业早已关注我国的 PTA 期货价格。更重要的是,我国聚酯产业因为具有主场原料的定价能力,在国际贸易的谈判中便多了一个重要筹码。PTA 作为聚酯原材料,80%都来自中国,作为石化产业的终点和纺织产业的起点,PTA 期货价格不仅关系到上游石化产品的定价,还关系到下游纺织产品的定价,这对我国整个纺织产业具有深远意义。[1] 因此,可以依据对外依存度、现货原产地、出口量大这些条件,来确定可上市境内特定期货品种的范围。

（2）金融期货上市标准。就目前来看,依据基础资产不同,我国有两类金融期货,一为股指期货,二为国债期货。鉴于两类期货品种基础资产大相径庭,我们认为,应当分别确定上市标准。

①股指期货上市标准。股指期货上市应当具备以下条件:首先,股票指数的选取应具代表性。例如,沪深 300 股票指数在决定哪些股票入选时,充分考虑了规模是否较大,流动性是否较好,依据这一标准,招商银行、宝钢股份、万科 A、贵州茅台、上海机场等优质成分股名列其中。其次,选取的股票具有同类性。比如中证 500 股指期货,选取的是我国 A 股市场中小市值公司的股票。其样本股票的选择,一是从全部 A 股中剔除沪深 300 指数成分股及总市值排名前 300 名的股票,二是对剔除后的股票市值重新排名,选取

---

① 　韩乐:《PTA 期货国际化备受期待》,《期货日报》2015 年 12 月 7 日第 3 版。

总市值排名靠前的 500 只股票。再次,选取的股票应具有一定的覆盖面。就沪深 300 股票指数而言,300 只股票不仅覆盖了上海、深圳两大证券市场,而且股票分布也较为科学,如沪市、深市分别有 179 只、121 只样本,更何况其指数样本覆盖了沪深市场六成左右的市值,其市场代表性是不言而喻的。最后,股指期货品种结构具有互补性。[①] 如果说沪深 300 股指期货反映的是大型上市公司的股票成分,那么中证 500 股指期货其成分股则代表的是中小上市公司。如此一来,既有利于促进股指期货市场指数的多元化发展,也能满足金融期货市场互补发展的要求,对投资者个性化投资需求也能给予及时的关注。

②国债期货上市标准。从根本意义上来说,国债期货属于利率期货。[②] 国债期货缘何首次上市失败,又为何能够重新上市,需要我们揭开国债期货的"神秘面纱",探寻其背后的法律背景与疑难点。

首先,利率市场化改革是国债期货上市的首要条件。国债期货以国家债务凭证作为标的资产,而国债是设置利率与期限的金融商品,因此,国债期货是典型的利率期货,其能否成功上市受利率市场化程度影响很大。回首 1995 年"327"国债期货事件,虽有政策、政府监督管理、投机因素、国债现货数量等多重不利因素影响,但不容忽视的是当时利率尚未市场化。如前所述,商品期货上市需要价格波动频繁,避免政府定价;同理,对于利率期货,如果利率锁定在某个固定水平,则国债期货即使推出也难以发现价格。故此,学界有"首推国债期货因缺乏利率市场化条件而失败,重推国债期货因便于利率市场化而产生"一说。[③]

肇始于货币市场的利率市场化改革,从存款与贷款利率的有序、渐进式

① 宋亚:《上证 50、中证 500 股指期货上市》,《甘肃金融》2015 年第 5 期,第 4 页。
② 贺强、辛洪涛:《重推国债期货与我国利率市场化互动关系研究》,《价格理论与实践》2012 年第 2 期,第 9-11 页。
③ 贺强、辛洪涛:《重推国债期货与我国利率市场化互动关系研究》,《价格理论与实践》2012 年第 2 期,第 9-11 页。

放开到 1999 年后以招标、拍卖方式发行国债,利率市场化步伐逐渐迈开,为国债期货的出台提供了便利可行的条件。① 至于国债期货的出台,需要利率完全市场化还是可以在市场化进程中推出,国外期货市场的成功经验已经给了我们答案。虽然英国、德国、澳大利亚、韩国是在实现利率市场化之后出台国债期货,但美国和日本却是在利率市场改革进程中就推出了国债期货,尤其是美国推出国债期货与利率市场化改革完成之间有十年之差。②

其次,国债现货市场规模。以 5 年期国债期货合约为例,上市时间为 2013 年 9 月 6 日。从当年国债发行规模来看,比 2012 年增加 4 期,发行量近万亿。③ 具有活跃的、有一定规模的现货市场是期货市场运行的必备条件,这将决定投资者的数量、期货产品的活跃度、风险管理的需求与必要性。作为全球第三大债券市场,我国国债存量充足,发行规范、稳定,具有雄厚的现货市场基础。④

最后,国债期货品种结构的互补性。从国债种类来看,有短期的,也有中长期的,利率因品种不同差异较大,一般长期国债利率要高于短期国债。与此相对应,5 年期国债期货对管理 5 年期国债具有风向标的作用,但是并不能反映 2 年与 10 年国债利率变动趋势,单一的国债期货品种不能满足各类投资者对冲风险的要求。

(3)期权上市标准。目前我国期权品种包括商品期权和金融期权。截至 2020 年 12 月,我国已上市期权 19 个⑤,其中郑州商品交易所 6 个、大连商品交易所 7 个、上海期货交易所 5 个、中国金融期货交易所 1 个。期权品种

---

① 艾蔚:《我国利率市场化的发展呼唤国债期货的推出》,《上海管理科学》2004 年第 3 期,第 46-47 页。

② 中国金融期货交易所国债期货开发小组:《国债期货上市与利率市场化改革》,《债券》2013 年第 7 期,第 30-33 页。

③ 王丹:《2013 年国债发行或破万亿》,《北京商报》2013 年 1 月 21 日第 B2 版。

④ 何曼骆:《10 年期国债期货上市,完善国债收益率曲线》,《中国金融家》2015 年第 5 期,第 114-115 页。

⑤ 这里统计的期权品种仅指在我国期货交易所交易的期权,不包括在证券交易所交易的指数期权。

涉及农产品、金属、能源化工、股指等领域,品种体系日趋完善。但值得注意的是,我国期权市场起步较晚,2017 年被誉为期权元年,正由于期权交易时间不长,投资者对期权产品不太熟悉,对期权上市也需持谨慎态度,要仔细考察市场行情。与期货品种上市相区别的是,期权上市是对原有期货交易进行机制创新,涉及品种范围为期货交易所已上市的期货品种①,换句话说,期货上市是期权上市的前提,那么,对于期权何时上市,有没有必要推出对应的期权品种,若是要上市期权需要考虑哪些因素呢?

首先,该期货在市场上的活跃程度和成熟程度。我国较早推出的农产品期权为豆粕期权和白糖期权,为什么这两个品种会从众多商品期货中"脱颖而出"呢? 从当时的成交情况可见一斑,据 2015 年全球农产品期货的成交量数据,豆粕期货约为 2.7 亿张,排名第一;白糖期货成交量约为 1.9 亿张,排名第三。从趋势来看,豆粕期货和白糖期货的成交量近三年的数据显示逐年递增,俨然成为商品期货市场的主力军。② 就期货上市交易时间来看,豆粕与白糖期货分别于 2000 年、2006 年上市交易,经历过市场的考验与投资者的谨慎选择,目前仍有较大的交易量与规模,充分证明了这两个期货品种的活力以及相对成熟。与此同时,市场结构的稳定与法人客户的持仓比例都加速了相对应期权推出的进度。正因此,这两种期货推出期权的时机业已成熟。

其次,该期货场外期权发展的情况。场外期权交易量越大,说明市场对此期货场内期权的需求越迫切。由于场内期权产品的缺位,交易者不得不退而求其次,选择场外期权对冲风险。从近年来农产品"保险+期货"试点来看,最初期权产品单一,保险公司与期货风险管理公司子公司的对冲协议大都以场外期权形式签约,之后再以"期货复制期权"的形式到场内对冲风险,

---

① 王学勤:《上下求索"期权梦"(上篇)——为商品期权诞生而作》,《期货日报》2017 年 3 月 6 日第 3 版。

② 吴洁:《商品期权元年来了》,《小康》2017 年第 24 期,第 64-65 页。

但此种方式使得交易成本增加,对冲环节繁琐。因此,透过场外期权这个窗口,反观场内期权的市场需求情况,可为场内期权的上市可行性增加一道新的筹码。

最后,期货市场服务实体经济的现实需求。期货市场以发现价格与套期保值为己任,针对实体经济发展的需要,适时推出新的品种,满足实体企业或个人避险的需求。有学者认为"期货市场具有服务实体经济的天然基因"①,而期权在期货这一产品基础上,更能拓展期货业服务实体经济的深度与广度②。因此,在供给侧,期权产品如何提供,不能视市场需求于不顾,恰恰相反,应该随时关注实体经济的动向,关注实体行业需要什么样的产品。继期货业协会发布《期货经营机构服务实体经济行动纲要(2017—2020)》之后,2017年10月10日又发布了《关于期货行业履行脱贫攻坚社会责任的意见》,提出要探索服务"三农"新模式、助力产业结构调整与企业转型,这既是服务实体经济的指南,也是开展产品上市工作的指导思想。

具体来说,要对现有期货品种进行全盘摸底,现阶段哪个需要推出期权产品,迫切程度如何,现实条件是否具备,有无生命力,需要综合考虑全面研判,才能上市既有竞争活力、又是现实所需的期权产品,确保期权产品上市进程有序推进。

3.优化期货新品种上市注册程序

金融监管程序是金融监管主体实施监督行为应当遵循的法定时间、空间的步骤和方式。"金融监管作为一种典型的经济法制度,表现出融实体法规范与程序法规范于一炉的理论自足性"③,有学者指出"程序规则的重要

---

① 王欣:《期货市场具有服务实体经济的天然基因》,《西部皮革》2019年第2期,第51页。
② 赖明潭:《用期权拓展服务实体经济的深度与广度》,《中国证券报》2017年2月20日第A06版。
③ 张守文:《经济法理论的重构》,人民出版社,2004,第536页。

性其实并不亚于权义结构"[①]。期货品种上市程序关系到期货上市的效率,程序问题既是对期货监管机构权力行使的规范,也是权力约束的体现,没有程序保障的品种上市机制是不完善的。

在期货品种上市程序中,首要的是审批、核准或注册期限的问题,国外素来比较重视。从美国来看,芝加哥商业交易所(CME)2000 年新上市期货产品 15 个,此后 11 年平均每年上市新品种达 83 个,其中 2009 年最多,为 241 个。[②] 可见,平均 4-5 天就有新的期货品种上市。如果没有严格的程序规范,要取得如此高的效率是难以想象的。美国期货品种上市类型中,值得借鉴的是"请求 CFTC 提前批准"这种核准上市机制,对 CFTC 审批权的行使有严格的时间限制。[③] 例如,"审批期限届满的默认同意程序规定",在 CFTC 收到上市申请材料的 45 天后,或在延长审查期结束时,都视为批准同意。又如,"延长审批的告知与取得交易所同意程序",当拟上市的品种涉及新的或复杂的问题,需要更多时间分析时,CFTC 可以延长 45 天的审查期,但是 CFTC 应当在最初的审查期内通知交易所,并附上延长的理由。值得一提的是,延长审查期需要征得交易所的书面同意。这种程序设计确保了审批的效率,政府没有拖延或不作为的空间,这一经验在我国期货立法时可以参考。

在期货品种上市监管时,对上市注册的程序进行规定是我国未来期货立法细化必须面对、并要尽快解决的难题。但当前我国期货品种注册制上市机制中对新模式下的上市程序仍没有明确规定。从《期货和衍生品法》第十七条来看,在品种上市规定中只有单条法律,仍有待证监会和期货交易所

① 叶姗:《监督监管者:程序控管思路下的金融监管》,《江西财经大学学报》2011 年第 1 期,第 105-112 页。

② 马险峰、李杰、姚远:《美国期货市场产品创新研究——以 CME 期货产品创新理念、上市程序和监管环境为例》,《中国市场》2013 年第 35 期,第 39-45 页。

③ 汤云龙、常飞:《美国期货品种上市机制的借鉴与启示》,《现代管理科学》2014 年第 3 期,第 82-84 页。

制定品种上市有关程序,这样证监会在法定权限内,可制定部委规章,如可正式发布《期货品种注册上市实施办法》,对注册程序予以规范,期货交易所可以设立品种上市审核专门委员会,并出台审核细则。

在我国,普通期货品种上市已积累了较为成熟的审批经验,但本次《期货和衍生品法》出台的注册制与此前的审批制实践有着较大差别,建议区分上市类型,在《期货品种注册上市实施办法》中对注册程序分别做出规定:对普通商品期货品种,国务院期货监督管理机构依照法定条件和法定程序作出予以注册或者不予注册的决定的期限不应超过 90 天;特殊情况需要延长的,应当告知期货交易所并说明理由,并取得期货交易所的同意,延长审查期限不得超过 30 日。对境内特定期货品种、金融期货、期权,证监会作出决定的期限不应超过 180 天,特殊情况下可以再延长 90 天。通过法律的控制,建立起与《证券法》第二十二条“证券发行注册程序”类似的程序机制①,让期货品种上市程序真正成为“阳光下的”注册程序。

4.期货交易所品种上市机制应对

对期货交易所而言,注册制意味着交易所对品种的上市权限增加。这对期货交易所提出了更高的要求,也面临着机构、人才、制度多重考验。

首先,从审核机构来看,需要成立专门的品种上市审核部门。当前会员制期货交易所而言,权力与决策机构都不如公司制交易所组织机构完善,在决策机制上,会员制交易所实行“一员一票”,表决机制反应缓慢、迟钝,而公司制交易所实行“一股一票”,表决速度与效率明显提高,而且股东不局限于

---

① 《证券法》第二十二条规定:“国务院证券监督管理机构或者国务院授权的部门应当自受理证券发行申请文件之日起三个月内,依照法定条件和法定程序作出予以注册或者不予注册的决定,发行人根据要求补充、修改发行申请文件的时间不计算在内。不予注册的,应当说明理由。”这种注册程序规定非常明了,具有可操作性。”

会员。① 目前,郑州商品交易所机构设置中,专门委员会包括品种委员会,由主任委员、副主任委员、委员共 13 人组成。但《郑州商品交易所章程》第四十二条将专门委员会界定为议事机构,多为技术性开发指导,不负责品种上市的决策问题。而实行公司制的伦敦金属交易所,董事会具有商品期货上市、暂停、停牌的自由裁量权限,而且董事会的工作效率很高。因此,有必要成立品种上市审核委员会,在机构定位、职责方面都应结合《期货和衍生品法》注册制上市要求重新定位与赋权,并明确品种上市审核委员会与理事会之间的关系。对公司制期货交易所而言,有必要明确品种上市审核委员会与董事会之间的关系。

其次,从审核专家人才队伍来看,主任、副主任、委员的选任条件、任期办法、工作职责应当明确。审核专家宜从交易所、会员或董事、期货公司等选出,确保其专业水平、业务能力、职业素养。此外,审核专家不宜长期担任,宜设立任期制度,任期内实行定期考核,如履职不当可以提前解聘。

再次,期货交易所对品种审核办法、品种上市评估应建立完整的制度。作为一项新的职能,期货交易所应积极探索品种上市审核办法,不断完善流程,并建立品种上市前、后评估机制,及时总结经验。遇到重大紧急事项,应当向证监会报告,并建立紧急事项预防方案。

---

① 王凤海:《会员制与公司制期货交易所治理结构比较研究》,《财经问题研究》2005 年第 10 期,第 32-35 页。

第五章 虚拟经济有限发展法学理论视角下的期货交易行为制度变革:以高频交易为例

　　期货交易是指在交易所采用公开的集中交易方式或者中国证监会批准的其他方式进行的以期货合约或者期权合约为交易标的的交易活动。期货交易的原则是公开、公平、公正和诚实信用,在这些原则之下,禁止从事欺诈、内幕交易和操纵期货价格等违法行为。所以,传统的期货交易行为制度主要包括期货交易行为规则和期货交易违法行为的法律责任规则。期货交易行为规则涵盖了交易者从开户、委托、开仓、平仓、止盈、止损、仓位管理到退出期货市场的环节,而期货交易违法行为的法律责任规则主要涉及期货交易所、期货公司等期货市场中介机构的违法责任及期货交易者从事违法交易行为的责任。

　　在现代社会,科学技术在金融领域的应用越来越广泛,不仅改变了金融服务的模式,也改变了金融交易的模式。证券期货市场早已从传统的人工交易模式转变为网络化、自动化的交易模式,这是网络信息技术与金融市场高度融合的必然结果。自动化的交易模式虽未从根本上改变期货交易行为的本质,但是却在一定程度上改变了期货交易行为的外观,使期货交易行为呈现出了难以定性的困境。伴随着全球化进程的加深及我国金融开放格局的形成,越来越多的国际投资者不断涌入中国金融市场。这些国际投资者不仅拥有丰富的金融投资经验、多样的金融投资手段,而且还拥有遥遥领先的金融投资技术。高频交易正是投资者将复杂的金融科技应用于证券期货市场而呈现出的交易行为模式。美国商品期货交易委员会(CFTC)主席的加里·简思乐(Gary Gensler)指出:"我们正在见证市场的一个根本性变化:从人工交易转向高度自动化的电子交易。包括高频交易在内的电子交易系统现在已占到美国期货市场交易量的91%。"[1]高频交易在金融市场比较发达的国家应用较为普遍,但在我国才刚刚起步。

作为在原有的交易规则之上利用新的技术而出现的全新交易模式,高频交易并未实质性改变期货交易的基本规则但对期货交易行为制度及监管机构却提出了新的挑战。依照虚拟经济有限发展法学理论的观点,如何对待高频交易,需要从高频交易与传统交易模式的关系、高频交易的发展限度、高频交易的规制进路等几个方面进行考量。为此,需要探究高频交易的特征、功能及基本的发展趋势,给予高频交易正确的定位,弄清楚高频交易与传统交易模式的关系,正确认识高频交易对期货市场的影响;需要探究高频交易是否存在自身不可克服的风险,对高频交易进行监管的可行性及监管机构的职权配置或监管策略。因为我国金融市场发育得不成熟、不充分,有关金融监管制度不完善,金融监管技术不发达,金融监管经验缺乏,金融监管系统效率较低,一些在国外已经被广泛应用的技术在我国市场可能会引起巨大的波动,甚至给相关市场参与者造成惨重的损失。因此,将高频交易作为期货交易行为制度变革的核心是既客观又迫切的需求。

一、高频交易的特征、功能及其发展趋势

高频交易一出现就给证券期货市场带来了巨大影响。目前,监管部门及学术界对何谓高频交易还未达成一致意见。但是,作为算法交易的一个

---

[1] Concept Release on Risk Controls and System Safeguards for Automated Trading Environments,78 Fed.Reg. At 56,573 app.2.转引自肖凯:《高频交易与操纵市场》,《交大法学》2016 年第 2 期,第 20 页。

分支,高频交易离不开计算机程序与技术。通常情况下,高频交易者需要将事先设计好的交易策略编制成计算机程序,而后通过执行计算机程序算法的方式来自动决定交易下单的时机、价格和数量。这种将计算机技术、数学分析和金融投资高度结合的交易方式,可在毫秒级时间尺度上完成交易,具有高速下单、交易时间短暂等特点。近年来,高频交易在美欧资本市场发展迅速,广泛应用于对冲基金和共同基金等金融衍生产品。由于我国资本市场交易品种大多采取"T+1"模式,在2010年之前国内基本没有高频交易的概念,直到股指期货正式上市,高频交易才在我国金融资本市场上出现。[①]对高频交易的特征、功能及发展趋势的研究是对其进行监管的重要前提。

(一)高频交易的特征

期货市场中的高频交易起源于美国。美国证券交易委员会在2010年一份公告中描述了高频交易五大特性:(1)使用超高速和复杂的计算机程序收集、发送和执行交易指令;(2)使用交易所提供的托管服务和数据直连,最小化网络及其他类型的延迟;(3)建仓和平仓时间极短;(4)提交大量交易指令后又快速撤单;(5)当日收盘时尽可能保持平仓(不持仓过夜)。[②]美国商品期货交易委员会(CFTC)技术咨询小组在2013年曾经组织专家讨论,认为高频交易有四个特征,其中最主要的特征是低延时、高速下单、快速报撤单。

国际证监会组织2011年发布的报告中认为,高频交易具备六项特点:(1)利用复杂的技术手段实现不同的交易策略,包括做市和套利等;(2)通过包含有高级量化工具的算法程序分析市场数据,选择合适的交易策略,使

---

① 刘伟、沈春根:《从本轮股市大幅震荡行情再谈高频交易监管》,《经济体制改革》2016年第3期,第137-143页。

② 曹磊、陈超:《高技术环境下金融信息利用的特点、价值和风险——高频交易启示录》,《竞争情报》2017年第1期,第11-15页。

交易成本最小化;(3)日内频繁下单,但最终成交的订单远少于下单量;(4)基本不隔夜持仓或者仅有极少量的隔夜持仓量,目的是规避隔夜风险同时降低对保证金的占用,即使是日内持仓,持仓时间也极为短暂,通常为几秒钟甚至不到一秒钟;(5)高频交易的主体多为自营交易商;(6)高频交易在技术上对速度的要求极高,对交易延时非常敏感,成功的高频交易策略几乎都在交易速度上更胜一筹,因此,高频交易者须利用直接电子接口和托管服务才能在交易速度上取胜。[①]

2014 年 6 月欧盟修订通过的《金融工具市场指令》认为高频交易是算法交易的一种,低延时、日内高信息率是其主要特征。欧洲证券及市场管理局(ESMA)发布的报告中采用两种方法认定高频交易:一种是通过定量分析的方法,若交易商的交易系统与交易所位置较近,与交易所的数据传输速度超过每秒 10G 或每秒 2 笔交易即可认定为高频交易;第二种是通过计算订单生存周期中位数的方法,若交易商的日内订单周期中位数低于全市场的交易商则被认定为高频交易商。

前述美国证券交易委员会、美国商品期货交易委员会、国际证监会组织对高频交易的描述除强调其高速高频的特征外,尤其强调其报撤单的频繁性,概因监管机构是从高频交易违法性的视角去审视这种行为,故对高频交易者的主观意图格外关注。

理论上,高频交易被认为是一种特殊类型的自动化或算法交易,这种交易在硬件上需要利用高速计算机,在软件上需要配置相应的高频算法程序,而高频算法程序的本质是利用复杂的技术实现传统的交易策略。[②] 有学者认为,高频交易具有如下特征:交易量虽然很大但平均到每笔交易的额度却很小;订单下达、信息传输和订单执行均利用高速计算机程序完成,无需人

---

① 肖凯:《从柯西亚案看幌骗型高频交易的司法认定》,《检察风云》2017 年第 4 期,第 28-29 页。

② 鲁胜:《论高频交易操纵市场鉴识及其法律规制》,《社会科学动态》2017 年第 9 期,第 68-76 页。

工决断；交易中所需的高速计算机主机往往被托管在离交易所很近的地方；建仓和清仓的时间间隔非常短；一般不隔夜持仓，交易日内通常会平掉所有仓位。[①] 这是从交易量、下单机制、主机位置、建仓和平仓时间方面对高频交易的描述。另有学者认为高频交易具有如下特征：一是使用复杂的量化程序算法；二是所有交易过程均由算法完成；三是90%的高频订单都会被量化交易算法取消；四是隔夜持仓很少；五是大多数高频交易商都是以增加自身财富为目的的自营商；第六个特征就是交易过程建立在极快的速度之上，这种速度优势不仅须利用计算机程序获得报单撤单的便捷，还须缩短与交易所服务器或机房的物理距离。为达到这样的目的，许多高频交易者会把自己的办公场所选择在交易所附近，以缩短自身和交易所服务器的距离，实现数据信息的优先传输和连通。[②] 这是从交易过程对算法的应用、报撤单、建仓和平仓时间、交易目的、交易速度等方面对高频交易的描述。张孟霞认为高频交易是通过高速交易大量小单指令以期从交易对象的微小价格变化中获利的交易行为，高速和高频是其交易特点[③]，其主要依赖托管等低延时通信技术，对交易信息进行高速传输与处理，在高频交易者的主机上通过复杂的算法程序执行日内频繁大量交易。该界定强调高频交易的交易速度、日内交易的频繁性及对自动交易系统的依赖。叶伟认为，"高频交易"具有以下五个共同特征：第一，高频交易的本质是计算机自动完成的程序化交易。其首先要有来自市场的高频数据，其次需要有接受高频数据的计算机程序与算法，再次能够将经程序算法处理过的数据送往指定市场。第二，持仓时间短，日内交易频繁。高频交易中建仓、持仓、清仓的用时短则几秒钟，长则不超过数分钟。惯用的手法是在短时间内提交大量订单，然后撤销其中的

---

① 邢会强：《证券期货市场高频交易的法律监管框架研究》，《中国法学》2016年第5期，第156-177页。

② 俞啸天：《我国期货高频交易监管——以伊世顿案为例的研究》，安徽大学硕士论文，2018，第10-11页。

③ 张孟霞：《高频交易的频繁报撤单与市场操纵认定——以美国国债期货"虚假报单操纵"案例为视角》，《证券市场导报》2016年第5期，第73-78页。

大部分订单。第三,高频交易对网络信息传输速度要求极高,需要超低的网络信息延迟,为了能最早最快获取与传递信息,高频交易者通常会通过"联位服务"或者"接近主机服务"的方式将其交易系统托管到交易所的数据中心。第四,交易量巨大,市场中性,不隔夜持仓。第五,交易总额较大,单笔交易的收益率很低,但是总体收益稳定。[①]

从学者们对高频交易的特征描述或概括来看,他们更强调高频交易对计算机算法或程序的依赖以及交易的速度和频繁程度,对高频交易的报撤单率没有特别关注,即高频交易是否一定包含报撤单频繁这一特征,目前没有定论。

若不考虑频繁报撤单问题,仅从高频交易的速度及交易的频率来看,高频交易与程序化交易、自动交易、算法交易、量化交易等均有交叉,但彼此又有区别。一般而言,程序化交易指的是运用电脑程序分析市场状态、选择投资策略、判断投资时机以及传送报单指令等,其强调买入、卖出一定数量的证券时对程序的依赖与运用。算法交易建立在程序化交易的基础之上,通过计算机程序创建抽象的模型和明确的求解目标,然后通过计算机程序发出交易指令,包括交易价格和交易时间,甚至最后的成交量。比较而言,运用算法交易的主体更多的是机构投资者,其利用算法交易可以以自动化的方法为客户服务。一般来说,算法交易者致力于提升计算速度与能力并不仅仅是为了达成更快的执行速度,而主要是为了优化大型投资组合的配置、决定交易的时机以及将委托单的市场冲击成本降至最小等。与高频交易不同的是,算法交易既可能是高频的也可能是低频的。自动交易系统,则是指建立在计算机算法指令基础上的交易。自动交易系统首先强调的是非人工化的下单,即通过自动化程序下单、管理风险、传输指令、匹配指令、确认交

---

① 叶伟:《高频交易给国内证券期货监管带来的机遇与挑战》,《清华金融评论》2014 年第 12 期,第 82-84 页。

易等;其次强调速度,即通过高速信息网络处理市场数据与相关系统。发展至今,自动交易系统实际上已经演化成为人工智能系统,能够同时运用多个算法程序,将市场的不同情况设定为数以千计的参数和影响因子,从而实现复杂繁多的功能。复杂、动态以及自我提升成为自动交易系统的重要特征。[①]

若单纯从概念的角度进行区分,高频交易与程序化交易、自动交易、算法交易、量化交易均为依托计算机程序完成的交易,只是每个概念对应的计算机程序要实现的交易目的有所不同。程序化交易是一个大概念,自动化交易、算法交易、量化交易、高频交易是包含在这一大概念之下的小概念,这些小概念彼此之间存在一定交叉,比如,算法交易、量化交易及高频交易均属于自动化交易,算法交易中可能包含量化交易,高频交易中又有算法交易。之所以有这些小概念,是因为其各自的侧重点不同,其中自动化交易强调某一交易过程的非人工性;算法交易强调在特定的数学算法基础上对某一特定交易目的的实现过程;量化交易则强调将交易思想和策略以先进的数学模型代替人为的主观判断,利用计算机程序从庞大的历史数据中海选出能带来超额收益的多种"概率"事件以制定策略,减少投资者情绪波动对投资策略的影响,避免投资者在非理性状态下的投资决策。自动交易、算法交易和量化交易以计算机程序实现交易目的时可能是高频也可能是低频,在期货领域应用时不强调日内平仓,而高频交易强调交易的高速和频繁,同时强调日内平仓。至于频繁报撤单是否为高频交易的特征,直接涉及对高频交易的应用与监管问题。

高频交易在不同的金融市场中凸显出了不同的特征,产生的影响也各不相同,须结合其运用中出现的不同情况选择合适的管控手段。在我国高频交易被视作程序化交易的一种,但是前已述及,程序化交易是一个大概

[①] 肖凯:《从柯西亚案看幌骗型高频交易的司法认定》,《检察风云》2017 年第 4 期,第 28-29 页。

念,高频交易有其独有的特征,如果不能对其形成更为清晰的特征描述那么出台的管控政策也会缺乏针对性。在此,我们赞同将频繁报撤单作为高频交易的特征之一。高频交易与传统交易方式存在巨大区别,其主要特征有:一是通过算法预先设定好交易方案,这些方案中包括决策机制、下单机制、成交机制等;二是交易方案将寻求交易机会的参数值设定得很模糊,使其"嗅觉"异常灵敏,可以检测出微小的价格变化并从中寻求到套利机会,然后自动执行交易指令;三是交易指令能以极快的速度到达交易市场,这要求指令下达的地点距离交易所足够近,以减少交易系统的信息延迟;四是每笔下单的交易量极大,但其追求的套利区间却很小;五是由于该类交易追求以量大但价格变化小取胜,容易因市场价格波动幅度的影响而频繁报撤单;六是对计算机软硬件系统的数据处理、运算能力及运算速度的要求非常高,使其在交易方面有远胜于人工操作的速度,从而得以在瞬息万变的市场价格波动中获利。[①]

(二)高频交易的投机功能

期货市场的交易者可分为两大类,一类是套期保值者,另一类是投机者。

由于现货市场的价格波动,商品的供求者可能遇到极大的价格风险。为了规避价格波动而造成的损失,商品的供需双方均可以利用套期保值的方法来转移部分或全部的价格风险,其基本操作方法是在期货市场中买进或卖出与现货市场相等数量的、交易方向相反的期货合约,从而取得一个与现货市场相反的交易结果。为了规避现货市场的价格波动而以前述方式参与市场交易的被称为套期保值者。套期保值者一般是从事生产或流通的生

[①] 刘杨:《高频交易的潜在风险及法律监管——由伊世顿公司操纵股指期货案引发的思考》,《金融理论探索》2016年第2期,第44-49页。

产商、加工商,他们利用期货工具规避价格风险的同时也增强了自身信用,因为对货物实行保值后,在金融市场上的贷款风险就会降低。

投机者,在英文中为"Speculator",意思为"预测家"。投机者以期货市场为对象,利用期货价格的频繁波动,甘愿利用资金冒风险,不断买进卖出合约,企图从低买高卖中获利。投机者参加期货交易的目的不是规避现货的价格波动,因为投机者往往不掌握现货,也不打算到期进行实物交割,其目的就是追逐价差利润。但是套期保值者和投机者两者之间没有严格的界限划分,因为套期保值者在遇到可以赚取大量利润的机会时,也会将手中的合约卖出或买进新的合约,从而成为了投机者。期货市场的投机者有三种类型:拥有较高收入和资产的个人;由少数专家管理并负责投机的共同基金;进行套期保值活动之余利用所掌握的信息和知识进行投机牟利的企业。

1.高频交易者属于期货投机者

投机者在期货市场上传统的投机策略通常有四种:(1)顺市交易。这是最为常见的投机策略,绝大多数投机者都采用此种策略。简而言之,就是跟着期货市场走势进行买卖,当整个期货市场合约价格上涨时或在上涨过程中买入,等价格开始下跌或正在下跌时卖出。(2)逆市交易。投机者在期货交易所内进行一种与市场价格相反的交易,即在市场价格上升过程中,接近其预测的最高点时卖出期货合约,在市场下跌过程中于接近其预测的最低点时买入期货合约。进行逆市交易的关键是抓住市场价格走势的拐点。在上升盘接近拐点时,市场购买力下降,如强弩之末;在下跌盘接近拐点时,往往会触底反弹。投机者在上升盘的拐点前以递增价位卖出,在下跌盘的拐点前以递减价位买入,从而获得相对较高的卖价和相对较低的买价,在市场形势逆转时,立即进行平仓对冲。采用逆市交易法的投机者一般具有雄厚的资本,交易量大。(3)抢帽子交易。这是投机者利用市场价格波动,在市场的买卖价出现错落的间隙赚取小利。因为市场中每笔卖出的喊价,都可能使价格轻微下跌,然后回到原来的价位,而每一笔买入的喊价都可能使价格轻微上升,然后回到原来的价位。市场价在叫价和喊价中会出现错位现象,投机商利用这种价格错位获利。(4)套利交易。这种策略主要是利用期货不同月份之间、不同交易所之间以及相关商品之间差价的变化,同时在两个相反方向上进行交易买卖以套取利润。常见的方式有跨月套利交易、跨市套利交易、跨商品套利交易。①

高频交易者的策略主要有流动性回扣交易、猎物算法交易、自动做市商策略。流动性回扣交易是高频交易者为获取交易所提供的交易费用回扣而进行的交易。期货交易所为了制造市场流动性而向交易者提供交易费用回扣的机制激励了一批专门为获取回扣而产生的高频交易者,高频交易者的策略也以获取回扣而设定。这种策略既可以顺市操作也可以逆市操作。猎物算法交易是一种交易策略,其遵循最佳竞价原则。根据该原则,当一个报单由于价格更优而被排在第二个报单前面时,要使第二个报单成交就需要将第二个报单的价格调至与第一个报单一致的水平。标准化期货合约的报单通常以极快的速度竞相追逐,从而使合约价格呈现出由低到高、由高到低的阶段性变动趋势。这种价格变动趋势为猎物算法交易提供了基础。其基本原理就是通过一个预先设定的价格试探市场的反应,就如同利用声呐探测一定范围内的猎物一样,如果该价格被市场接受,则猎物算法交易程序会发起攻击,发出报价更高的买单或更低价格的卖单,诱使其他投资者跟进提高买入价格或降低卖出价格,从而锁定利润。做市商的主要功能是为交易中心提供流动性。期货市场上的自动做市商则通过向市场提供买卖订单的方式来提高流动性。他们的操作方向通常与投资者相反,主要目的是通过高速计算机系统来发现其他投资者的投资意向。其基本的操作是,以极高

---

① 王明止、丁开盛、孙卫东主编:《期货交易基础理论及实务》,电子科技大学出版社,1994,第265—266页。

的速度发出一个买单或卖单,如果该买单或卖单没有被迅速成交,则该订单马上取消;如果该买单或卖单能够成交,则系统将会捕捉到大量、隐藏的订单信息,即比成交的买单价格更低或比成交的卖单价格更高的订单信息,此时高速系统进行反方向操作,锁定利润。高频交易者的投机策略中猎物算法交易和自动做市商策略的本质就是逆势交易。与传统逆势交易不同的地方在于,高频交易者利用了技术手段,能够通过量化的方式而不是主观预测的方式探知拐点的存在并利用拐点进行逆势交易。

高频交易投机者与传统交易投机者最大的不同在于其通过不断修正计算机程序从而调整交易策略,同时尤为重视交易速度。合适的交易策略与微秒级别的速度优势是高频交易投机获得成功的关键。通过程序分析交易品种的强弱趋势及价格走势,比人工分析的交易品种范围更广,速度也更快。人工速度终究比不过电脑运算速度,人工关注的品种范围终究有限。当然,高频交易投机策略一旦因市场行情变化而失败,投机者所遭受的损失不会比传统交易更少。从这个意义上说,高频交易的投机策略仍取决于交易者的交易理念,其本质是将交易者的理念进行了程序化的表达。高频交易投机成功的关键还在于抢单的速度,速度越高,越能抢到计算机程序探测出的价格最优的单子。为此,高频交易投机者通常直接对接交易数据,并将装有高频交易软件的计算机放置在离交易所较近的机房,以缩短报单或抢单数据传输的物理空间,从而提高抢单速度。

2.高频交易投机的功能

投机是商品经济发展的必然产物,特别是在期货市场上,投机者是市场风险的承担者,是市场机制的主要完成者。他们在期货市场有着不可或缺的作用,与套期保值者相辅相成,共同形成了期货市场的交易主体。缺乏投机者的期货市场将不可能存在和发展。[①] 高频交易投机者同样参与了市场

①　王明止、丁开盛、孙卫东主编:《期货交易基础理论及实务》,电子科技大学出版社,1994,第258页。

机制,承担了市场风险,只不过其采用了更先进的技术手段以尽可能地规避风险。

(1)高频交易投机承担了价格风险

期货市场最初的目的是实现商品生产商、贸易商套期保值,而套期保值的真正实现又必须引入商业性投机活动。假如期货市场仅有套期保值者参加,那么期货市场将不可能真正运行,因为只有市场上的买入套期保值合约与卖出套期保值合约交易量相等时,期货市场才能正常运转。通常情况下,购入现货者为了避免将来现货价格下跌的风险会利用期货市场售出保值期货合约,市场上多数的贸易商都首先是现货的购入者其次才是现货的销售者,若多数贸易商都在期货市场上售出保值期货合约,必然呈现供大于求的状况,从而导致期货合约的价格下降,期货合约的保值功能将难以实现。保值期货合约成交以后,如果没有投机者的参与,对冲者可能会发现就连找到交易对手都会颇费周折。因为当对冲者准备卖出期货时可能会无人购买或购买者甚少,而当对冲者买入期货时,可能会无人卖出或卖者不多。投机者的加入大大增加了交易机会与交易量。投机者庞大的资金使商品迅速地找到买主,增加交易机会和交易量,否则市场会停滞、毫无生机,因此,正是投机者承担了市场的价格风险。套期保值者为了回避市场的价格风险,愿意通过转让合约的方式,将一部分利润让渡给投机者,从而保住自己的目标利润。投机者基于自己的预测和分析,参与期货交易,承担市场价格风险,从而获得套期保值者让渡的这一部分利润。一旦市场价格变动,投机者将承担风险。可以说,投机者正是通过承担价格风险的方式来获得套期保值者让出的部分利润。这一点与证券市场上的投机者还是有区别的。证券投资是资本增值、获取利润的方式,通过证券市场的价格机制,使资金流向有发展前途、经营效益好的产业和企业。这种投资的收益来自两个方面,一是由于公司自身的发展使股票的内在价值不断增加而产生的股息和分红,二是投机者对股票的炒作产生的高溢价,此时的股票价格已经脱离了其实际价值,生产领域的价值并未因股票的价格高而增加,被炒高的股票价格是一种虚假的经济增长,对实体经济无益。而期货市场的投机者是作为套期保值者的相对方而存在的,例如,某一套期保值者担心市场价格下跌,就按照某个预期价格在期货市场上卖出期货合约,在期货合约到期时,即使市场价格高于预期,套期保值者也不能得到高价格对应的利润,这部分利润转移给了投机者。期货市场上的投机,不是无源之水,投机者的收入是有来源的,该来源正是套期保值者让渡出来的利润。

(2)高频交易投机促进了价格发现

期货市场是具有金融杠杆作用的市场,交易者只需要支付一定比例的(比如10%的保证金)合约价格就可以进行交易,同样的资金在期货市场上能产生10倍于其他市场的效果,期货合约价格只要有微小的变动就可以使交易者获得较大的收益。期货市场允许期货合约到期前,通过与原买卖相反的交易活动进行对冲,这样就大大方便了投机者。他们完全不用通过现货买卖就能获得利润。投机者只要看准市场行情,即使手中没有任何现货,也可以在期货合约到来之前进行对冲平仓。因而,期货投机者的资金回报率很高,这是投机者青睐期货市场的原因之一。当然,如果期货投机者的预期与期货价格走势相反,则即使微小的价格波动,投机者也会遭受较大的损失。市场的基本功能就是配置资源,它的基本原理就是通过价格的调节作用,将利润在不同的生产者之间进行分配,使资源朝最大化效益的方向流动。期货市场是全国性市场甚至是国际性大市场,由于投机者的参与,众多交易者根据其获得的信息对市场进行分析,判断未来的价格走势并通过公开竞价的方式达成交易,有利于消除地区间的价格不合理;同时,现货市场的供求关系和价格变化不断地反馈到期货市场中,期货市场不断地对价格进行调整,当临近合约期时,期货价格接近现货价格,从而有利于改变不同时期的供求结构。另外,为了更好地赚取利润,投机者必须广泛地收集和处理信息,同时必须用科学的方法预测现货市场上的目标商品在不同地区、不同时间的供求状况,并且把这些供求信息与价格预测带到市场上,通过自己的交易行为在期货合约价格上表现出来,使商品的生产者、贸易者、投资者能够通过价格变化来决定自己的投资、生产、经营和贸易活动。这种行为对社会经济发展具有重要意义。高频交易投机者通过程序化的交易策略,快速地将其他市场参与者的价格信息分析出来并进行自动化交易,提高了价格发现的效率。

（3）高频交易投机提高了市场流动性

市场流动性即市场的活跃程度。一般来说,投机者进行期货交易获取收益建立在正确判断价格和预测价格变化趋势的基础上。当投机者预测期货市场供大于求,市场价格会低于均衡价格时,就会低价买进期货合约,当大量的投机者均有这种预期时,就会增加期货市场上的需求,从而使期货价格上涨,供求重新趋于平衡;反之,当期货市场呈现出供不应求的态势时,市场价格高于均衡价格,投机者预测未来价格将下跌,就会高价卖出期货合约,当大量投机者竞相卖出合约,则会增加市场供给,从而使期货价格下跌,也能使供求重新趋于平衡。可以说期货投机对于缩小期货价格波动发挥了重要作用。当然,即使没有期货投机,期货市场也仍然存在价格波动,这种波动来自期货合约的供需变化。期货市场固有的价格风险也是由供求决定的。供求方的多寡会影响市场的流动性。在流动性高的市场上,有交易需求的供求方的数量众多,交易也较活跃;反之,在流动性较低的市场上,有交易需求的供求方的数量相对较少,则交易较为平淡。可以说,期货市场是否成功,在很大程度上视市场流动性的大小而定,而市场流动性又取决于投机者数量的多少和交易频率的高低。期货市场上的投机者,如同润滑剂一样,在套期保值者寻求真正交易机会时不断为其减少阻力。众多的投机者基于对价格的不同预测,或看涨,或看跌,均积极地参与交易,不仅扩大了交易量,还使那些无论是买进还是卖出的套期保值者都能够轻易找到交易对手,能够自由地进出期货市场,从而在客观上提供了市场的流动性。[①] 高频交易投机者正是通过高速且大量下单的方式提高了市场流动性,制造出了大量的市场需求,提高了市场活跃度。

当然,过度投机会产生负面效应。如果没有有效的机制对投机者的行为进行引导,投机行为就会产生严重的负面效应。投机行为的无限发展,会使投机者不再根据供求关系预测价格,而是一味地追涨杀跌,甚至采用各种不正当的手段,散布各种不准确的信息。如大户可能会利用手中的资金或信息优势对市场进行操纵,人为制造出虚假的价格走势,加剧了期货市场的价格波动,或者使期货价格远远超出现货价格。这种情况下,期货市场失去了其原有的经济功能,甚至可能导致市场的崩溃。另外,对于投机者来说,完全脱离现货市场实际供求关系的投机行为,就是投机者之间的相互搏杀,是强者对弱者的掠夺,会使一部分投机者获取暴利,另一部分投机者血本无归。不当的高频交易投机同样会产生这样的效果。

(三)高频交易的发展趋势

高频交易肇始于发达的资本市场并占有较高的交易量。在 2009 年,美国证监会的资料就显示,美国证券市场上日均交易量的 50% 以上都属于高频交易。来自 TABB Group 的数据显示,2005 年至 2009 年美国股票市场上高频交易量所占份额已经从 21% 上升到了 61%,其中有 47% 是做市交易和套利交易。2009 年第四季度,来自芝加哥商业交易所(CME)的收益报告显示,期货市场上的交易有 43% 属于高频交易。波士顿咨询公司曾对欧洲和美国的高频交易趋势进行预测,认为这两个市场的高频交易都将达到 60% 以上。[②] 2010 年开始美欧各国均对高频交易的发展做出了立法回应,以回

---

① 张忠慧:《期货交易理论与实务》,中国电力出版社,2015,第 79 页。

② 郭朋:《国外高频交易的发展现状及启示》,《证券市场导报》,2012 年第 7 期,第 56-61 页。

应高频交易在证券市场中的发展趋势。

高频交易是人工智能在金融领域中的应用,是信息技术快速发展被市场创新的需求吸收的结果。计算机、无线通信和互联网的发展与创新是高频交易发展的硬件基础,独特的算法与程序设计是高频交易发展的软件基础,即高频交易对相关的科技有高度依赖性,比如 BATS(Better Alternative Trading Systems)正是因为采用了先进的技术而迅速跻身美国第三大交易所,该交易所自己就宣称它本质上是一个科技公司。[①] 正是大量的先进技术支撑了高频交易对下单策略及速度的要求,促使越来越多的投资者选择拥有这种先进技术的系统进行交易。所以,高频交易技术支持系统提升了交易所的市场竞争力,而投资者则越来越依赖技术系统提供自动化的交易策略。可以预见,随着以人工智能为核心的计算机技术及互联网、无线通信技术不断向纵深方向发展,证券期货市场的交易方式将步入电子化交易的第二个阶段——以高频交易为代表的智能化交易阶段。

高频交易在我国出现较晚,主要被运用于期货市场。前已述及,高频交易对交易环境的信息传输速度要求极高,基本上是微妙级别的,而我国期货交易所的报价系统能够提供交易信息的速度远未达到微秒级别,这就大大限制了投资者对高频交易技术的利用。另一方面,为控制过度投机交易,我国对期货市场有诸多的限制性措施,这些都会抑制高频交易在我国的发展。随着我国金融市场的对外开放及期货市场的不断发展成熟,投资者对金融工具多样化的需求不断增强,高频交易在我国仍然会有广阔的发展土壤。[②] 尤其是近年来我国金融科技突飞猛进的创新式发展将为高频交易提供坚实的技术支持,为高频交易在期货市场的应用创造客观环境系统。

---

① 蓝海平:《高频交易的技术特征、发展趋势及挑战》,《证券市场导报》2014 年第 4 期,第 59-64 页。

② 裘慧欣、李静:《高频交易发展及其监管研究》,《北方金融》2019 年第 3 期,第 51-55 页。

二、高频交易的风险及其有限发展的必要性

作为一种量化交易的手段,高频交易在国外市场为机构投资者普遍采用,已成为一种基本的交易方式。因为投资者所采取的策略大致相同,相互了解彼此的交易策略,正常的高频交易已很难赚取较高的套利收益。高频交易主要博取期货品种短期价格波动产生的微小价差,不分析长期市场趋势,对期货的长期价格走势基本不会产生影响。但这并不意味着高频交易没有风险。作为人为设计出来的交易程序,高频交易不可能脱离设计者的思想而独立存在,一旦设计者利用技术操纵交易的意图通过程序得以实现,传统期货市场的风险仍然会发生,在普通交易者与高频交易者共存的场域更是如此;另一方面,高度依赖并机械执行事先设定的计算机程序,不可能像人类的大脑那样随机应变,决定了其不能自发地规避突发的、计算机程序未预先设定的事件所带来的风险。因此,高频交易也是一把双刃剑,正常的高频交易提升了市场的流动性,提升了交易效率,不当的高频交易又会为市场埋下隐患或带来风险。

(一)高频交易的风险样态

众所周知,价格向来是资本市场投资者关心的核心要素,投资者越早获得有关资本市场的价格趋势信息就越能正确选择自己的交易策略,以先人一步的优势进入市场的下一阶段,并从中获利或避免损失。高频交易技术使投资者对价格的变化更为敏感,能够快速发现期货产品的买入或卖出价格,从而使交易变得更加有效率,使期货的价格发现功能得以实现。高频交易的绝大多数风险恰恰与其抢先获得价格趋势信息的优势有关,一旦投机者不当利用这种优势,就会演化为期货市场的灾难性风险。除此之外,高频交易高度依赖智能化的程序,而智能化程序的执行也会出现偶然出错或损

坏的情形,从而带来系统性的风险。

1.高频交易风险之一:程序或操作错误引发的系统风险

高频交易的本质是程序化交易,程序化交易的重要特征就是将事先确定的期货买卖策略通过计算机程序进行操作,而计算机程序是通过数学上的算法函数将一定的交易条件设计为执行指令的,即只要满足算法函数设定的条件,计算机程序将自动执行相应的买入或卖出指令。当大批的机构投资者都按照事先设定的买卖策略启动买卖行为时,就会形成叠加效应,引发更多抛售或买入,如此恶性循环,引起价格暴涨或暴跌。

高频交易系统作为电子化交易系统难免会出现线路故障、硬件损坏等情形,另外电子化交易系统也是由一系列程序实现的,程序是由人设计的,人的智识及理性的有限性决定了程序出现错误的情况时有发生,而高频交易软件如果出现错误,其产生的后果将格外严重,因为高频交易软件对数据的处理能力及速度决定了交易的数量及金额。我国证券市场上发生于 2013 年 8 月 16 日的"光大乌龙指"事件就是因为高频交易软件出现了重大错误而产生了巨额订单,短短两分钟内交易的股票价值达 234 亿元人民币,上证指数上升了 117.27 点,涨幅达到了 5.65%,出现了不能提交订单或提交过量订单的情况。交易所系统因高频交易冲击而导致瘫痪的事件也曾发生过。2012 年 8 月,做市商骑士资本集团的算法交易系统出现技术故障,140 多只股票的报价出现错误,导致该公司 4.4 亿多美元的亏损。在当月,同样因为技术故障,西班牙股票交易所被迫暂停交易近 5 个小时。

即使是程序化的交易,也需要一些人工操作。高频交易软件的交易速度极快,一旦出现"胖手指"等人工操作失误事件,不仅难以纠正交易错误,而且往往会造成极大的影响。比如,2005 年,一名贝尔斯登的交易员将 400

万美元的卖单错误地输成了 40 亿美元,道琼斯指数受到重创,几乎下跌了 100 点。① 高频交易的这类风险与传统的人工交易风险或系统风险相比较,前者爆发的时间更短,市场的形势变化更迅速,引发的后果更严重。

若高频交易者通过技术手段绕过交易所柜台,就会使监管系统形同虚设。在已经发生的风险案件中,高频交易者在期货交易所的综合交易平台系统机房内或其附近存放服务器,以缩短交易数据传输的时间,便利本公司的交易。正常情况下,期货交易商需要通过期货公司的服务器连接交易所的服务器参与交易,其交易委托单必须通过期货公司的柜台检查,确认无误后方可从交易席位流出并进入到期货交易所的交易系统进行交易。柜台检查会耗掉一部分交易时间,形成交易延迟,这是正常的。柜台检查能够筛选掉不符合条件的交易请求,避免废单进入交易通路,保证交易系统的流畅。但如果交易商运用技术手段绕过了期货公司的柜台系统而直接连接交易所的服务器,则不仅从技术上减少了系统延迟,甚至可能在保证金不足的情况下透支下单。② 这种人为的交易程序错误会给市场带来巨大的风险。

2.高频交易风险之二:利用幌骗等手法进行市场操纵

市场操纵是期货市场的风险之一,但是对于何为市场操纵,理论上难以给出比较一致的界定。一般认为,期货市场操纵是交易者利用资金、信息优势或对市场的其他影响力,通过垄断供求关系的方式,人为地使期货产品价格上涨、下跌或固定,以制造表面的假象或误导的方式引诱其他投资者买卖期货产品的行为,使操纵者自己牟取利益或者减少损失。③ 以期货市场常见的操纵方式有联手操纵、买空卖空、囤积居奇、逼仓、虚抛、连续交易、超量交

① 迈克尔·戈勒姆、尼迪·辛格:《电子化交易所:从交易池向计算机的全球转变》,王学勤译,中国财政经济出版社,2015,第 295 页。
② 刘杨:《高频交易的潜在风险及法律监管——由伊世顿公司操纵股指期货案引发的思考》,《金融理论探索》2016 年第 2 期,第 44-49 页。
③ 巫文勇:《期货与期货市场法律制度研究》,法律出版社,2011,第 272 页。

易及恶意制造并散布虚假信息或不实信息等行为。立法上通常以列举的形式进行规定。

欧盟《内幕交易和市场操纵(市场滥用)指令》对市场操纵的构成要件及其典型行为类型进行了详尽规定,其中,对引发或可能引发金融工具供求关系或者价格信号的交易或者交易指令进行虚假性或误导性陈述,单独控制数个或联合控制一个金融工具并发出反常或非市场水平的交易或指令,利用虚假的交易策略或其他欺诈的方法去执行交易或下达交易指令均被视为市场操纵行为。例如,故意选择在即将收市时买卖金融工具使其形成收盘价,使投资者错误地以此收盘价为基准从事金融工具交易;将主观上明知或应知与金融工具有关的误导性或虚假信息通过各种媒体发布出来等。①欧盟法令对市场操纵的界定强调其对市场供求关系或价格信号的人为引导或操控。

英国对市场操纵的规定。英国在《2000年金融服务与市场法》第118条对市场操纵的认定标准进行了规定:(1)市场操纵行为所涉及的交易必须与实际发生的、合格的交易相关。(2)该行为可能在某种金融工具的供给、需求、价格方面使市场的一般用户产生了错误印象或误导了一般客户。(3)受到该行为影响的一般用户可能认为该行为违背其合理预期。后来的《2005年市场滥用规则》第2条"一般释义"第(1)款中对市场操纵进行了明确界定:(1)一人或多人联合使交易或交易指令中含有虚假或误导性的信号,给供求或金融工具的价格带来影响,使金融工具的价格出现异常或人为的水平。(2)采用虚假的交易手段或其他欺骗形式进行交易或发出交易指令。(3)行为人知道或应该知道可能会给金融工具带来影响的信息是虚假或误导性的,仍通过媒体传播虚假或误导性新闻信息。《2005年市场滥用规则》

---

① 刘宪权:《操纵证券、期货市场罪"兜底条款"解释规则的建构与应用#抢帽子交易刑法属性辨正》,《中外法学》2013年第6期,第1178-1198页。

第 2 条第 3 款进一步规定了更明确的市场操纵认定方法:(1)通过一人或多人联合方式取得某一金融工具供给或需求的主导地位后,利用这种主导地位直接或间接地影响该种金融工具的购买或销售价格,或者设定其他不公平的交易条件。(2)在闭市时通过买卖金融工具操纵收盘价,以误导投资者。(3)在对某金融工具建仓之后利用偶尔或经常访问的传统或电子媒体对该金融工具表达意见,但未在表达意见的同时以适当和有效的方式向公众披露有关利益冲突的信息,之后从该噪声交易中获利。① 英国对市场操纵的认定同样强调对价格与供求信息的人为影响,同时强调行为人对信息的虚假性的主观状态,即行为人明知或应当知道信息的虚假性或误导性。

　　美国对市场操纵的规定散见于判例法和商品期货交易委员会的执法实践之中。② 操纵被定义为任何可对某种期货产品市场或其他市场产生价格扭曲的操作、交易或行为,传统上认定操纵行为有四个要件:被告具有能够影响市场价格的优势;被告故意利用这种优势制造人为的市场价格或价格走势,而该价格并不能真实地反映出市场的供求状况;市场所表现出来的是人为价格;被告的行为与人为价格之间存在因果关系。但要证明操纵者的主观故意、市场操纵行为、人为价格以及市场操纵行为和人为价格之间的因果关系,在执法实践中还是存在相当大的障碍,因为操纵者的主观故意是如此难以证明以致美国商品期货委员会仅胜诉过一起操纵案件。针对这种情况,美国商品期货委员会于 2011 年制定了《反操纵实施细则》,对有关主观故意、人为价格的证明标准作出了实质性修改,只要证明操纵者的行为扭曲了市场价格,无需证明操纵者主观上是否试图或者已经制造人为价格。但是高频交易技术的发展,使一些"幌骗"行为实施起来更加容易,对此,美国

---

① 胡光志、张美玲:《我国期货市场操纵立法之完善——基于英美的经验》,《法学》2016 年第 1 期,第 76-87 页。

② 胡光志、张美玲:《我国期货市场操纵立法之完善——基于英美的经验》,《法学》2016 年第 1 期,第 76-87 页。

期监会发布了一个有关幌骗交易的指南,将以下几种行为认定为幌骗:(1)报撤单的频率及规模超过了交易系统的报价能力;(2)频繁报撤单的目的是延迟他人的成交;(3)频繁报撤单行为制造了虚假的市场表象;(4)报撤单是为了制造人为的价格向上或向下波动。

前述有关市场操纵的立法例子较为全面地揭示了期货操纵行为的表现形式,下面通过对美国柯西亚案的分析可以了解到高频交易中幌骗行为具有的操纵本质。2015年11月3日,芝加哥联邦法院判定美国黑豹能源交易公司的创始人柯西亚构成幌骗罪和商品期货交易欺诈罪。柯西亚在整个交易过程中的基本操作手法是在市场上同时下"成交单"与"报价单","成交单"与"报价单"方向相反,若"成交单"是买入一定量的标准合约,则"报价单"是比当前买单更低价格的卖出指令;若"成交单"是卖出一定量的标准合约,则"报价单"是比市场当前卖单更高价格的买入指令;"报价单"的目的是探寻市场价格,其意图是通过"成交单"获利。这些"报价单"的交易量通常都是最优买卖价格三个单位内的最大报单,是最优买卖价格的合约交易总量的两倍或三倍。但因为"报价单"的目的并非成交而只是探寻市场反应,其会在毫秒间被自动撤回,不管市场对该"报价单"的价格是否接受。如果部分"报价单"因未被及时撤回而成交,柯西亚的交易程序也会立即撤回那些未成交的带有欺诈性和误导性的"报价单"。也就是说,在市场上的交易者愿意接受"报价单"时该交易程序却并不希望"报价单"被成交,其隐藏目的是试探其他交易者对"报价单"反应,而"报价单"却向市场传递出了虚假交易信息和交易量。这些有关交易量的虚假信息的确误导了其他交易者,因为在其他交易者看来,市场上的"报价单"显示出了市场上的重大变化,他们会根据这些变化作出交易决定。在这个意义层面上,柯西亚的"报价单"具有欺诈和误导的性质。用"报价单"的价格来执行其"交易单"后,柯西亚会立即在市场另一方向下第二个"交易单"。然后再通过前述"报价单"的操作方式,促使第二个"交易单"的成交。柯西亚正是通过第一个和第二个"交易单"之间的价差获得收益的。① 简而言之,柯西亚的操作分三步实施,第一步是在单边进行大量报单,其目的是引诱其他参与者跟进同方向报单;第二步是撤销之前的报单;第三步是在撤销之前的报单的同时进行反方向报单,与之前被引诱跟进的报单的市场参与者成交。这种虚假报单、撤单行为之所以被认定为操纵行为,关键在于行为人主观上具有操纵的故意并且该行为确实对对手方的交易决策产生了影响。在柯西亚案中,被告通过高频交易软件不以成交为目的进行买卖报单应被视为虚假报撤单,该虚假报撤单是可以通过高频交易程序设定的功能进行的。柯西亚所用高频软件的开发者证明该高频交易软件自带成交前自动撤回大额报价单的功能,柯西亚明知高频交易软件的特有功能而使用,即证明其具有虚假报撤单的故意。至于对交易对手的交易决策之影响的证明,则可以通过相关的交易对手证明其决策受到了高频交易软件交易策略的影响。

除幌骗型的市场操纵外,高频交易软件还存在"塞单"或者"高速试探"型操纵。塞单是指交易者运用高频交易程序在极短的时间内(比如几毫秒)突然向市场上抛出巨量卖单或买单,然后迅速撤单。塞单者大量报单又迅速撤单的行为会导致交易系统"塞车",使市场上的交易者看到了交易趋势却不能正常成交,从而扰乱整个市场的交易秩序,甚至酿成系统性风险。2010年的"闪崩"事件中,一名高频交易商运用自动化程序抛出巨量卖单压低价格,之后再取消这些交易,并欲以压低后的价格买入合约,企图在市场价格回升时获利,但由于塞单导致系统崩溃,市场价格一直下跌,数万亿美元的市值蒸发,多数投资者损失惨重。"高速试探"的通常做法是,高频交易商不停地用小额的、不断提价的、不能立即成交便立即撤销的订单来试探机构投资者的大订单,一旦发现机构投资者的价位和大概数量,高频交易者就运用其速度优势,抢先将市场上的目标交易者"吃掉",然后再统一提价后卖

---

① 肖凯:《从柯西亚案看幌骗型高频交易的司法认定》,《检察风云》2017年第4期,第28-29页。

给机构投资者或者压低价格后从机构投资者手中买入。"高速试探"损害了机构投资者的利益,使其不能以最低价格成交。①

"幌骗""塞单""高速试探"均利用了高频交易的特性,其中"幌骗"多数情况下也用高速试探的方式对期货交易的价格进行人为的操纵,"塞单"通过阻碍普通投资者成交的方式达到投机者操纵价格的目的,"高速试探"利用速度优势抢夺机构投资者的机会,这三种情形均符合前述有关操纵的规定,其共同特征是高频交易者利用技术优势使市场价格朝着对自己有利的方向修正,主要的修正手段是频繁地报撤单,使自身利益成为市场利益的主要部分,对整个市场都具有很强的操控性与侵略性。

3.高频交易风险之三:利用信息优势损害市场公平

市场公平建立在信息公开的基础之上。如果将市场参与者之间的关系简化为交易与竞争关系,则对市场的参与者来说,公平交易和公平竞争是理想的图景,而公平交易和公平竞争都离不开信息的公开透明。了解市场中每个交易环节的信息是市场参与者进行合理化投资决策的重要条件,这也是市场本身对信息公开化的要求。一般来说,信息的公开化程度越高,投资者获得信息的成本越低,投资者之间的地位越平等,交易的结果就越公平。同时,市场信息的公开化程度越高,越有利于监管部门对市场的监控,越有利于维护市场的稳定和金融体系的发展。而高频交易的引入并没有很好地推动信息的公开化。高频交易者利用计算机程序进行量化交易,在极短的时间内报出价格并在普通投资者注意到价格变化之后迅速地撤销报价,以普通投资者对交易系统的反应速度,其只会注意到高频交易者之前的报价而未能注意到高频交易者对该报价的撤销,普通投资者基于高频交易者的报价而作出自己的决策,本质上就是基于一个不存在的虚假报价而作出自己的决策,从而可能使自身利益受损。这就如同交易中的虚假陈述一样,虚

---

① 邢会强:《证券期货市场高频交易的法律监管框架研究》,《中国法学》2016年第5期,第156-177页。

假陈述方给出一个无成交意向的报价,另一方在不知情的情况下给出自己的报价,虚假陈述方再修改自己的报价,直至对方的报价符合自己的预期。

市场公平建立在公平参与的基础之上。任何一个有效的金融市场都建立在所有投资者公平参与的基础之上。这意味着市场中所有公开的信息都能被每个投资者平等地接收,使投资者能根据自己对市场的判断及自身的经济实力采取相应的策略进行交易。期货市场同样如此。高频交易者运用频繁报撤单的方式进行操纵,向市场传达出虚假的信息,其真实的意图不能被报价系统识别,而其他普通投资者受其误导却作出真实的报价,高频交易者再运用其速度优势探知普通投资者的真实报价。这就如同在高频交易者和普通投资者之间形成了一个单面透光的墙,高频交易者能看到普通投资者的信息,而普通投资者无法知道高频交易者的真实信息,两者处于严重的信息不对称状态。报价系统的时滞无形之中把高频交易者放在了优势地位,未掌握技术的普通投资者被放在了劣势位置,两者之间的平等性被打破。

市场公平建立在公平的交易成本分摊上。交易成本是影响交易速度及整体市场流动性的因素。交易成本通常包括找寻交易对手的成本、谈判成本、定约成本、履行成本等。在传统交易中一般是卖方先抛出其拟定的卖价,买方对众多卖方的不同价格进行比对筛选后根据自己的投资需求和目的报出自己的买价,进而双方成交。由于卖方是先手方,一般情况下需要在市场中等待买方的回应,等待时间的长短取决于买方,买方在此期间可以积极了解市场信息,对市场上的行情进行判断,并权衡自身的合理买价。卖方在此过程中被要求等待的时间就会转化成卖方的交易成本,买方了解市场信息的时间会转化成买方的交易成本,交易延迟越长,市场的流动性越低,双方的成本越高。计算机技术的应用能够有效地降低卖方发现市场价格信息的成本,并有效降低卖方的等待成本,从而提升交易效率。高频交易者采用先进的运算程序,能够大幅度降低交易成本,提高报价更新的效率,以较低的信息成本使价格朝着更有利于其自身利益追求的方向变化,有效降低了找寻成本。市场的冲击成本也会因交易者实力的不同而产生差别。市场冲击成本即交易者最初拟定的价格与最终成交价之间的价差,与交易者的规模和交易量成正比。通常情况下,成交量越大,交易成本越低。有关股票交易的研究表明,交易量每达到100股就会对拟定的价格产生0.01单位的影响,这部分的偏离成本就由交易者承担。高频交易技术的使用,使每股交易对拟定价格的产生的影响更小,仅为0.005单位,这就降低了市场中市价订单的成本,使市价订单的数量随着成本的降低而增加。市价订单的增长有效减少了交易中的噪声信息,使价格更接近于双方的需求。[①] 另外,投资者之间还存在交易佣金等显性成本的分摊问题。显性成本过高会增加投资者的交易成本与交易摩擦,交易成本的增加会减少他们的投资数额和成交量,成交量减少会降低市场的流动性,反过来又会增加交易的信息成本。但显性成本并非没有积极作用,增加交易佣金类的显性成本,可以促使那些以投机为目的的投资者因交易成本的增加而更加理性地投资,从而优化投资者的投资结构。在交易成本和信息成本因为网络技术、信息技术的发展而大大降低之后,市场上的竞争更加激烈,而且这种竞争越来越演化为交易速度或时间的竞争,更快的交易速度与更短的交易时间成了在竞争中取胜的法宝,时间价值开始成为决定产品价格的因素,传统的"大鱼吃小鱼"的竞争方式,开始向"快鱼吃慢鱼"的竞争方式转变。高频交易正是"快鱼吃慢鱼"的典型。

以伊士顿期货案为例。该案中被告伊士顿公司正是利用高频交易技术而非法获利的典型。伊士顿公司在短短一个月的时间内买卖了总计多达377.4万余手的中国金融期货交易所中证500股指主力合约和沪深300股指期货主力合约,违法获利将近4亿元。伊士顿公司的获利建立在严重侵害

---

① 俞啸天:《我国期货高频交易监管——以伊世顿案为例的研究》,安徽大学硕士论文,2018,第13页。

其他投资者合法权益的基础上,对我国股指期货市场造成了极其恶劣的影响。伊士顿公司通过控制 19 个法人账户和 7 个自然人账户进行自买自卖,通过自行研发的量化交易软件在极短时间内以极快的速度进行频繁地报撤单,增加市场上的交易记录,影响金融工具的交易价格和交易规模,使其他投资者受到诱导而选择其误认为正确的投资策略,使金融工具的价格向伊士顿公司预期的方向发展,使其在短时间内获利巨大。期货市场与其他虚拟经济市场一样能够验证"市场接力棒理论"的正确性。市场参与者见到大多数人都看好的一款金融资产,自己也加入这一行列,期望"接力棒"往下传,在市场预期相同时,市场不乏接手者,而一旦市场行情出现相反的转向,未能及时将接力棒传出去者可能立即被套牢或者被淘汰出局。伊士顿公司利用高频交易软件进行频繁地报撤单,向市场发出错误的信息,使其他投资者因受到误导而进行交易,比如先通过量化交易报单将金融工具的价格压低,使价低者将手中的"接力棒"传给伊士顿公司,伊士顿公司再通过高价报单并撤单的方式将价格拉高,其后将"接力棒"高价传给其他投资者接手,使其他投资者高价接手后却找不到更高价的接手者从而被套牢或被强行平仓而出局。

由于高频交易对软件和硬件资源的水平要求都很高,能够使用高频交易的多为拥有雄厚资金实力的机构投资者,普通投资者很难有机会接触到这一交易方式。在实力强大的高频交易商面前,普通交易者想要获得公平的交易机会是不可能的。在个人投资者占比较高并且投资者热衷于短线和超短线交易的市场环境下,高频交易者相对于普通交易者而言,在交易信息、市场地位及交易成本方面均处于优势地位,其利用高频交易程序进行大量的报撤单操作,使市场价格成为人为价格,对普通投资者进行利益掠夺,与正常的市场交易及市场竞争中存在的利益争夺或转移有着本质的不同。

4.高频交易风险之四:利用跨市套利引发市场崩溃

跨市场套利是利用一种商品或相关性极高的商品在不同市场出现的价

格差异来获利的交易方式。期货市场上的跨市套利指在两个或多个市场上针对同一类型或相关性的金融工具建立交易数量相匹配、交易头寸可对冲的投资组合,并利用金融工具在不同市场的价格波动差异来获取低风险收益的交易方式。期货跨市套利分为期货间套利和期现套利、回归套利和趋势套利、正向套利和反向套利。影响跨市套利交易的因素主要体现在对价差的影响上。影响价差的因素有不同区域的供求关系、运输成本、汇率因素、资金流向差异以及宏观经济政策的影响。比如,同一商品或相关商品在不同的区域的供求关系,会影响到商品在这些不同区域的市场的价格,通常情况下,供应相对充足的市场,商品价格上升较慢甚至下降,而供应相对短缺的市场,商品价格会上涨。当两个市场的价差超出合理范围,就会有跨市场套利行为,使价差回到合理区间。如果两市场之间的运输成本增加,则价差会增大,反之,则减小。以期货间套利为例,同一商品在不同期货交易所上市合约之间往往存在价差,如果投机者在两个市场之间进行套利,则两个市场都会受到套利行为的影响。同理,高频交易对单一市场释放的消极影响可能会扩散到其他板块的证券市场,这些相互有关联的市场会因此而波动,甚至可能会引发系统性风险,威胁金融市场的稳定。深刻分析美股"5·6闪电崩盘事件"可以发现,高频交易是该事件的诱因之一。当越来越多的期货交易员将高频交易作为跨市套利交易谋利的工具,市场风险的发生就不可避免。又由于高频交易软件本身的不稳定性和套利交易的投机性及非理性本质,更进一步放大了市场风险。[①]

　　经济全球化趋势的不断加深进一步增强了资本市场间的联动性,任何一个市场指数的异动都可能会影响其他市场的走势。以股指期货市场与股票市场的联动关系为例,股指期货市场指数反映了投资者对未来股票市场

---

① 刘杨:《高频交易的潜在风险及法律监管——由伊世顿公司操纵股指期货案引发的思考》,《金融理论探索》2016年第2期,第44-49页。

的预期,如果在股指期货市场上频频出现对交易时刻和交易点位把握十分精准的巨大卖盘,则根据供求关系对交易价格的影响,股指期货价格必然下降。股指期货市场指数下跌,会影响投资者的信心,使其对市场未来的走向产生悲观情绪,进而会影响投资者对股指期货合约的买入量。若股指合约的买入量急剧萎缩,就会影响股票市场上投资者对未来股票价格的预期。这种情况下,股票投资者一般会认为股票价格将下跌,股票市场的卖盘会增多,股票价格确实会因此而下跌,股票市场指数也受到影响而下跌,股指的下跌又反过来助推恐慌情绪蔓延到股指期货市场,引发期指市场更深层次的下跌,两市场间出现连续下跌的"负反馈循环"现象。虽然股指期货市场的建立正是基于其与股票市场存在的联动关系,但是高频交易特殊的操作手段以及较大的交易量使跨市场风险的发生掺杂了人为因素,即高频交易下的价差可能是人工操纵的结果而不是市场上的客观因素影响的结果。

(二)高频交易有限发展的必要性

以上分析可知,高频交易可能产生系统性风险或跨市场风险,这种风险不是影响某一个机构或者是某一个投资者的风险,而是威胁整个期货市场的稳定、从而可能对相关实体经济都会产生影响的风险。这种风险的破坏性极其强大,不仅直接影响期货市场的安全与稳定运行,而且可能对期货市场相关的其他金融市场产生深远影响,使众多期货交易参与者遭受重大损失,甚至引发整个期货市场的崩溃。因此,期货高频交易的发展应该以期货市场运行安全为限。这里的安全是指一种经济秩序的稳定与持续的状态。没有经济秩序的稳定,经济安全就无从谈起;经济秩序如果不具有持续性,经济稳定也不复存在。另一方面,这里的安全不仅仅是局部的、微观的安全,更是全局的、宏观的安全。微观经济安全涉及具体的社会关系的稳定与持续,集中体现在市场主体的权利安全和交易安全两个方面,而宏观的安全则涉及一个国家、地区或行业经济全局的安全。期货市场的宏观安全是整个期货业及关联行业的安全。随着全球经济一体化的发展,国家经济安全问题的讨论主要聚焦于如何抵御和防范世界性经济危机的外部冲击,确保一国的经济安全。作为虚拟经济重要组成部分的期货,有限理性、高度的投机性、外推预期机制扩大了其对经济运行的影响。在期货交易国际化背景下,期货高频交易的特性更能加重其对期货市场运行安全的影响。因此,有限度的发展是必然的。期货市场主体的权利安全体现在不受高频交易之不公平信息优势的侵害,交易安全体现在不受高频交易操纵之侵害,在不能阻止高频交易技术发展的前提下,只有通过法律设定相应的技术规则才能防止高频交易可能带来的侵害。只有在经济安全前提下,高频交易的发展才有正当性与可行性。高频交易的有限发展是目标,也是手段。从交易的速度来看,高频交易无疑带来了效率,但效率必须在市场安全的前提下才会有意义。没有安全的效率只会导致强波动性及高风险性,进而可能导致金融系统的崩溃。基于此,虚拟经济有限发展法学理论视角下的高频交易须遵循有限发展的原则,以宏观经济安全为主并兼顾微观经济安全。

在虚拟经济有限发展法学理论看来,高频交易更容易出现价值规律被异化、需求定律被扭曲的问题,高频交易过程中的风险更是放大了期货市场的非自洽性。前已述及,高频交易具有投机属性,高频交易者一旦进入特定的交易场景,其目的或动机就比较纯粹地表现出逐利性。无论采用何种交易手法,高频交易中都极少能反映出投机者的实际需求,更遑论交易标的的实际价值。对交易的实际需求和价值的偏离是高频交易风险的源头。对这种偏离,高频交易自身无法进行自我矫正;对这种风险,高频交易自身无法进行抑制,只有政府通过公共规制才最能抑制风险的发生,矫正因高频交易者强大的技术、信息、经济优势而对其他期货投资者的攻击与掠夺。虽然高频交易提高了金融资本的配置效率,提升了投资者的风险管理能力,但其并没有改变期货交易本身的风险属性,反而因其高效率加剧了风险传染的速度,拓宽了风险串扰的范围。与传统交易模式相比,高频交易与实体经济更加疏离,所以只能在一定的限度内发展,必须与期货市场对应的实体经济的发展目标相匹配,不能脱离实体经济的需要而陷入纯技术与速度的竞赛。监管方面,依虚拟经济有限发展法学理论的观点,需要凭借技术化的监管手段,并强化高频交易技术相关信息披露的质量,即对高频交易的监管须采取相应的技术手段,以"技术规制技术"。

三、以高频交易有限发展为核心的期货交易行为制度变革

高频交易是日益复杂的科技手段与金融工具和证券期货市场深度融合的结果。前已述及,美国和欧洲的证券交易中几乎一半都是高频交易,其在对冲基金和共同基金等金融衍生品交易中的应用尤为广泛,这表明金融技术的发展已经对金融市场产生了深刻的影响。股指期货市场引入高频交易能够给市场带来流动性,提升市场运行效率。但是过度的流动性尤其是不以成交为目的的报单所带来的虚假流动性并不能真正地提升市场效率。相反,如果市场被高频交易商操纵,不仅正常的市场交易秩序会受到破坏、普通投资者的利益被掠夺,连最起码的市场公平也会被破坏殆尽。如果高频交易程序出现错误或瑕疵,不仅起不到优化市场效率的作用,还可能造成市场中金融产品的价格出现异常波动而导致投资者利益受损、市场功能受到重创。因此,高频交易必须坚持有限发展的理念。

(一)域外高频交易有限发展的制度实践

众所周知,价格是市场竞争的核心要素,资本市场也不例外。市场投资者越早获得有关市场的价格趋势信息,越能抢先一步进入市场的下一个阶段,在交易标的涨价前买入并在涨价后卖出获利或在交易标的跌价前卖出以避免损失。高频交易技术正是为了更早获得价格趋势信息或在同时获得价格趋势信息情况下为了抢先一步交易而产生。高频交易技术使投资者对

价格的变化更为敏感,它首先使投资者能够快速发现期货产品的买入或卖出价格,其次它能够使交易变得更加有效率,期货的价格发现功能得以实现。但前已述及,高频交易也有两面性,在提升市场效率的同时,如果运用不当就会为市场的稳定埋下隐患。对此,各国对高频交易均持有限发展态度,主要包括实行准入制度、算法报备(Notification of algorithms)、熔断机制(Circuit breaker)、高频交易商履行做市商义务、调整最小报价单位(Minimum tick size)、规定订单最低存续时间(Minimum resting times)、规定订单执行率(Order-to-execution ratios)、阻止无成交意向报价(Stub quotes)等,其目的是在交易机制上防范高频交易的信息优势滥用,促进真实市场价格的形成。① 各国在具体的制度上又各有侧重。

为限制高频交易的过度发展,德国于 2013 年出台了专门的《高频交易法》。依据该法的规定,扰乱或延迟交易系统的运行、造成第三方难以识别交易系统中的真实买卖下单或者对于某一金融工具的供给需求造成了虚假或者误导性的信号均属于市场滥用行为。② 据此,高频交易中的塞单、大量报单再撤单等手段均属于市场滥用行为。而且,德国《高额交易法》中对构成市场滥用的行为并不要求"交易意图",这降低了市场滥用行为的构成标准。如果高频交易扰乱了正常的市场功能或影响了真实的供需关系,就可能会被认定为市场滥用行为。这种规定体现了德国《高额交易法》对高频交易行为的严格限制。为防范高频交易中"闪电订单"的蔓延而导致风险,德国《高额交易法》规定了订单的最低停留时间,以确保市场参与者有足够的反应时间进行交易。为及时了解高频交易主体的情况,德国《高额交易法》要求从事高频交易的主体须取得执照,并对高频交易主体的经营行为和组织架构规定了一系列要求。在对高频交易主体实行注册制的基础上,德国

---

① 肖凯:《高频交易与操纵市场》,《交大法学》2016 年第 2 期,第 18-27 页。
② 肖凯:《高频交易与操纵市场》,《交大法学》2016 年第 2 期,第 18-27 页。

《高额交易法》要求交易所会员建立相应的机制，以对程序化交易所产生的订单进行标记，并将该标记以独特的密钥发送给交易所。监管部门则有权要求程序化交易者提供其所使用的程序中所设定的交易策略、算法和参数。监管机构可以据此分析高频交易商行为的合规性。

英国对高频交易的监管也主要依据有关市场滥用的规定。英国法中的市场滥用是指"任何行为或者交易，对于市场上任何相关投资工具的价格或价值制造了虚假或误导性表象"。[①]据此，高频交易者的大量报撤单等手段如果引起市场的其他参与者误认为市场行情变化而跟单，就构成市场滥用。就这一点而言，英国法和德国法是一致的。

美国传统上将期货市场中的连续交易、特定时段操纵、洗售、虚假报单等行为均视为欺诈性交易方式。为应对程序化交易的风险，在反欺诈的基础上，美国于2010年在《多德——弗兰克法案》中增加了对扰乱市场交易行为的处罚，并进一步将幌骗、报价填充等行为规定为扰乱市场的行为，将不以成交为目的的报撤单界定为幌骗，同时对幌骗行为也进行了列举式规定：报撤单超过了交易系统的报价能力；旨在延迟他人成交的报撤单；制造虚假市场表象的报撤单；旨在引起价格向上或向下波动的报撤单。高频交易中的虚假报撤单、塞单、高速试单等共同的特点是不以成交为目的，均属于美国法禁止的幌骗行为，是扰乱市场交易的行为。扰乱市场行为从本质上讲也是操纵市场的行为。但传统的市场操纵如囤积居奇、逼仓等都以真实的交易为基础对市场进行人为的价格操纵，而高频交易中的主要操纵手段是利用信息不对称进行虚假的报撤单制造市场表象引诱其他市场参与者，所以与传统的市场操纵行为还是有区别的，但就市场走势的人为操纵而言，两者又没有本质的区别。针对高频交易的风险，美国监管机构认为应提高其快速反应能力和准确分析市场事件的能力，为此，美国监管机构采取了大型

---

① 肖凯：《高频交易与操纵市场》，《交大法学》2016年第2期，第18-27页。

交易商报告制度,要求交易规模达到一定标准的交易商要向其报告交易数据,以便掌握大型交易商的信息。这些大型交易商都有特定的交易识别码,交易中的信息,如下单、取消或改单等都会被经纪商保存下来,以使监管机构能够有效识别和分析其交易活动。

上述期货市场较为发达的几个国家均对高频交易采取了相应的较为具体的监管措施以限制其不当发展,这充分说明各国政府在对待高频交易时的审慎态度。各国对高频交易的监管值得借鉴的地方有以下几个方面:第一,针对高频交易自动执行交易策略的特性,在传统的市场操纵行为之外,另行规定市场滥用或扰乱市场等不强调交易意图的行为,通过具体列举与兜底规定相结合的形式对这些特殊的行为进行明确界定,为高频交易策略划定"红线";第二,对从事高频交易的主体执行牌照发放制度,甚至对高频交易主体内部的组织架构作出规定,以便于控制高频交易的主体数量及其内部的风险;第三,要求高频交易主体报告其交易策略、算法及参数,以便于监管机构分析其合规性;第四,要求高频交易主体保留详尽的交易记录,以便于监管机构识别违法的交易策略。我国作为期货市场的后发国家,高频交易还没有被广泛使用,但通过研究其他国家高频交易的发展现状及立法态度,应充分认识到高频交易的功能及其弊害,更应该在虚拟经济有限发展法学理论的指导下坚持高频交易有限发展的理念,并借鉴其他国家已经较为成功的经验,对高频交易进行监管。

(二)我国高频交易的制度现状及其有限发展的变革路径

由于我国资本市场的金融产品多数采取"T+1"交易模式,不存在日内交易机会,较高的印花税与交易手续费亦增加了交易成本,使得高频交易在资本市场无施展空间。在2010年之前基本没有高频交易的概念。沪深300股指期货自2010年正式交易以来,以5分钟为周期的交易量开始显著多于其他频率的交易量,因为一些市场参与者运用了程序化交易,而我国的程序化交易大多是基于 K 线形态设置的。期货市场具有"T+0"交易、手续费低、保证金交易、能够进行卖空交易等特点,是程序化交易最适合的平台,也是高频交易者的主战场。中国金融期货交易所于 2015 年 7 月 3 日公开承认,由于程序化交易已占到总交易量的 50% 以上,股指期货市场已经因此而受到影响,该交易所不得不采取措施对股指期货交易中的程序化交易加以限制。这印证了当时期指市场暴跌对股票市场的消极影响,两市场间的螺旋下跌效应已经显现。[①] 从我国金融市场的实际情况出发,结合有限发展理念的要求,在对高频交易可能给市场带来的风险有充分认识的基础上,必须对高频交易实施有效监管。

1.我国期货高频交易的制度现状

我国的证券期货市场落后于西方发达国家,很多先进的自动化交易算法都来自国外,由于无法预判自动化交易带来的市场风险,在监管体系架构及监管措施设定上都明显滞后于市场前进的步伐。[②] 监管主体架构方面,目前我国主要由证监会、期货交易所和期货公司各自发挥作用对期货市场进行监管。其中,证监会的监管主要有两种方式,一是制定或修改规范性文件,为规范市场主体的行为提供制度保障;二是当证券期货市场出现风险事件后,配合交易所以及公安部门联合调查,查清事实后对相关违法主体进行行政处罚,更多地发挥事后监管的作用。期货交易所主要担任事中监管的角色,其对交易所内发生的违规行为有条件了解更多的信息,能够及时地管理市场。期货公司通过对客户资质和交易委托的审查主要发挥事前监管的作用。我国期货市场的监管离不开这三个主体从上到下、从事前到事后的监管配合。在复杂的金融市场中,更需要这三个主体信息共享、及时沟通。

---

① 刘杨:《高频交易的潜在风险及法律监管——由伊世顿公司操纵股指期货案引发的思考》,《金融理论探索》2016 年第 2 期,第 44-49 页。

② 李臻:《证券期货市场自动化交易的风险与监管研究》,《金融监管研究》2019 年第 5 期,第 99-111 页。

证监会作为国务院直属单位,依照法律、法规和国务院授权,统一监督管理全国证券期货市场,维护证券期货市场秩序,保障其合法运行。当出现破坏或扰乱市场秩序的行为时,证监会有最高的管理权限,尤其是当违法行为不仅仅发生在某个单一的市场时,更需要金融市场中的多部门配合对违法行为进行查处,证监会的地位决定其能够对交叉性违法行为或跨市场风险行为进行综合监管。但证监会作为监管机构相对缺乏技术专家,也缺乏与自动化交易有关的技术规范。期货交易所掌握着每日的交易情况,在发现交易风险与降低交易风险方面有着独特优势,只要交易所采取合适的监管方式,对其会员的资本实力、经营状况及交易行为有具体细致的了解,就能够很好地发挥始终监管作用。就其地位而言,期货交易所应该是金融科技的集大成者,只有这样,期货交易所才能快速、高效地识别有害于市场的交易行为。但目前我国期货交易所这方面的能力明显不足,大数据建设和挖掘的技术尚有很大的差距,监管方式还不能跟上市场发展的速度,监管手段还较为传统,对监管对象还不能做到实时管控。在风险复杂化情况下,不同交易所之间可能存在风险传递,演变为跨市场、跨品种、跨交易所的风险,在对外开放加速背景下,期货市场与境外市场的联系日趋紧密,跨境风险输入可能发生,这更需要监管方的协调干预。

在法律制度方面,针对期货市场上的价格操纵行为,我国《期货交易管理条例》第三十九条规定:"任何单位或者个人不得编造、传播有关期货交易的虚假信息,不得恶意串通、联手买卖或者以其他方式操纵期货交易价格。"该条例第七十条进一步规定,单独或者合谋,集中资金优势、持仓优势或者利用信息优势联合或者连续买卖合约;蓄意串通,按事先约定的时间、价格和方式相互进行期货交易,影响期货交易价格或者期货交易量的;以自己为交易对象,自买自卖,影响期货交易价格或者期货交易量的;为影响期货市场行情囤积现货的为操纵期货交易价格的行为。这些法定的市场操纵类型显然过于简单,其共同的特征是操纵者都存在真实的交易基础或期货买卖行为,高频交易中的最常见的虚假报撤单、塞单及高速试单等没有被包含进来。尽管条例规定有兜底性条款,但从用语上看"国务院监督管理机构规定的其他操纵期货交易价格的行为"仍有赖于明确的规定。虽然 2010 年《最高人民检察院、公安部关于公安机关管辖的刑事案件立案追诉标准的规定(二)》已将"单独或合谋,当日连续申报买入或者卖出同一证券、期货合约并在成交前撤回申报,撤回申报量占当日该种证券总申报量或该种期货合约总申报量百分之五十以上的"规定为属于应予立案追诉的情形,但该规定是从刑事立案角度做出的,将撤回申报量限定在期货合约申报总量的百分之五十以上也容易被高频交易商规避,对此仍需要通过完善常规性的期货市场监管制度进行规制。我国目前能够利用高频交易的主要是股指期货市场。在 2015 年 6 月 26 日的股市大震荡发生后,作为风险对冲与管理工具的股指期货在 7 月 8 日遭遇期货史上的全线跌停,为加强股指期货交易监管、抑制过度交易,中国金融期货交易所公布了一系列措施,其中的一项措施就是若从事股指期货套利、投机的客户对某合约单日报撤单行为超过 400 次、单日成交行为超过 5 次的,就被认定为"异常交易行为",对异常交易行为调增期货交易手续费用。虽然这些举措可以有效抑制高频交易中的虚假报撤单,但是高频交易常用的塞单、高速试单等手段仍未被包含其中,而且缺乏相关的法律责任设定。2019 年 6 月 18 日,最高人民法院、最高人民检察院发布《关于办理操纵证券、期货市场刑事案件适用法律若干问题的解释》将蛊惑交易、"抢帽子"交易、虚假申报等 6 种行为解释为《刑法》第一百八十二条规定的操纵证券、期货市场犯罪行为,该司法解释第一条第五项规定了虚假申报类操纵行为,即"不以成交为目的,频繁申报、撤单或者大额申报、撤单、误导投资者作出投资决策,影响证券、期货交易价格或者证券、期货交易量,并进行与申报相反的交易或者谋取相关利益"的行为。事实上,高频交易中的塞单、趋势引发、试单等行为同样可能构成操纵证券、期货市场罪。[①]另外,构成《刑法》上的操纵证券、期货市场犯罪行为须达到情节严重的程度,若未达到情节严重,自然不能归入刑事制裁的范畴,这就会使一些高频交易类的操纵游离于法律制裁之外。在当前的期货交易实践中,一些交易者反复利用程序化交易或自媒体平台从事虚假申报、蛊惑、抢帽子、挤仓等操纵期货交易价格、扰乱期货市场秩序的行为,而这些行为又未被《期货交易管理条例》明确禁止,且呈现多发趋势,亟需予以规制。鉴于此,2019 年11 月 18 日证监会发布第 160 号令明确禁止虚假申报、蛊惑、抢帽子、挤仓等操纵期货交易价格、扰乱期货市场秩序的行为。该规定作为监管部门的规范性文件,可以在一定程度上打击此类操纵市场价格的行为,促进期货市场健康发展,但该规定还不是法律条文,效力层级较低,未规定操纵者的行政法律责任,能够发挥的作用较为有限。针对这个问题,《期货和衍生品法》第二十一条作出了原则性规定,要求程序化交易不得影响期货交易所系统安全或者正常交易秩序。如果交易者采取的程序化交易影响了期货交易所系统安全或者正常交易秩序,则依据该法第一百二十九条的规定,会被责令改正,并处 50 万以上 500 万以下的罚款;对直接负责的主管人员和其他直接责任人员给予警告,并处以 10 万以上 100 万以下的罚款。另外该法第十二条已经把"不以成交为目的,频繁或者大量申报并撤销申报"规定为市场操纵行为,并在第一百二十五条规定了相应的法律责任。可以说,我国对高频交易的法律规制已经有了法律依据。

在具体监管措施方面,证监会 2010 年 9 月下发的《期货交易所业务活动监管工作指引第 9 号——关于程序化交易的认定及相关监管活动的指导意见》(以下简称《9 号指引》)并没有对程序化交易进行具体界定,只是从定性的角度,要求各交易所根据自身情况制定具体标准。在此之前,国内各期

---

① 刘宪权:《操纵证券、期货市场罪司法解释的法理解读》,《法商研究》2020 年第 1 期,第 3-15 页。

货交易所主要采取席位流量控制的方式,来减轻程序化交易给交易系统带来的压力,一旦某交易席位流量超过一定的门阀值,其报单将不能进入交易系统,而处于排队等候状态。而《9号指引》这种自律监管为主的框架,反映出证监会对高频交易的利弊、监管细则尚没有达成基本的共识。[①] 另外,我国的证券市场和期货市场上分布着大量的个人投资者,这些投资者缺乏丰富的专业知识,对证券和期货的价格判断主要依据交易指数,短线操作,"买涨不买跌"是这些投资者普遍的心理,与拥有资金、技术、信息优势的机构投资者相比,个人投资者处于劣势,是证券和期货市场上主要的风险承担者。期货中的高频交易者获利的主要来源即这一部分个人投资者的损失。因此,期货市场的监管还需要以维护市场秩序为主,同时树立保护投资者的理念。我国现有的制度设计中,投资者保护没有成为监管制度的核心,甚至存在严重缺位的情形。

2.我国期货高频交易有限发展的制度变革路径

高频交易具有改善流动性、提高价格发现效率的积极作用,但也具有加大市场波动、影响市场公平等风险。鉴于高频交易的两面性以及金融科技迅速发展的现实,在金融市场双向开放的时代背景下,对待高频交易应坚持有限发展理念。既不能因其弊害而禁绝其发展,也不能因其益处而任其发展。正如中国证监会在2015年10月对外公布的《证券期货市场程序化交易管理办法(征求意见稿)》起草说明中所陈述的那样,为维护正常的市场秩序,保护中小投资者合法利益,基于我国资本市场个人投资者多、交易换手率高、价格波动大等特点,对程序化交易需要严格管理、限制发展、趋利避害、不断规范。具体的制度变革涉及以下几个方面:

(1)合理配置高频交易监管权

风险管控在很大程度上是一个技术性话题,即对高频交易的管控首先

---

① 肖凯:《高频交易与操纵市场》,《交大法学》2016年第2期,第18-27页。

需要从技术上具有可行性,但在现代法治语境下,政府对高频交易的风险管控首先必须得到法律授权。在获得法律授权的基础上,对高频交易的监管,首先应合理配置监管权。遵循目前的监管主体架构,证监会应负责制定与高频交易有关的规范性文件,同时证监会应设置相应的技术岗位,专门负责对包括高频交易在内的程序化交易商的登记及算法软件的测试与备案。借鉴美国证券交易委员会的做法,要求利用程序化交易的公司向证监会注册登记,使证监会有明确的特殊监管对象。所有登记在册的程序化交易者在进入市场前,都须接受证监会对其算法软件的测试,并对其算法软件的运行系统、交易策略及参数进行备案。同时,程序化交易者还应向证监会提交其风险控制报告。高频交易商与其他投资者相比,法律地位平等,其订单也必须经过经纪商接入交易所系统,不能越过期货公司而直接进入交易所系统。因此,期货公司作为市场风险防范的第一道防线,应被赋予高频交易订单的审核权,通过高频交易指令计算机审核系统,自动阻止申报价格及数量异常的指令接入期货交易所的主机。期货公司自营业务若通过程序化交易下达指令,则应当通过自我约束和内部指令审核系统,自动剔除不以成交为目的的频繁报撤单、高速试单、塞单等策略。期货公司应建立完整的风险识别及控制系统,对来源不明、风险系数较高的算法指令进行有效管控,以确保交易的合适性;同时期货公司要保存高频交易商的记录——包括每一个订单的下单、取消与修改等方面的信息。这就要求期货公司必须具备高频交易软件策略核查能力或技术,期货公司是否具有这种能力应当由期货交易所进行认证。之所以由期货交易所认证,是因为其作为市场的管理者,对市场的交易策略有更全面的认识,而且当期货公司的自营业务使用高频交易程序时是直接接入交易所系统的,交易所也应当具备对期货公司交易指令的核查能力。目前的《证券期货市场程序化交易管理办法(征求意见稿)》将程序化交易指令审核指引的权限分配给各期货交易协会并不合适,期货交易协会作为自律监管机构恐难担此重任。从期货交易所对市场的管理职责的角度,其也应当具备审核程序化交易指令的能力。因此,有关高频交易指令审核指引的权力应当配置给期货交易所,并由期货交易所对期货公司的交易指令核查能力进行认证。期货交易所作为市场风险防范的第二道防线,还应建立一套完整的交易者行为追踪系统。该系统可以实时获取交易者的订单和交易记录,以便监管者分析其交易策略、操作手法、市场的流动性及对市场的影响,使监管者对交易者的市场行为是否违法有确凿的证据或证明材料,在发生系统性风险时依据这些证据锁定责任主体,为严厉打击期货操纵行为提供证据。

(2)设定高频交易订单的最低停留时间

高频交易是在投资者追求成交效率的基础上发展起来的,其本身与实体经济的发展没有直接关系,虽然正常的高频交易提供的流动性确实能提升市场的活跃度或推动交易的成交,但高频交易过度追求成交速度时,其提供的流动性对实体经济的发展并无益处,甚至会产生操纵市场和损害交易公平的情形。因此,对高频交易订单的最低停留时间作出限定,是避免其产生过度流动性的有效方法。目前,《证券期货市场程序化交易管理办法(征求意见稿)》仅对程序化交易进行了界定,即"通过既定程序或特定软件,自动生成或执行交易指令的交易行为",既然高频交易属于程序化交易的一个分支,那么有关程序化交易的规则和标准同样适用于高频交易。在我国实践中,各期货交易所对程序化交易的认定主要采取量化标准,如果同一客户编码在同一交易席位的交易委托频率在每秒 5 笔以上,并且该客户以这种频率发出的交易委托在当日发生 5 次以上,即可以被认定为期货市场的程序化交易。参考欧洲证券及市场管理局对高频交易的认定标准,我国可以在程序化交易量化认定标准的基础上,加入动态的认定标准,将程序化交易主体日内修改/撤销订单的生存周期中位数作为指标,如果某交易商的该项指标低于全市场的交易商则被认定为高频交易商。为防止高频交易商通过频繁报撤单探知市场交易趋势而损害其他市场参与者利益,应设定高频交易订单的最低停留时间。

(3)明确禁止操纵型高频交易策略

高频交易的速度加快所带来的好处远不及市场结构的变化所带来的弊端。[①] 高频交易者利用其市场优势在竞争中不断挤压或掠夺普通投资者,导致普通投资者不能与之竞争从而被迫离开市场,这会导致市场结构的变化,从而使市场的价格发现功能受到破坏。因为期货市场的价格发现功能同市场参与者的数量密切相关,买卖方人数越多,市场越能发现价格,若市场上大量的投资者因为竞争劣势而退出市场,则市场价格仅由小部分高频交易者决定,价格发现功能必然脱离实体经济的实际,高频交易商之间也会从买卖关系沦为技术竞赛关系。《证券期货市场程序化交易管理办法(征求意见稿)》第十八条,列举了程序化交易者的禁止性行为,这类行为的共同特征是能够对交易价格或交易量产生影响,比如由同一主体控制的关联账户之间进行的自买自卖行为;频繁申报并频繁撤销申报的行为;连续高价买入,待价格上涨后又连续卖出的行为等等。若出现这类行为,《证券期货市场程序化交易管理办法(征求意见稿)》第二十一条规定,期货交易所可以采取警示、限制账户交易、提高保证金、限制持仓、强制平仓等自律监管措施,若情节严重、涉嫌市场操纵,由证监会调查处理。这样的规定对防范高频交易的风险无疑是至关重要的。但与前述德国、美国等法律中将滥用程序化交易行为定性为"市场滥用行为""扰乱市场"行为相比,仍缺乏总括式的定性规定,具体列举的情形仍存在不足,塞单、趋势引发等行为未明确列举。其中"频繁申报并频繁撤销申报,且成交委托比明显低于正常水平"与美国法中的不以成交为目的的报撤单类似,连续以高价买入或连续以低价卖出,引发价格快速上涨或下跌后,进行大量反向申报并成交的行为与美国法中的高速试单类似,前已述及,美国法将不以成交为目的的报撤单行为认定为幌骗

---

① 邢会强:《证券期货市场高频交易的法律监管框架研究》,《中国法学》2016 年第 5 期,第 156-177 页。

行为,并将幌骗行为定性为操纵;高速试单在美国法中也被视为操纵。对此,我国应予以借鉴并在立法上进行明确规定。即,首先将滥用高频交易扰乱市场秩序的行为定性为市场滥用行为;为预防高频交易中不以成交为目的的报撤单对期货市场秩序的扰乱,将其认定为期货操纵行为;为保障期货市场的公平,将高速试单行为及塞单行为也定性为操纵行为。

(4)制定高频交易风险管控工具

对高频交易的监管须依赖相应的信息监管技术。可借鉴美国的做法,在已有的信息系统安全指引规范的基础上,进一步完善有关技术标准。首先,建立针对期货市场自动化交易的行业技术标准;完善跨市场数据共享和时钟同步机制;组建跨行业或专业的技术专家团队,提供故障处置决策和事后调查支持。其次,期货交易所应构建统一、公开、规范的自动化交易管理规则及应急处置模式,在准入机制、波动意识警报、自成交控制、最大订单规模等方面进行管控,从技术上降低高频交易对主交易系统的影响与冲击。最后,加强对自动化交易软件的管理,对自动化交易软件的安全性、容错性和稳定性进行测试,以防止高频交易对交易所技术系统的破坏。[①]

对高频交易的风险管控,同样需要用到传统期货交易方式中的一些风险防范工具。熔断机制、涨跌停板制度、日内最大持仓量等均是可行的选择。法国、意大利则通过征收金融交易税的方式限制高频交易工具的使用。[②] 金融交易税能够通过增加交易成本的方式减少无意义的投机交易,使投机者更加理性,使市场价格能够更真实。为了抑制高频交易中频繁报撤单对市场的扰乱,意大利采用了收取"订单撤销费"的方法,"订单撤销费"以未被执行的订单在订单总量中的比例为基础收取,其作用类似于"减速

---

① 李臻:《证券期货市场自动化交易的风险与监管研究》,《金融监管研究》2019 年第 5 期,第 99-111 页。

② 邢会强:《证券期货市场高频交易的法律监管框架研究》,《中国法学》2016 年第 5 期,第 156-177 页。

带",有助于减缓撤单速度。①《证券期货市场程序化交易管理办法(征求意见稿)》规定证券交易所可以根据程序化交易申报、撤单等情况,制定差异化的收费管理办法,对程序化交易收取额外费用。这些风险管控工具均可以抑制高频交易的过度发展。

鉴于高频交易在各国市场中所暴露出来的问题,我国证监会对高频交易的态度相对来说就比较保守,不仅对交易活动限速,限定开仓量,还增加了申报费,所以目前高频交易基本处于停滞状态。作为信息时代金融高科技发展的产物,高频交易是创新的产物,法律对其规制要趋利避害,为金融创新留下空间,保持资本市场的活力,同时须正视其对市场的破坏性,在立法上适度超前,以风险防控为主,避免出现异常价格或错误交易现象,严惩破坏市场秩序、损害市场公平的操作。

---

① 邢会强:《证券期货市场高频交易的法律监管框架研究》,《中国法学》2016 年第 5 期,第 156-177 页。

第六章　虚拟经济有限发展法学理论视角下的期货交易国际化问题及应对

　　中国期货市场目前是全球最大的标准化市场之一,上海期货交易所、大连商品交易所、郑州商品交易所、中国金融期货交易所的上市品种包含 60 个商品期货和 6 个金融期货。其中,上海期货交易所的螺纹钢期货、大连商品交易所的豆粕期货成交量在全球金属期货和农产品期货排行榜中均名列第一。上海原油期货的交易量与持仓量在全球原油期货成交量中位列第三。无论从交易量还是交易品种的丰富性来看,我国期货市场都是全球衍生品市场的重要组成部分。① 期货市场作为标准化程度较高的衍生品市场,市场风险的可控性相对较高,同时由于期货市场特有的价格发现功能与期货市场的国际化程度密切相关,因此,期货市场在资本市场国际化的过程中承担着重要职能。期货交易的国际化有赖于期货市场的对外开放,而期货市场的对外开放是一种双向的开放,既要"走出去",又要"引进来",实现与国际期货市场的相互融通。期货交易所、期货公司、期货投资者是期货市场的三大主体,是"走出去"与"引进来"的开放政策实施中的主要抓手。大宗商品定价权及人民币的国际化在一定程度上都依赖于期货市场的国际化。随着全球经济一体化进程的不断推进,大宗商品的国际化定价规则越来越重要,而一个国家参与大宗商品国际化定价规则的主要途径就是发展国际

---

① 　姜哲:《境内期货市场双向开放问题探讨》,《证券市场导报》2019 年第 4 期,第 33-41 页。

化的期货市场。作为大宗商品的进口大国,我国亟须获得大宗商品定价的话语权,对期货市场的国际化需求格外强烈。尽管期货市场国际化对大宗商品定价权具有重要意义,但是期货的高杠杆性也伴随着一定的风险性,期货业过度开放可能对经济安全与金融稳定有一定影响。作为金融资本市场的一部分,期货市场的对外开放必然受制于我国金融资本市场总体的开放战略,其开放是有限度的。如何在虚拟经济有限发展法学理论指导下把握好期货交易国际化的度,发挥期货市场对外开放的积极作用,减少其负面效应,对开放经济条件下期货业的平稳发展具有重要意义。

一、期货交易国际化的历史沿革、现状及必要性

20 世纪 70 年代末至 1994 年初,我国允许期货公司和投资者自由"走出去"从事境外期货交易,但由于当时的期货立法规范没有跟上,各地成立的期货公司经营管理能力参差不齐、鱼龙混杂,当这些期货公司以境外会员的方式进入其他国家或地区的交易所时,代理链冗长、沟通成本高昂导致频频发生利益纠纷和风险事件。1994 年 3 月国务院明令禁止境外期货代理业务。此后,期货业"走出去"战略进入了长达 7 年的规范整顿阶段。[①] 2001 年,我国加入 WTO,作为金融业对外开放中的一项义务,期货交易的国际化进程重新启动。

(一)期货交易国际化的历史沿革及现状

在期货公司"走出去"方面,2001 年出台的《国有企业境外期货套期保值业务管理办法》规定,我国境内注册的国有企业若具有进出口权并且有在境外期货市场上套期保值的需要,在符合条件的情况下,可以向证监会申请

---

① 胡俞越、张少鹏:《期货市场的国际化发展》,《中国金融》2015 年第 22 期,第 30-32 页。

境外期货业务许可证,只有获得许可证的企业才可以从事境外套期保值业务。至 2005 年 11 月,中国证监会分 4 批次共向 31 家大型国有企业颁发了境外期货业务许可证(目前为 26 家),其他企业即使有套期保值的需要也不能参与境外期货交易。与此同时,期货公司"走出去"步伐加快,2011 年中粮期货、中国国际期货、永安期货等 3 家期货公司获得境外期货代理资格。2016 年,广发期货、永安期货公司等 6 家期货公司在中国香港设立分支机构。目前,在中国香港设立分支机构的内地期货公司已达到 50 余家。2013 年 7 月,广发证券股份有限公司通过间接持有(通过全资拥有的广发期货有限公司之全资子公司广发期货(香港)有限公司)100%股份的广发金融交易(英国)有限公司在境外开展大宗商品期货经纪业务,是期货公司国际化的有益尝试。2013 年 8 月,南华期货香港子公司在美国特拉华州注册成立了全资子公司即南华期货的孙公司,2013 年 11 月该孙公司在美国取得芝加哥商业运营登记证,2015 年 2 月该孙公司正式成为了美国芝加哥期货交易所的清算会员。该孙公司成为了美国有史以来首个具有中资期货公司背景的清算会员,能够为我国境内企业和投资者提供境内外一体化的期货及衍生品市场服务,为中国企业在全球化过程中走出去提供投资金融保障和服务。中银国际期货有限责任公司则通过申请的方式成为了多个国际重要交易所的结算会员。这些期货公司向外拓展业务的过程为我国期货经营业务进一步国际化积累了大量人才和经验。2017 年 4 月,证监会出台了《关于取消期货公司设立、收购、参股境外期货类经营机构行政审批事项的决定》,取消了期货公司设立、收购、参股境外期货类经营机构的审批程序,改为由证监会统一实行备案制管理。目前,中国期货经营机构在境外设立的从事期货经纪类业务的子公司共有 20 余家,为开拓海外市场积累了经验。

期货公司"引进来"方面,依据 2012 年证监会颁布的《关于期货公司变更注册资本或股权有关问题的规定》(证监会公告〔2012〕11 号)第七条的规定,境外投资者通过直接参股中国境内法人的方式入股期货公司,或通过公司章程、协议安排等能够影响或控制的方式间接参股中国境内法人而后入股期货公司的,按照股权权益或表决权穿透计算,单一境外投资者间接拥有期货公司股权权益或表决权的比例应当低于 5%。这意味着我国期货业在"引进来"方面的大门打开了。目前已经有两家境外金融机构参股我国期货公司。2018 年 6 月 28 日,国家发改委和商务部联合发布《外商投资准入特别管理措施(负面清单)》,将单个或多个外国投资者直接或间接持有的期货公司的股权比例限制放宽至 51%,2021 年取消了该外资比例限制,这标志着我国期货业国际化程度的进一步提高。2018 年 8 月 24 日《外商投资期货公司管理办法》颁布并施行,外资期货公司的市场准入有了立法保障,这不仅可以提高外资期货公司的经营水平,还会给期货行业格局带来新变化。

交易者的国际化方面,2015 年 8 月《境外交易者和境外经纪机构从事境内特定品种期货交易管理暂行办法》(证监会令第 116 号)正式施行,允许境外交易者和境外机构从事境内特定品种期货交易。这对促进期货市场创新发展和对外开放具有重要意义。2018 年 3 月 26 日,我国原油期货上市,成为第一个允许境外交易者和境外经纪机构参与交易的特定期货品种。2018 年 5 月 4 日,我国在铁矿石期货市场正式引入了境外交易者,成为第二个允许境外交易者和境外经纪机构参与交易的特定期货品种,为更多已上市期货品种的交易者国际化奠定了基础,进一步推动了我国期货市场的国际化。

近年来,期货交易所的国际化也获得了突破性进展,主要的国际化方式就是与境外证券期货市场机构进行股权式合作。2015 年 11 月,中欧国际交易所在法兰克福成立,合资方分别是中国金融期货交易所、上海证券交易所与德意志交易所,是中国境外首家专注于提供中国及人民币相关金融产品的交易平台,沪深 300 指数 ETF 期货合约是该交易所的首个衍生品。2016 年年底,中国金融期货交易所、上海证券交易所、深圳证券交易所三家交易所与另外两家当地银行组成的联合体成功竞得巴基斯坦交易所 40% 的股权,其中中方三家交易所共持股 30%,成为该交易所单一最大股东。此外,中国证监会已与"一带一路"沿线 26 个国家或地区签署了证券合作备忘录，将进一步深化资本市场领域的合作。

总之，经过 20 多年的发展，我国期货市场在交易规模、交易量、交易品种、交易制度等方面已经取得了很大的成就，一些交易品种如天然橡胶、铁矿石、铜、棉花等已经成为国内大宗商品现货贸易的定价基础。但是在国际贸易中，大宗商品的定价权仍在欧美期货市场。当前中国期货市场国际化的程度，处于"走出去刚起步，引进来尚在初级阶段，国际定价权旁落，自主理论创新缺乏"层面。[①] 我国期货市场的国际化程度不高，其原因主要有两个，一是交易环节的限制较多，二是外汇管理的限制较严。现有政策框架下，境内机构可以通过 QDII、QDLP、QDIE，在外汇管理局批准额度内买卖境外期货合约，社保、保险等具有 QDII 资格的机构可以用自有资金，其他具有资格的 QDII 机构可以用代客资金开展对冲期货交易。境外机构参与境内期货交易的正规渠道，主要通过 QFII/RQFII 对特定品种商品期货进行买卖。天然橡胶、铁矿石、原油等期货品种已经成为国内大宗商品现货贸易的参考基准，但在全球贸易中这些大宗商品的定价权仍掌握在欧洲、美国等大型交易所集团手中。

（二）期货交易国际化的必要性

我国是许多大宗商品的供需大国，却没有大宗商品的定价权，只能被动接受国外期货市场产生的价格，以致出现了中国需要哪种商品，哪种商品就涨价的怪现象。在开放经济条件下，我国的市场经济必然走向世界，亟须取得大宗商品的定价权。在经济全球化尤其是金融全球化已经势不可挡的背景下，谁拥有市场地位，谁就拥有话语权，谁就会在市场竞争中占据主导地位。期货市场作为金融市场的重要部分，对金融话语权的形成具有重要意

---

① 姜哲:《境内期货市场双向开放问题探讨》,《证券市场导报》2019 年第 4 期,第 33-41 页。

义。国际金融话语权的竞争是决定国际金融秩序的核心问题。第一次世界大战前的国际金融话语权由英国主导,第二次世界大战后的国际金融话语权则由美国主导。国际金融话语权的变迁与重构同地缘政治因素密不可分。冷战结束后,全球地缘政治形势的深刻变化使国际金融秩序面临的压力越来越大。[1] 我国"一带一路"倡议的提出及实践,必将对地缘政治产生影响,与之相关的金融话语权也愈发重要。期货交易的国际化不仅是期货市场自身发展成熟的需要,也是我国争取国际金融话语权的需要。

1.期货交易国际化是获取国际金融话语权的重要方面

国际金融话语权涉及规则制定权、国际身份定义权、话题选择权和事务主导权等主要内容。谁主导了国际金融话语权就意味着谁可以向外兜售自己的经济发展模式,谁就可以制定有利于自己的国际金融游戏规则,谁就可以设定重要的国际金融会议、谈判和协定的议项和程序,谁就可以就重大国际金融事务从制度、道义和逻辑上获得相对于他国的优势和主动权。[2] 国际金融话语权包括一系列与金融相关的活动领域的话语权。期货业作为金融领域不可或缺的一部分,期货领域的话语权与整体金融话语权直接相关。期货业话语权的内容包括规则制定与修改权、定价权、议题设置权、平台搭建权、期货合约技术创新权。期货规则制订与修改权是指一国在期货国际运行规则的起草、论证、制定、条款修改等方面的主导权力;如果一国的期货市场形成的价格成为全球性价格,而其他国家的同种类期货被动地跟涨跟跌,则该国拥有定价权;议题设置权是一国就某一事项向其他国家提议、组织召开国际性会议,共同讨论解决对策的权力;平台搭建权是一国为召开国际期货会议而进行筹备、联络、主持等活动以提供论坛对话平台的权力;期

---

[1] 文学、李心愉:《国际金融话语权的变迁重构及对策思考》,《东北亚经济研究》2018 年第 5 期,第 85-99 页。

[2] 张谊浩、裴平、方先明:《国际金融话语权及中国方略》,《世界经济与政治》2012 年第 1 期,第 117-127 页。

货合约技术创新权是一国拥有优秀的期货合约设计团队,技术领先,能够引领国际技术的能力。一国期货话语权的强弱取决于商品期货交易量的大小、商品期货品种开发技术的水平、现货产量、期货立法状况以及期货纠纷解决机制。期货交易量大是掌握话语权的必要条件,品种开发技术高是一国期货市场具备吸引力和影响力的技术保障,现货产量大则是掌握话语权的独特自然优势,对外开放程度越高越能吸引全球各地的投资者。这些都是话语权形成的关键和外部条件,完善的期货立法及公正、快捷的期货纠纷解决机制是获得期货话语权的制度条件。[①] 从全球农产品期货定价中心来看,芝加哥期货交易所的农产品期货价格是国际基准价格。该交易所之所以能够获得农产品期货价格定价权,是因为其满足前述条件。该交易所拥有会员 3600 多个,遍布全球,国际化程度相当高;早在 2003 年该交易所的成交量就达到了 4.54 亿张合约;农产品期货期权产品高达 172 种;美国期货立法体系完备,有专门的期货交易仲裁机构解决纠纷。另外,美元的国际货币地位也是该交易所拥有农产品期货话语权的重要原因。美元的这种地位为投资者自由兑换美元提供了先天便利条件,使期货交易所的交易量可以足够大。我国期货市场的国际化应以国际大宗商品期货的话语权为目标,以更好地实现期货市场的价格发现功能。

我国一直强调要争取主导大宗商品的定价权,如何主导? 如果国际市场上的大宗商品用人民币作为定价货币,如果国际上大宗商品的价格与中国市场的供求具有相关性,那么无论价格高低都意味着我国具有了大宗商品的定价权。目前,国际上主要的大宗商品已经从以传统的生产商和贸易商主导定价模式转变为以期货市场主导定价的模式。具有战略意义的大宗商品如原油、有色金属、农产品、铁矿石、煤炭等,多由国际期货市场定价。通过期货交易和实物交割,大宗商品资源的交易也在隐性地改变着世界资

---

① 张美玲:《我国商品期货市场监管法律制度研究》,中国政法大学出版社,2018,第 89-91 页。

源的地缘分布。一国如果拥有发达的期货市场,就能够控制大宗商品交易的规则制定话语权。期货业与大宗商品定价及实体经济存在着密切联系。改革开放以来,我国经济总量、进出口规模都迅速增长,我国在国际贸易、国际投资领域都具有举足轻重的地位,对期货品种所涵盖的货物的进出口需求量巨大。我国铁矿石的对外依存度达80%以上,86%以上的大豆依赖进口。随着我国"一带一路"倡议的发展,中资企业参与全球贸易的深度在不断加深,广度在不断拓宽,对冲风险的需求也与日俱增,迫切需要参与相关的期货市场。但我国期货市场毕竟没有涵盖全部的期货品种,难以满足有关企业对冲风险的需求,这类企业迫切需要参与跨境期货交易。同时,对境外企业而言,因受制于我国内地期货市场的约束,其套期保值的需求也不能得到满足。因此,进一步开放和发展内地期货市场,对满足境内境外企业的双向需求以及对平衡国际收支都具有积极作用。从期货市场自身发展来说,有序的开放能够增加境外机构投资者比重,可以优化投资者结构,有助于规范期货市场的交易和监管,提升市场参与主体的风险防范意识。无论从企业自身需要的角度还是从期货市场自身发展的角度,对期货市场的双向开放都是获取期货市场话语权的必经途径。

2.期货交易国际化是"一带一路"倡议的需要

以"一带一路"建设为基石逐步拓展中国的国际金融话语权,应该成为我国经济工作的重要战略目标。通过"一带一路"倡议,我国将输出基础设施建设,合作开发沿线国家资源。输出基础设施建设,能够缓解我国的产能过剩问题,提升大宗商品的定价权。我国通过投资建厂、参股生产等方式能够将过剩产能输出到"一带一路"沿线国家,并整合这些国家对大宗商品的需求。这会激发实体企业对风险管理的庞大需求,而期货是风险管理的手段之一。另一方面,通过对沿线国家资源的合作开发,能够弥补我国一些资源短缺的问题,同时推动沿线国家经济要素的有序自由流动。这同样需要通过期货市场来完成。无论是基础设施的输出还是资源的进口,都涉及大宗商品如原油、铁矿石、煤炭等的定价权问题。大宗商品的定价离不开期货市场。但从价格引导与决定角度看,我国在大宗商品国际贸易中因缺乏定价权而经常被动接受国际定价,甚至遭受巨大的经济损失。[①] 以铁矿石为例,我国以及"一带一路"沿线国家的钢铁企业与国际矿山签订了占全球贸易总量的 75% 的不定价长期铁矿石买卖协议,合同最终的结算价以普氏指数的月均价或到港前后几天的普氏指数平均价为准。这种价格形成机制使国际矿山在铁矿石买卖中一直处于主导性地位,使其能够通过操纵铁矿石现货的招标价或者通过 Global-ORE 平台成交价操控全球铁矿石市场价格。通过操控现货价格,以国际矿山价格为基准的普氏指数呈现出了"快涨慢跌"及"涨多跌少"的特性,使国际矿山获得了更多利润。根据有关数据分析,2010 年 4 月 15 日—2013 年 10 月 17 日,上海螺纹钢期货价格每上涨 1%,普氏指数会上涨 1.44%;而上海螺纹钢每下跌 1%,普氏指数则仅下跌 1.2%。[②] 作为重要的原材料,铁矿石与钢铁企业的发展密切相关,其价格甚至决定着钢铁企业的生死存亡。除此之外,铁矿石的市场行情对基础设施建设、房地产、汽车、船舶等多个行业都能产生辐射影响。如果铁矿石价格一直被国际矿山操控,价格上的易涨难跌必然会抬高中国的各项建设成本,也会增加"一带一路"沿线国家的建设成本。为避免"中国买什么,什么就涨价"的怪圈,必须获得期货市场定价权。

　　期货市场的国际化对"一带一路"建设中大宗商品的国际贸易定价能够产生影响,因为期货市场特有的价格发现功能使其能够通过期货合约的交易确定出市场价格。期货市场同其他任何市场一样,市场的范围越大,国际化程度越高,参与市场的主体越广泛,越能够发现市场交易标的的价格。同

---

① 刘红:《发展期货市场提升大宗商品国际定价权的研究》,《价格理论与实践》2017 年第 6 期,第 114-117 页。

② 张秀青:《铁矿石期货市场国际化与"一带一路"建设》,《国际金融》2018 年第 8 期,第 57-60 页。

时,期货市场的套期保值功能是任何一个实体经济投资者都不愿忽视的规避市场风险的重要途径。比如,我国是铁矿石进口大国,而目前国际上的铁矿石定价完全由国外的期货市场操控,主要反映的是卖方市场价格。我国要在铁矿石的价格上享有话语权,就必须通过期货市场强化铁矿石价格的国际影响力。在我国上市铁矿石期货之前,我国铁矿石进口商主要在新加坡交易所和芝加哥交易所进行铁矿石衍生品交易。这两个交易所与普氏指数的相关性极高,而且制度较为健全,交易成本低廉,资金使用方便,铁矿石进口商利用普氏指数签订合同,又在新加坡交易所或芝加哥交易所进行期货套期保值,能够较大程度避免市场价格风险。因此,铁矿石衍生品市场对铁矿石交易商的吸引力越来越大。我国是铁矿石的进口大国,在全球铁矿石贸易量中一直有比较大的占比,2017 年甚至达到了 68%,同期,大连交易所的铁矿石期货交易量占到了全球铁矿石衍生品市场的 95%。这样巨大的交易量使我国铁矿石期货价格获得了举足轻重的地位,也对普氏指数产生了重要影响。我国铁矿石期货上市后,普氏指数跟跌的比例提高,普氏指数逆势上涨的比例减少,中国钢铁产业利润率较之前提升了 7 个百分点。[①] 这说明,我国铁矿石期货市场的建立能够对国际铁矿石价格产生影响,即通过铁矿石期货市场的建立,我国对铁矿石价格有了一定的话语权。由此推及其他的期货市场也同样适用。

"一带一路"建设需要我国期货市场向沿线国家投资者开放。我国期货市场的特征之一是散户居多,机构投资者较少。铁矿石期货市场的交易者结构亦如此。在铁矿石期货国际化之前,我国的机构投资者全部为国内企业,国外的矿山企业未参与进来,尽管他们控制着全球矿石产量的 70%。这样的交易者结构不足以反映全球铁矿石的供求关系,也难以发挥期货市场的价格发现功能,无法很好地服务钢铁产业,也无法满足"一带一路"沿线建

---

① 张秀青:《铁矿石期货市场国际化与"一带一路"建设》,《国际金融》2018 年第 8 期,第 57-60 页。

设企业的风险管理需求。正是在这种形势下,我国的铁矿石期货开展了国际化业务。目前,嘉能可、摩科瑞等50余家境外产业客户和机构客户已经参与大连铁矿石期货市场交易,市场运行整体上比较平稳。在原油、铁矿石期货引进境外交易者的基础上,积累一定的期货监管经验之后,我国应继续推进期货市场的国际化,在发展较为成熟的天然橡胶、螺纹钢、棕榈油、豆粕等领域引入境外交易者,待形成较为成熟的管理经验时也可以考虑在金融期货领域引入境外交易者,以更好地服务实体经济发展和"一带一路"建设。针对"一带一路"沿线国家和地区可能出现的汇率、利率风险,我国有必要继续探索适时推出货币汇率指数期货,助力人民币的国际化。

期货市场的国际化可以提高资源配置的效率,同时提高资本市场开放的深度和广度,加快人民币国际化的进程。我国期货市场经过30余年的发展,不断地清理整顿完善,已经积累了宝贵的监管经验,市场的规范化程度已大大提高,交易规模也走在了世界前列,这些都为期货市场的双向开放提供了基础。期货产品的标准化程度较高,期货市场上的保证金制度、限仓制度、平仓制度等使风险可控性更高,因此,在资本市场上运用期货进行金融风险管理是双向开放的优先选择。

二、期货交易国际化的风险及现行制度检视

期货市场的特殊之处在于其能够将实体经济和资本市场联通起来。从全球范围来看,期货市场不仅是成熟资本市场的重要组成部分,也是新兴国家发展资本市场、提高综合国际竞争力的重要手段。大力发展期货市场不仅是建设多层次资本市场的重要途径,也是完善我国市场经济体制的需要。要提高我国在国际大宗商品领域的定价影响力,就必然要构建一个与我国经济发展程度相匹配、与风险管理需求相适应的期货市场。国际与国内期货业运行的波动性与风险性提醒我们,保障期货市场的持续健康发展是当

代经济治理面临的一大课题。国际期货市场已经发展了 100 多年,无论是期货市场的管理者还是期货市场的参与者都有大量成熟的经验。即便如此,国际上关于如何稳妥有序推动期货市场国际化的经验也非常有限,可参考性不强。① 而我国期货市场从混乱到有序也才 20 多年,对期货市场的管理还处于不断探索阶段,在防控期货市场风险方面的经验显著不足。如果贸然开放期货市场,必将存在巨大的风险。从全球经验看,金融市场开放对本国市场既有积极的一面,也有不利的冲击。因此,期货交易的国际化必须谨慎,这是由期货的高杠杆性、高风险性决定的。期货交易的国际化是机遇也是挑战,只有充分认识国际化进程中潜在的风险,才能更好地防范风险的发生,并在市场开放中获益。

(一)期货交易国际化的风险

期货交易的全面国际化将会使大量投资者赴境外参与期货投资,亦有境外投资者涌入境内进行投资,国内外期货中介组织之间将展开激烈竞争。国际与国内期货市场交互影响与冲击在更大范围与程度上发生,对监管者的监管能力是极大的考验,如果监管不力,将会引起巨大的市场风险。有研究者认为,期货市场高度开放的宏观风险主要表现为影响国际收支平衡和汇率稳定、弱化价格调控有效性、增加做空风险、投资风险跨境传导;微观上主要是期货公司低成本缓冲导致的经营风险及境外高频交易商对市场的冲击形成的风险。② 从双向开放的角度,期货交易国际化的风险可从"引进来"与"走出去"两个维度进行分析。

期货交易"引进来"方面的风险。期货市场引入境外投资者对监管体制提出了严峻的考验。我国对期货市场的监管,涵盖部门监管、交易所监管、

---

① 姜哲:《期货市场国际化:现状、问题与应对》,《证券市场导报》2021 年第 7 期,第 12—20 页。

② 姜哲:《期货市场国际化:现状、问题与应对》,《证券市场导报》2021 年第 7 期,第 12—20 页。

行业自律监管、经纪机构监管,无论哪一种监管都取决于本土市场的发展水平及监管者的能力。相较而言,境内交易所同质化程度较高,市场化程度弱;交易者对新兴技术的掌握较为有限;经纪机构的风险合规意识、服务和管理意识较为薄弱;期货法治体系还有待完善。[①] 当前的期货市场体量较小,风险基本可控,但资金流通涉及面已经较为广泛,因为期货市场作为资本市场的重要组成部分,与证券市场、货币市场、外汇市场、债券市场等市场密不可分。而境内监管者对"引进来"的境外交易主体在交易层面和风险管理层面都不具有比较优势。尤其是境外机构投资者已经在成熟的期货市场浸淫多年,对冲手段令人眼花缭乱,与境内交易者相比竞争能力更强,在自身的风险控制方面也较为成熟稳健。境内交易者掌握的新兴交易技术较为有限;期货公司的风险合规意识较为薄弱,服务和管理不能跟上市场的需求;期货公司风险管理子公司普遍存在资本实力弱、融资能力不强、难以服务大型实体企业的情况;由于会计核算准则、考核考评机制、套保审批流程、双重征税及相关人才缺乏,导致境内投资者尤其是国有企业与境外投资者相比处于竞争劣势;国内主要金融机构提供的金融服务较为单一,开展大宗商品业务的结构和盈利模式单一,参与大宗商品期现货交易的广度和深度严重不足。如果大规模引进境外投资者,可能会给境内期货与现货市场带来较大的冲击。从其他国家的经验看,深度开放期货市场,会增加金融危机中被境外机构做空的可能。如果跨境衍生品交易不设限制,国际游资使用多样化的手段和交易策略,采用先炒高资产价格再大规模抛售的方式,跨市场做空境内货币或资产,从而引起境内金融市场剧烈波动的事件将会发生。因此在引进境外投资者方面不能激进,同时要警惕引进来的境外投资者享受超国民待遇。[②]

---

① 姜哲:《境内期货市场双向开放问题探讨》,《证券市场导报》2019 年第 4 期,第 33-41 页。

② 潘宏胜、武佳薇:《畅通"大宗商品贸易——期货市场——人民币国际使用"循环体系的思考》,《国际经济评论》2021 年第 6 期,第 9-21 页。

期货交易"走出去"的风险主要在境内投资者身上。境内投资者对境外期货市场以及结构性衍生产品的认识较为浅显,风险意识相对薄弱,对有关衍生工具的掌握有待提高。若境内投资者缺乏对境外市场结构及衍生产品的充分了解,就容易导致判断失误,从而引起较大的损失。境内投资者赴境外投资失败的案例,也大多与此有关。[①] 如2008年的东航航油套期保值失利,亏损约62亿元;2017年中国中铁滚动期货投资亏损5.04亿元;2017年国泰航油对冲失败,亏损32.4亿港币。由于期货交易的高杠杆性,赴境外进行期货交易产生的风险有可能通过交叉传染演变成系统性金融风险,尤其是当赴境外交易主体的资金来源于信贷时。如果不考虑溢出效应,当前的期货市场体量较小,资金流动性风险基本可控。若深度开放,资金的流动性加速,会影响现有监管手段的有效性。同时,在扩大开放的背景下,我国允许银行代理客户从事境外具有风险对冲性质的期货交易,但是跨境衍生品交易的行业标准和管理仍然属于多头监管,不利于监管部门统计监测、了解风险情况,难以有效协调。因此,对跨境期货交易要保持谨慎,要警惕走出去的投资者脱离监管。另一方面,由于我国对跨境期货投资进行资格限制,企业正常跨境投资通道受限,一些境内期货机构就通过与具备境外套期保值资质的公司合作的方式引诱境内企业在境外参与期货交易,使企业不仅面临灰色交易中"无法可依"的风险,而且还可能面临域外期货市场运行机制不健全引发的风险。

(二)对现行期货交易制度的检视

我国发展本不成熟的期货业在对外开放条件下将面临巨大的影响与冲击。总体而言,在立法方面,目前我国已经建立了较为全面的期货法律法规体系。这些法律法规体系以《期货和衍生品法》为核心,涵盖期货交易主体、

---

① 姜哲:《境内期货市场双向开放问题探讨》,《证券市场导报》2019年第4期,第33-41页。

期货交易行为、期货交易品种、期货监督管理、法律责任等方面的内容,为期货业发展奠定了良好的规范基础,但是与期货业的迅猛发展相比,这样的法律法规体系还远远不够,一些更具体的管理性规范还有待期货监督管理机构根据实际情况进行规定或者细化。加之期货市场连接着现货市场与金融市场,发展上的联动性也要求进一步改善期货市场的法律环境。从我国期货监管体系建设来看,监管权力的配置已经开始朝着更加细化和合理的方向变化,如中国证监会设立了期货监管一部和期货监管二部,分别负责期货市场和中介机构的监管,这样可以提高监管的效率和专业化水平。除了顶层的监管架构,多数中国证监会的派出机构中都设立了期货处,负责各自辖区的期货市场监管。同时,建立了"五位一体"的监管工作机制。但是,我国期货市场监管仍有很大改善空间,具体分析如下:

第一,期货市场参与者相关制度亟须变革。期货市场参与者主要包括期货经纪公司、期货交易所与期货市场投资主体。①期货经纪公司的国际化。从国外期货业的发展情况看,期货经纪公司是期货市场上重要的主体,其正逐步发展为以投资银行和保险公司为主的综合性金融分支机构,单纯的期货经纪公司由于核心产品较为单一而在发展上举步维艰。因此,在业务模式上,期货公司正走向多种类、多层次、多元化、综合性的期货业务模式。期货交易的国际化,首先需要在法律上厘清期货业务员与期货公司的法律关系;其次,期货公司的业务范围需要相应的法律环境和制度规范;再次,期货公司的内部风险控制制度也需要更细化的规定。②期货交易所的国际化。期货交易所主要有两种组织结构,一种是会员制,一种是公司制。我国的金融期货交易所采用了公司制组织形式,其他交易所均为会员制。公司制的期货交易所是否允许外资参与,会员制的期货交易所如何吸纳境外会员需要在法律上有明确的规定。③期货投资主体的国际化。在期货业对外开放的背景下,我国期货市场投资主体结构不合理与投资能力低下的问题给期货业运行安全带来了风险隐患。要提升期货市场投资主体的能力,须加强投资者的期货交易风险意识,提升其投资技巧,尤其需防控国际期货交易中可能出现的风险,以避免出现巨额损失。期货市场投资主体多元化发展是期货业健康运行的重要保障,也是期货业发展的国际化趋势。无论改善期货市场投资主体的结构还是提升投资主体的能力均需要制度上的支持与保障。期货投资者的权利救济制度也需进一步完善。期货投资者是期货市场的核心主体,更多投资者的参与及更大的交易量是期货市场持续平稳发展的重要条件。若投资者的权益得不到保护,其投资市场的信心必定受到影响,期货市场的发展也会受阻。大量期货投资者的交易都须通过期货中介组织进行,若期货中介组织行为不规范,违背投资者意愿,造成投资者损失却没有法定的责任,则期货市场的发展不可避免会受影响。因此,期货交易中介组织合规经营是期货业健康运行的基础,相应地,投资者的权利保护也是促使期货交易中介组织合规经营的重要方面,这就决定了期货交易权利救济制度的重要性。

第二,对非法期货交易行为的规制有待加强。期货交易是投资者规避现货交易风险或者投机的工具。期货市场的金融杠杆率较高,激发了一些投资者追求高回报的心理效应,操纵期货交易价格或者进行期货内幕交易成为不法投资者的选择。期货公司为了追求自身的佣金利益,欺诈客户的行为时有发生。尽管我国《期货和衍生品法》《期货交易管理条例》将期货公司欺诈客户行为、单位或个人操纵期货交易价格行为与期货内幕交易行为规定为非法期货交易行为,但当前我国非法期货交易行为规制不到位现象突出,亟待补进。学界对非法期货交易行为的种类、特点与危害的研究颇多,最核心的问题是如何在法律上对非法期货交易行为作出更细致的类型化规定,以有效解决非法期货交易行为认定难的问题。同时需要加大对非法期货交易行为的惩罚力度,以更好地应对期货交易国际化背景下的风险。另外在期货交易国际化背景下,更要防范跨市场操纵行为,而我国跨市场操纵的立法尚属空白。在界定清楚跨市场操纵行为的基础上,还需解决《证券法》与《期货和衍生品法》之间的适用冲突,明确执法主体。

第三,期货市场活动监管制度需要重塑。在期货交易国际化背景下,加强期货市场监管是保障期货业运行安全的关键。2007 年,随着《期货交易管理条例》《期货交易所管理办法》等法规规章的出台,我国确立了期货市场法规框架,初步形成了由中国证监会、期货交易所、期货业协会分层监管的体系。其中,中国证监会的监管属于政府监管,期货交易所与期货业协会的监管属于自律监管。比较而言,由于期货交易所身处市场第一线,拥有发现不法行为的独特优势,无疑是最富有效率的期货监管主体。但我国目前对期货市场监管权的配置却使交易所受到了过多限制,不能充分发挥其监管优势。随着期货市场品种的增多,尤其是股指期货的上市,期货市场与证券市场等相关市场的联动日益密切。为防范跨市场操纵,中国证监会主导中国金融期货交易所、中国期货保证金监控中心、上海证券交易所、深圳证券交易所、中国证券登记结算公司达成五方监管协议,为实现联动监管,防范跨市场风险提供了制度依据。然而,当前的期货市场监管在保障期货业运行安全方面还存在明显缺陷,具体表现在:期货监督管理机构的监管效能有待进一步提升,自律监管组织的自律空间与机制亟待扩展与建立,跨市监管的协作机制有待深化,监管手段有待丰富,国际监管协作有待加强,等等。健全的期货市场监管法律制度是期货业在对外开放环境下安全运行的重要法律保障,应在分析期货市场监管体制与机制特点的基础上,结合期货业运行现况,总结现有监管体制与机制的问题所在,构建更高效的期货市场监管体制与机制。

第四,期货交易风险防范制度需要变革。依据 1994 年 7 月 27 日巴塞尔银行监管委员会发布的《衍生产品风险管理指南》,期货交易风险包括:市场风险、流动性风险、操作风险、信用风险、法律风险。这些风险在期货市场里属于常态性风险,期货市场的各种制度设计均需防范风险的发生。在我国期货业发展之初,由于缺乏对期货交易风险的充分认识,对期货交易风险防范更是没有经验,我国期货市场曾发生了一系列风险事件,这些事件对期货市场产生了毁灭性的打击,以至于期货市场经历了相当长时期的清理整顿。到目前为止,我国虽已初步建立起了一些基本的期货交易风险防范法律制度,诸如保证金制度、强行平仓制度、每日无负债结算制度、价格限制制度等基础性风险防范制度,另有限仓、大户报告、会员分级结算、风险准备金、风险预警等机制性风险防范制度,但由于这些风险防范制度在立法方面不够完备,在施行中又存在诸多不足,还不能充分发挥其保障期货业运行安全的功能。期货交易的国际化必然要求进一步完善期货交易风险防范制度。这就要在分析期货交易风险防范漏洞的基础上,洞察现存期货交易风险防范法律制度的不足,在修正现存风险防范法律制度的同时,补充期货交易风险防范的创新性法律制度。具体而言,需完善并推广应用期货投资者适当性制度;健全期货市场信息公开制度;加快国内外期货交易风险防范制度的接轨;建立对具体国际期货交易员的风险监控和合理激励机制。

三、虚拟经济有限发展法学理论指导下期货交易国际化的路径及制度因应

相对而言,期货市场比证券市场需要更高的开放度,因为期货市场的交易具有天然的国际化特征。只有吸引更多的国际化投资者参与进来,市场价格才能更好地反映国际供需状况,进而才能有助于获得定价权。同时,由于国内期货市场的封闭性影响了其价格发现功能,使国内投资者有参与境外期货市场进行投资的需求,因此,期货市场的双向开放就是客观必然。从境内期货交易的规模、交易量以及监管技术与监管水平来看,我国期货业的对外开放已具有相当的可行性。但是,期货市场作为资本市场的一部分,其对外开放必须在我国资本市场总体开放战略的框架下有节奏有计划地渐进式进行。只有结合我国金融市场的实际情况,把握好开放的节奏,才能真正

实现开放的初衷或目标。其他新兴市场国家在对外开放方面的普遍做法是"先立法,后开放",以有效防范开放带来的风险。① 我国应借鉴这些经验性做法,并在指导思想上突出本土市场的国际比较优势,形成本土市场的核心竞争力。

(一)虚拟经济有限发展法学理论指导下期货交易国际化的路径

我国期货市场国际化的目标是提高期货市场的效率,发挥期货市场的价格发现及套期保值功能,提升期货产品的国际竞争力,提升大宗商品的定价能力。研究表明,期货市场大宗商品国际定价权主要与期货市场流动性、国际化程度、投资者结构、上市品种的覆盖面与市场体系的完善度、监管体系的完善程度等因素相关。② 无论是"引进来"还是"走出去"都应以发挥本土期货市场的作用为重心,坚持"积极开放,有序推进"的指导原则,首先推进期货市场法律法规体系的建设,建立与国际接轨的监管体制,使期货市场的双向开放有法可依。

1."引进来"方面:"宽准入,严监管"

期货市场的国际化程度主要可以从三个方面来把握:一是期货制度是否与国际接轨,二是投资者是否能实现国际化,三是交易品种是否具有全球投资价值。③ 交易所作为期货市场的核心,一直处于创新变革的最前沿。在加速推进政府与交易所之间"管办分离"的情况下,我国境内的交易所必须致力于提升交易平台的竞争力,具体做法是以上市品种创新为抓手,优化相

---

① 欧阳琛、朱国华:《中国期货市场对外开放战略选择及应对策略》,《现代管理科学》2013 年第 2 期,第 38-40 页。

② 刘红:《发展期货市场提升大宗商品国际定价权的研究》,《价格理论与实践》2017 年第 6 期,第 114-117 页。

③ 何奕助:《中国期货市场如何走国际化道路》,《中山大学学报论丛》2003 年第 6 期,第 76-79 页。

关交易制度的设计,降低交易门槛与成本,进而打造服务型国际化交易平台。① 首先要增加具有国际化基因的交易品种,在合约的设计上尽可能参照国际标准。我国的原油、铁矿石和 PTA 期货已经引入境外投资者,其他国际化程度较高的期货品种也可以试点引入境外投资者,如铜、天然橡胶等期货品种的价格已经成为国内外贸易的重要参考,已在相当程度上具备国际化交易的条件。② 在原油和铁矿石期货引入境外投资者的基础上,应积极研究推进金融期货引入境外投资者,以满足境外投资者的避险需求。除此之外,要认识到期货品种是期货业的对外开放最精准的抓手,我国应在期货品种的开发方面多做研究,以形成具有比较优势的国际化期货品种为目标,不断推出新的期货品种。相应地,我国期货品种上市制度也需要完善。目前我国期货新品种上市由期货交易所和证监会主导,前期调研、品种选择、合约设计、交易时间安排、风险控制等均具有较强的行政干预色彩,即使是市场亟需的品种,也会因为行政审批程序繁杂而导致时效性较弱。尽管期货品种的上市与经济发展水平和期货市场的规模有重要关联,但作为期货市场的核心要素,期货品种的准入应坚持市场化的原则,即期货品种的入市,应以提升产业服务能力和形成市场化价格为重点,以市场的需要为中心,充分尊重市场规律,减少行政干预。可考虑以特定交易所或特定品种为试点,发展吸纳特别会员。试点顺序依次为有实际需要的重要企业客户、经纪业务服务提供者、部分境外有影响力的公募、对冲基金、投行等。

其次,为境外投资者参与交易提供便利。随着我国商品期货市场的国际影响力不断增强,一些较为成熟的品种如铜、PTA、天然橡胶等的价格已经成为国外贸易的重要定价参考,具备引入境外投资者的条件。③ 在现有的 QFIL/RQFII 框架下,境外交易者能够参与境内特定品种期货交易,但须通过

---

① 胡俞越、张少鹏:《期货市场的国际化发展》,《中国金融》2015 年第 22 期,第 30-32 页。
② 林君、王江石:《期货市场进一步对外开放的路径》,《金融时报》2018 年 9 月 10 日第 12 版。
③ 林君、王江石:《期货市场进一步对外开放的路径》,《金融时报》2018 年 9 月 10 第 12 版。

委托境内期货公司或者境外经纪机构的方式进行;只有经交易所批准后,符合条件的境外交易者才可以直接在期货交易所从事境内特定品种期货交易。能够直接入场交易的境外交易者应当具有健全的治理结构和完善的内部控制制度;具备充足的流动资本,财务稳健,资信良好;其所在国(地区)具有完善的法律和监管制度。对于直接入场交易的境外交易者和境外经纪机构,我国法律则规定由期货交易所规定其资格取得与终止的条件和程序。目前,虽然在期货公司的准入方面取消了股权限制,但是外资期货公司直接提供经纪服务的范围还需要明确。期货交易国际化需要放宽对境外机构参与境内商品期货市场的限制,对有套期保值需求的投资者放宽境内金融期货交易限制,同时为便利境外投资者参与期货市场,统一不同渠道品种的账户和资金管理方式。

再次,在相关产业链及配套制度方面为境外投资者提供激励。商品期货的交割是否便利,流通是否高效快捷,汇兑政策是否方便,保税交割制度是否合理均会对境外投资者的决策产生影响。期货交易的国际化,需要在交割和流通等领域,在现货和生产服务端,引入境外资本,倒逼境内市场转型,提高国际竞争力。与期货交易品种国际化相配套,需要同时在汇兑管理政策、税收政策、保税交割制度等方面为境外投资者提供激励。例如,为支持原油期货的国际化交易,我国对在中国境内未设立机构、场所的境外投资者从事中国境内原油期货交易取得的所得(不含实物交割所得),暂不征收企业所得税;对境外经纪机构在境外为境外投资者提供中国境内原油经纪业务取得的佣金所得,不视为来源于中国境内的劳务所得,不征收企业所得税。这些试点性做法在其他允许国际化交易的特定品种交易中都可以推广。

最后,在放宽市场准入门槛的同时,应建立与国际化市场相匹配的事中事后监测体系。交易所的风险控制系统与支付结算系统既要保持相对独立又要密切协作,尤其是跨境资金的流动方面,更需要监管部门采取有效的监管措施进行严密监测。① 国家外汇管理局在期货市场国际化方面作了有益的尝试:境外经纪机构可以外汇或人民币形式汇入资金从事境内特定品种期货交易,该类资金实行专户管理,只能用于期货交易盈亏结算、缴纳手续费、交割货款或追缴货币资金缺口等与境内特定品种期货交易相关的事项,不能用于其他用途。国务院金融管理委员会须及时掌握和有效管理跨境衍生品交易头寸。另外,有必要明确期货交易的协同监管,强化风险防范和预警,明确监管机构对衍生品交易风险的监管责任,形成定期信息共享、数据报送和风险评估制度。对此,必须借助于大数据技术的支撑,对资金的来源及流向进行全过程、穿透式的监管,同时还需要与境外监管机构建立常态化的信息共享及监管合作机制,建立严厉的违法惩处机制,以防范可能的风险。

2.“走出去”方面:“积极引导,跨境协作”

期货交易“走出去”方面涉及经纪机构及其经营范围、投资者及其交易范围、交易所对外投资及公司化改革等问题,考虑“走出去”的风险与机遇,需坚持“积极引导”的原则,不仅要引导投资者充分认识境外投资的风险,还要引导经纪机构合规化经营,同时需加强跨市场监管协作。

第一,积极引导期货经纪机构“走出去”。期货经纪机构的国际化是我国期货交易国际化的核心,要允许有经济实力且经营规范的期货公司扩大业务范围,允许其开展一些境外业务,首先实现业务境外化。② 目前,期货公司“走出去”方面,我国主要以香港作为窗口。多数期货公司选择在香港设立分支机构或者关联公司,再通过关联公司参与境外期货市场。但是这些“走出去”的期货公司所获的经营权比较有限,仅有代理香港本地投资者在香港或境外进行交易的权限,不能代理内地投资者在香港交易,也不能代理

---

① 姜哲:《境内期货市场双向开放问题探讨》,《证券市场导报》2019 年第 4 期,第 33-41 页。

② 林君、王江石:《期货市场进一步对外开放的路径》,《金融时报》2018 年 9 月 10 第 12 版。

国际投资者在内地交易,业务范围受到较大的限制,不利于期货公司的国际化。期货经纪机构国际化是期货交易国际化的重要部分,广泛而深入实施"走出去"战略,应允许部分资信较好、资金雄厚、风险控制能力较强的期货公司开展境外经纪业务,支持其以合资、并购、独资等方式在境外设立经纪机构,参与国际期货市场竞争,不断提升自身实力。为使"走出去"的期货公司有更多机会参与期货市场竞争,获得更丰富的管理及市场经验,并促进其进行合规化经营,我国应给予"走出去"的期货公司与当地期货公司相同的经营权。同时在"引进来"战略实施过程中,境内期货经纪机构要吸收发达期货市场的先进管理理念、产品和技术,提升国际竞争力。

　　第二,研究扩大 QDII 参与主体的范围和品种。目前境内投资者参与境外期货交易主要通过审批许可的方式进行,只有获得国务院批准并取得中国证监会颁发的境外期货业务许可证才可以参与境外期货交易,而且只能从事境外期货套期保值业务,不能从事其他对冲风险的业务。目前获得审批许可的企业均为国有企业。境内投资者参与境外期货投资的另一条途径是 QDII,但是 QDII 基金类资产的配置以股票为主,期货类衍生品占比较低。[1] 对于有套期保值需求的大多数民营企业来说,QDII 并不适用,在我国没有放开资本项目并对外汇实施管制的条件下,其可能选择地下渠道参与境外期货交易,自行解决汇兑事宜,但这种交易方式面临巨大的法律和政策风险,不仅破坏国内的金融秩序,也使投资者的利益不能得到有效保护。为避免境内投资者通过非正常渠道参与外盘交易,应扩大 QDII 参与主体的范围和交易品种,建立境内投资者参与外盘交易的合法、畅通渠道,同时构建有效的信息通道,使境内投资者对境外期货市场有深刻的认识,促使其理性参与境外期货交易。对于风险控制能力较强、等级较高的公司发放与其风

---

[1]　薛智胜、高基格:《中国期货市场国际化的市场准入问题探析》,《天津法学》2016 年第 3 期,第 63-68 页。

险相匹配的 QDII 额度。在沪/深港通、基金互认等级之下,对有实际套期保值需求的客户,在完全对冲其标的裸露风险金额内,可允许其自主参与两地期货市场买卖股指、国债期货等合约以管理风险,且不占用其他渠道额度。

第三,有序推动期货交易所的国际化。我国在期货交易所向外投资合作国际化方面已经有了突破性进展,这对提升我国在国际金融市场上的地位、获得金融话语权具有重要意义。除此之外,应进一步完善跨境期货交割的管理,以推动期货交易所业务的国际化。在交易所境外办事处的基础上建立境外交割仓库,为企业在境外参与期货交易提供现货业务支持。另一方面,随着我国金融市场开放的不断深化,电子化和网络化在金融市场上的运用和不断推广,全球众多的交易系统将联结起来,交易所之间的竞争将越来越激烈,我国期货交易所的寡头垄断格局将面临较大的竞争压力,对其进行公司化改革将成为应对挑战的重要方向。引导交易所的公司化改革,必然面临股权多元化配置的问题,是否准许外资股进入以及外资股进入的比例限制应在经济安全的大框架下进行具体论证。

第四,加强国际市场监管协调。我国跨现货市场与股票市场的期货市场已经显现,跨出国门融入世界的期货市场也已成为现实,这使跨市场、跨区域监管与国际监管合作成为我国期货业运行安全的重要保障。首先,引入国际通行的监管标准,为市场参与者创造公平的竞争平台,同时积极参与到国际组织全球化监管标准制定的过程中。其次,开展国家间的信息合作与共享,在为各国监管者提供信息分享便利的基础上,也可以为期货监管市场化打下基础。再次,加强应对危机时的国际监管合作,共同处理具有跨国性质的事件。国际市场监管的核心是确立"长臂管辖权",进行穿透式监管。首先要求那些为境内交易者提供直接接入服务的期货交易所或者为境内交易者提供代理服务的境外期货经纪机构直接向我国证监会注册;其次,当境外交易者实施危害境内期货市场秩序的行为,侵害境内投资者合法权益时,我国监管机构可以对该行为实施管辖。当然,这种管辖有赖于相关国家的协作。目前,我国已同60多个国家和地区签署了证券期货监管合作谅解备忘录,要进一步在信息交换、协助调查及跨境处罚等方面达成更具备可操作性的措施。在我国内部还需要对跨境监管权力的法律授权事项及具体的监管规则进行详细的制度安排,进一步完善跨境违规期货交易的信用惩戒制度及通报制度。

(二)虚拟经济有限发展法学理论指导下期货交易国际化的制度因应

在保障期货业运行安全的前提下推进期货交易国际化,必须有完善的法律保障。针对可能存在的风险,对期货市场参与者制度、违规交易行为法律责任制度、期货市场风险监管制度、期货交易风险防范与跨市场监管等进行完善,能够为期货交易国际化的平稳运行保驾护航。

1.期货市场参与者制度

期货市场参与者主要包括交易所、投资主体、中介组织。期货交易所制度目前主要涉及交易所公司化改革及交易规则的国际接轨问题。投资主体制度主要涉及投资者的适当性以及投资者权益保护问题。中介组织的主要形式是期货公司,作为连接期货交易所和投资者的媒介,其与期货市场共衰共荣的发展历程表明期货公司的规范运行不仅关系到衍生品市场的兴衰,而且影响一国金融,甚至关系到国民经济安全和稳定。既如此,在期货业双向开放条件下,对期货公司的监管应成为重中之重,除严格执行期货公司成立的法定条件外,还应重点加强期货公司内部的风险管理监督。

(1)期货交易所组织制度

我国期货交易所并非传统意义上的互助性会员制组织,而是具有一定的行政管理职能同时受政府直接管理的组织,这种组织形式影响了我国期货市场的进一步发展。[①] 我国这种由政府主导设立的会员制交易所,虽然在形式上也实行会员制,但是与标准的会员制交易所相比较,我国交易所会员享有的对交易所的控制权和管理权都相当有限,会员的利益不能得到充分体现,交易所的利益分配机制严重失衡。决策方面,由于作为交易所会员的期货公司多数规模较小,差异化程度较低,业务范围较为狭窄,主要从事经纪业务,资产管理、投资咨询等业务占比较低,盈利渠道和盈利模式较为单一,手续费是主要的收入来源,市场集中度不高,这导致交易所"一员一票"的投资决策机制效率极低。在期货交易所的内部治理结构方面,设置了会员大会、理事会、监事会等机构,其中会员大会是交易所的最高权力机构,理事会、监事会是常设机构和具体的职能部门,但会员大会并没有选举理事会、监事会全部成员的权力,也没有选举交易所理事长和总经理的权力。交易所的理事长和总经理提名和任免权在证监会,理事会中有将近一半的非会员理事也由证监会委派。所以,我国的会员制期货交易所组织形态的性质是模糊的。[②] 有两种解决该问题的方案,一是让会员制期货交易所回归标准会员制的组织架构,减少证监会对期货交易内部治理结构的介入;二是脱离会员制的掣肘,进行公司化的改革。在世界各大交易所均实行公司制的背景下,期货交易所公司化是可行的选择。公司化的期货交易所能够建立更加有效的组织管理机构,提升决策的效能;可以筹集发展所需资金,进一步改善交易设施和技术;可以推出符合国际标准的产品,扩大交易范围、降低交易成本、提升竞争力。随着我国金融市场对外开放的不断推进,期货市场将迎来更多国际化的机遇,这为我国期货交易所公司化改革创造了良好的外部条件。

期货交易所公司化改革不能采取跨越式的激进方案盲目推进。[③] 我国

---

① 罗大敏:《全球主要期货交易所公司化研究》,东北财经大学博士论文,2015,第81页。

② 罗大敏:《全球主要期货交易所公司化研究》,东北财经大学博士论文,2015,第81-82页。

③ 罗大敏:《全球主要期货交易所公司化研究》,东北财经大学博士论文,2015,第88页。

现存的几家会员制期货交易所均提出过公司化治理结构的改革,但因为产权归属、股权架构和治理结构等问题较为复杂,一直未有成熟的方案。中国金融期货交易所成立时直接采取了公司制,但其股东并非交易所的会员或外部投资者,而是大连商品交易所、郑州商品交易所、上海证券交易所、上海期货交易所、深圳证券交易所这五家交易所,各交易所的持股比例分别为20%,使其难以发挥公司制的决策效率。在治理结构上,中国金融期货交易所的董事会、管理层向证监会负责而不是向股东会负责。由此可见,中国金融期货交易所的公司制也不是真正意义上的公司制,仍然不能解决期货交易所的现有问题。我国期货交易所的公司化改革仍任重道远。我国交易所公司化应采取"先试点,后推广"的原则审慎推进。[①] 依据虚拟经济有限发展法学理论的观点,期货交易所的组织形式变革应坚持市场推动,同时又需要政府合理引导。即,期货交易所是否进行公司化改革应主要取决于交易所自身的需求或市场选择,政府或监管部门只能推动而不能主导。

(2)期货投资者保护制度

对投资者的保护主要在交易前和交易后两个环节进行,交易前的保护主要依赖对投资者的教育以及投者适当性制度,交易后的保护主要表现为投资者赔偿制度。

我国资本市场主要以中小投资者为主,一些投资者的知识储备、投资经验和风险意识不足,盲目跟风现象较为严重,同时由于证券期货等经纪机构过于追求佣金业绩,缺乏保护投资者的意识甚至放任投资者的盲从冒险行为,导致实际风险承受能力较低的投资者参与了较高风险的业务,其受损后与证券期货经纪机构纠纷不断。对此,证监会在 2016 年 12 月 12 日颁布《证券期货投资者适当性管理办法》,要求证券期货经营机构将适当的产品或销售服务提供给适当的投资者,增强证券期货经纪机构保护投资者的主动性,

---

① 罗大敏:《全球主要期货交易所公司化研究》,东北财经大学博士论文,2015,第 90 页。

以期为投资者筑起风险防范的第一道防线,同时督促证券期货经营机构提高服务质量和水平。该办法将投资者分为普通投资者和专业投资者,对专业投资者的范围进行了列举,同时规定了这两种投资者相互转化的条件和程序。在此基础上,规范了特定市场、产品、服务的投资者准入要求。《期货和衍生品法》明确规定了期货投资者适当性制度,根据财产状况、金融资产状况、交易知识和经验、专业能力等因素,将期货投资者分为普通投资者和专业投资者,并规定当普通投资者与期货经营机构发生纠纷时,期货机构应当证明其行为符合法律法规及管理性规定,不存在误导、欺诈等情形;如果期货经营机构不能证明,则应当承担相应的赔偿责任。实践中,证券期货经营机构在对投资者的风险承受能力进行评估时,主要依据是收入状况及承诺,主要方式是告知警示、录音录像。如经营机构违反投资者适当性制度,则主要通过监管自律机构的监督管理、行政处罚和市场禁入措施等方式对其进行惩罚。即便如此,经营机构的风险告知也往往流于形式,对具体交易产品的风险认知还依赖于投资者自身的知识储备。因此我国应在期货投资者适当性制度的基础上,进一步完善投资者教育制度与投资者资产保障制度。投资者提高专业分析能力,除了自身的努力学习,还需依托社会化、公益化的投资者教育基础设施。目前,我国已建成 29 家国家级投资教育基地。[①] 这些教育基地为投资者学习投资知识、了解宏观经济形势、提升自身风险防范能力提供免费服务。投资者教育制度能够让投资者自己保护自己,是投资者保护的有益补充。

投资者赔偿制度主要适用于两种情形,一种是由于经营机构的过错使不合格投资者从事与其风险承受能力不匹配的交易而导致亏损,另一种是由于客观条件所限,投资者对系统风险和非系统风险都无法回避而蒙受损失。对于前者,应首先由期货经营机构赔偿投资者的损失,同时可考虑将此

---

① 董少鹏:《"理性投资从我做起"需要加强三方面工作》,《证券日报》2018 年 3 月 8 日第 A02 版。

类损失纳入投资者保障基金的赔偿范围,即,将因经营机构违背投资者适当性制度的行为视为严重违法违规行为,在期货经营机构暂无力赔偿时,用保障基金弥补投资者的保证金损失,而后由保障基金管理机构向该经营机构追偿,同时上调该经营机构的保障基金缴纳比例,以此督促经营机构的合规经营。对于获赔投资者的范围应限定为普通投资者而非专业投资者,对于损失的赔偿范围,应仅限于保证金损失,对于价差损失、交易佣金损失、税金损失以及利息损失则不予赔偿。对于因客观条件所限而产生的系统风险和非系统风险使投资者利益受损的,为了维护投资者对市场的信心,保障市场的流动性,应由保障基金直接对投资者实施法定的赔偿。除此之外,投资者资产保障制度对投资者的保护也至关重要。期货保证金与期货经营机构的自有资金相隔离,必须单独安全存放,严禁挪用。

（3）期货经纪人制度

期货市场的主体主要是交易所、投资者与期货公司,其中交易所是投资者进行交易的平台,期货公司是联结投资者与交易所的中介。此外,在期货市场上还存在为期货经纪业务提供服务的主体,如期货居间人、期货顾问商、期货投资者代理人等,他们是推动期货市场发展的重要力量,在期货市场上发挥着重要的作用。可以说,如果没有这些从事期货经纪服务业务的主体,期货市场的发展速度、规模、成熟度都会受到影响。但是这些主体与期货投资者、期货公司之间的关系并不明确,其与期货公司是否应向客户承担连带责任一直未有定论,如何区分个人行为和公司行为,在实践中往往各执一词。期货经纪人的佣金收入是来自于客户还是来自于经纪公司,或是按一定比例在客户和经纪公司之间划分一直未明确。不同的利益驱动能产生不同的行为,不同的法律关系产生不同的法律责任,在制度上究竟应倾向于保护投资者的利益还是保护经纪人的利益直接关系着相关主体的行为选择。期货经纪人居于期货投资者与期货交易所之间,其行为是期货公司规范运行的关键与难点。在期货交易国际化的背景下,建立期货经纪人制度,明确其法律地位和法律责任,对于规范期货公司的行为,促进期货行业的健康发展有重要意义。

迄今为止,还没有法律或规范性文件对期货经纪人做出明确界定。2004 年 8 月 28 日原国家工商行政管理总局颁布的《经纪人管理办法》[①]第二条对经纪人进行了界定,将以收取佣金为目的、以促成他人之间交易成立为业务的居间人、行纪人、代理人统称为经纪人,经纪人的存在形式可以是自然人、法人或其他经济组织。若依此定义,期货经纪人应包括期货居间人、期货经纪公司、期货经纪公司代理人、期货投资者代理人等主体。而依据《期货经纪公司登记管理暂行办法》[②]第三条第(五)项的规定,期货经纪人应为期货公司所雇佣的从事期货经纪业务的自然人。依据我国 1999 年 9 月 1 日实施的《期货业从业人员资格管理办法》[③]第四条第(五)项的规定,"从事客户开发、开户、执行委托、结算等期货经纪业务的专业人员和出市代表"是期货从业人员中从事期货经纪业务的人员,这类期货经纪人员又可以分为两种,一种是场内经纪人,有的称之为出市代表,有的称之为交易员,其主要职责是代表期货经纪公司在期货交易所进行交易;一种是场外经纪人,其职责是为期货经纪公司寻求订单,传达指令或代理客户下达交易指令。[④]最高人民法院《关于审理期货纠纷案件若干问题的规定》第十条又规定了期货居间人的法律地位,期货居间人是受期货公司或者客户委托,提供订约机会或者订立期货经纪合同等中介服务的自然人或法人,其独立承担基于居间经纪关系而产生的民事责任,不同于期货公司所雇佣的从事期货经纪业务的从业人员,也不同于期货公司。前述法律文件对期货经纪人的界定差

---

① 该文件已废止。

② 该文件已经废止,其第三条第(五)项规定:"(五)有与经营业务相适应的从业人员,其中专职期货经纪人不得少于 20 人。"

③ 该文件已经废止,被证监会第 48 号令《期货从业人员管理办法》取代。

④ 齐恩平:《论期货经纪人的法律地位》,《当代法学》2000 年第 1 期,第 45-47 页。

异导致理论上对期货经纪人的范围界定存在较大的分歧。① 这些规定至少在四个层次上使用期货经纪人的概念,一是期货经纪公司,二是期货经纪公司的出市代表,三是期货公司内部专门从事客户资源开发、开户、执行委托、结算的人员,四是独立于期货公司同时为期货公司提供订约机会的自然人或机构。这些规范性文件或司法解释在不同意义或范围上使用期货经纪人概念与期货经纪人在我国期货业发展过程中的角色变化有一定的关系。

为清晰界定期货经纪人的范围,需梳理期货经纪人的角色演变过程。我国早期的期货经纪人具有特定的角色定位,他们是期货公司的员工,由期货公司统一管理,主要为期货公司开发业务,薪水由期货公司发放;如果得到期货公司客户的授权,也可以以客户代理人的身份从事代客下单、签单、资金调拨等业务,获得佣金收入。20世纪90年代中后期,我国期货市场进入萧条期,期货公司因经营困难不再向经纪人发放底薪,二者之间的雇佣关系不复存在,期货经纪人开始与期货公司脱钩。部分期货经纪人从期货公司离职之后,成立了独立的期货工作室、投资咨询公司等,其在身份上彻底脱离了期货公司,但从事的业务却与其原来在期货公司时的工作有相似之处,比如为期货公司开发客户。而且这些期货公司的原员工仍然要与期货公司打交道,期货公司也仍然需要这样的人员为自己介绍客户,因此这些人员与期货公司身份上脱钩后,仍在形式上保持某种关联关系,例如对外仍自称是期货公司的客户经理或理财顾问,在印制和派发的名片上仍表明其为期货公司的经纪人等。1999年颁布的《期货交易管理暂行条例》第二十二条的规定实质上将我国的期货经纪人仅限定为期货经纪公司。② 但是随着期货市场进入恢复发展阶段,大量非期货经纪公司或非期货公司的从业人员,以"投资顾问""期货经纪人""操盘手""账户执行人""基金管理人""代

① 周克军:《期货交易客户代理人法律规制研究》,西南政法大学硕士论文,2007,第7页。
② 严珍兰:《我国期货交易居间人监管问题研究》,湖南农业大学硕士论文,2009,第16-17页。

理人"等各种头衔从事招揽、开发客户的活动,为客户提供期货交易咨询、指导,甚至接受客户委托从事代客理财业务。无论其以何种名义,具体从事何种业务活动,这些为期货交易提供中介服务的群体,俨然成为了市场上一股不可忽视的力量,被称为"准期货经纪人"。"准期货经纪人"对期货市场的繁荣与发展也有着不可忽视的作用,但其不受约束的行为也会给期货市场的发展带来很多负面的影响,如何规范和引导这部分力量,使之成为期货行业发展的积极因素,成为业内外共同关注的问题。因为我国法律禁止期货公司接受客户全权委托,在投资者适当性制度建立之前,一些投资者被期货市场的高杠杆性吸引却没有专业的知识、技术、信息和经验,主观上较为依赖具有期货专业知识与经验的人士,使"准期货经纪人"具有一定的市场空间。这些"准期货经纪人"游走在期货投资者和期货经纪公司之间,法律上的身份较为模糊,其与期货公司之间无法律上的明确关系,事实上却在为期货公司发展客户或者代理客户与期货公司建立投资服务关系。投资者往往对"准期货经纪人"与期货公司之间的关系产生误解,期货公司却在出现纠纷时极力回避与这类人员的关联,如投资者权益受损而诉诸司法程序时,常因为缺乏对这类人员明确的身份证据而导致不利的后果。2003年最高人民法院《关于审理期货纠纷案件若干问题的规定》首次在期货案件审理的司法实践中引入了"期货居间人"的概念,期货居间人独立于期货公司而存在,专业从事期货订约机会的介绍或者期货经纪合同的订立等活动,独自承担因居间关系产生的法律责任。至此,期货市场上形成了不作为期货公司员工的独立主体——期货居间人。根据《期货从业人员管理办法》第九条的规定,期货居间人不能以个人形式存在,只能以机构形式存在。《证券公司为期货公司提供中间介绍业务试行办法》规定证券公司可以接受期货公司委托,为期货公司介绍客户参与期货交易并提供相关服务。证券公司从事这种业务时即属于典型的期货居间人。

通过对期货经纪人有关规定及角色演变过程的梳理,可以发现:自20

世纪 90 年代初我国期货市场产生以来,经历了无序发展和清理整顿,国内期货业的发展进入了一个稳步发展期。然而,作为市场主体的期货经纪公司能力普遍偏弱,业务较为单一,导致恶性竞争。在司法实践中,甚至出现了大量未经工商注册的非法期货交易组织,另有一些期货交易组织虽经工商部门注册设立但其交易内容与交易形式较为混乱。无论是合法成立的期货公司还是其它不合法或不合规的组织参与期货交易均由作为自然人的期货业务员参与,这些业务员与期货公司或者其它期货交易组织的法律关系不明,给期货交易运作带来了巨大风险,其危害性不言而喻。期货市场发展早期的规范性文件中期货经纪人有广义和狭义之分,广义的期货经纪人包含期货公司等从事期货经纪业务的自然人、法人和其他组织,狭义的期货经纪人仅指从事期货客户开发、开户、执行委托、结算等业务的自然人;狭义的期货经纪人中场内经纪人与期货公司之间的法律关系相对比较容易确定,而场外经纪人与期货公司及客户之间的关系比较复杂,多数与期货经纪有关的纠纷与场外经纪人的法律地位有关。随着期货市场由乱到治的发展,早期期货公司的员工中"从事客户开发、开户、执行委托、结算等期货经纪业务的专业人员"不再被称为期货经纪人,而被冠以新的称谓"期货从业人员",而期货公司的"期货从业人员"所进行的业务行为都被视为期货公司的行为,所以,早期狭义的期货经纪人已不复存在,当今的期货经纪人须为依法成立的组织或机构。期货居间人的业务本质上是期货客户的开发,属于期货经纪人业务链中较为前端的部分,由于其不具有代理客户进行期货交易、结算或交割的资格,不得代期货公司、客户收付期货保证金,也就不具备经纪法律关系中最核心的要素,那么期货居间人就不能归于期货经纪人之列。至此,法律意义上的期货经纪人仅指期货公司或从事期货公司业务的机构。

期货经纪人制度主要涉及期货公司的成立条件、业务范围、监管办法、法律责任等方面的问题。根据我国金融业对外开放的承诺及推进深度,

2021 年将允许外商独资期货公司从事期货经纪业务。依据国民待遇原则的要求,外商独资期货公司的成立条件及其基本业务范围与中资期货公司并无二致。期货公司的成立条件中除最低注册资本、高管任职条件、从业人员资格、股东、经营场所和业务设施、风险管理和内部控制制度外,最关键的是国务院期货监督管理机构的批准文书,而监管机构批准与否的主要判断基准是审慎监管原则。所以,完善期货经纪人制度的核心是完善期货公司的成立条件中有关审慎监管原则的补充性规则。但是审慎监管原则最初来自银行业,有资本充足率之类的监管指标,而且该原则主要适用于已经成立的银行在经营活动中接受监管时。关于期货公司成立时监管机构如何进行审慎监管的问题,在《期货和衍生品法》出台之前,《期货交易管理条例》第十六条规定期货公司的注册资本最低限额为 3000 万元,期货监管机构可以根据审慎监管原则和各项业务的风险程度提高注册资本最低限额,注册资本应当为实缴资本,并且股东的货币出资比例不得低于 85%。《期货和衍生品法》将期货公司的注册资本从不低于 3000 万元提高到了不低于一亿元。可见,期货公司的最低注册资本将成为主要的审慎监管手段。在业务范围方面,为防止期货公司挪用客户保证金、对自营业务和代理业务不加区分从而给投资者带来损失,现行法律规定我国的期货公司不能从事自营业务,虽然符合条件的期货公司可以开展投资咨询业务和资产管理业务,但由于这两项业务对资质条件的要求较高,导致多数期货公司仍然只能从事传统的经纪业务,经营手段较为单一,不能满足市场发展的需求,严重制约了期货公司的发展,对此,在我国的期货市场整体逐步规范的情况下,应允许经营状况良好、风险管理制度完善的期货公司进行自营交易。在法律责任方面,期货公司违反强制性管理规定、欺诈客户、操纵期货价格的,现行法律规定的责任较轻,不足以威慑违法行为,应该给予更严厉的处罚。

2.违规期货交易行为法律责任制度

随着金融国际化的不断发展,新产品、新技术不断推出来,金融市场的全球化扩张使各市场间的联系日益增强,新的市场参与者不断涌入,期货交易中的欺诈、内幕交易等违法行为更加隐蔽,跨国界、跨市场操纵的风险也日益增加。期货交易违法行为的共性是通过人为手段对期货市场的价格信息进行干扰,使其不能真实地反映供求关系,从而使期货市场的价格发现功能、规避风险功能不能正常发挥作用。这不仅损害期货市场投资者的利益,还可能给期货业运行安全造成极大危害。因此,期货交易的国际化应建立在严格规制期货交易违法行为的基础之上,若非如此,期货交易国际化只会给期货市场带来灾难。

(1)欺诈性期货交易行为的法律规制

我国《期货交易管理条例》第六十七条规定了期货公司欺诈客户的行为,主要包括向客户作获利保证、与客户约定分享利益或共担风险、擅自代理客户进行期货交易、诱骗客户发出交易指令、向客户提供虚假成交回报、不执行客户指令、挪用或违规划转客户保证金、不开立保证金账户或者违规划转客户保证金等行为,该规定将欺诈性期货交易行为的主体限定为期货公司,不足以对期货公司的从业人员或直接行为人形成威慑。而《期货从业人员管理办法》第十五条仅明确规定期货公司的从业人员不得进行虚假宣传及不得挪用客户的期货保证金或其他资产,并没有将《期货交易管理条例》第六十七条所规定的行为涵盖进去,导致这些欺诈性交易行为的责任主体只有期货公司而没有期货公司的从业人员。而事实上,这些欺诈性行为都由具体的从业人员实施完成,尽管从业人员的行为可以从外观上被视为期货公司的行为而由期货公司对外承担责任,但从管理的角度,具体的行为人只有被苛以相应的责任才能促使其更加尽职勤勉合法地履行职责。就这一点而言,美国《期货交易法》《日本金融商品交易法》《英国金融服务法》中均强调无论公司还是个人均不得实施欺诈性交易行为。如新加坡《证券期货法》第 210 条规定:"任何人不能直接或间接就期货合约交易或杠杆式外汇交易——（a）采用任何手段、阴谋或技巧进行欺诈。"①与之相比较,《期货交易管理条例》关于欺诈性期货交易行为的主体范围过于狭窄。对此,《期货和衍生品法》作出了回应。根据该法第十六规定第二款的规定,期货公司及其从业人员不得在期货交易及相关活动中作出虚假陈述或者信息误导;根据该法第一百二十七条第二款的规定,期货公司及其从业人员在期货交易活动中作出虚假陈述或者信息误导的,责令改正,处二十万元以上二百万元以下的罚款,属于国家工作人员的,还应当依法给予处分。另一方面,由于欺诈性期货交易行为不仅扰乱了期货交易秩序,更侵害了被欺诈方的合法利益,对欺诈性期货交易行为的处罚力度应进一步加大。《期货和衍生品法》与《期货交易管理条例》相比,提高了对期货公司欺诈性交易行为的处罚力度,同时规定了期货公司对受损期货交易者的民事赔偿责任。我们认为在民事责任方面应引入惩罚性赔偿机制,不仅使被欺诈交易者的损失得到一定程度的弥补,而且对期货公司产生威慑力,促使其提供真实信息,合法合规经营。

（2）期货内幕交易行为的法律规制

期货交易内幕信息是指对期货交易价格有重大影响的未公开信息。掌握内幕信息的主体与其他投资者相比居于信息优势地位,如果允许其通过内幕交易获利,则会导致他人利益被不当掠夺。为避免由此而导致的不公平,证券期货立法都将"三公原则"（即公开、公平、公正）作为基本理念和价值标准。当投资者获得信息的机会平等时,投资者之间才能获得起码的公平公正待遇。若内幕交易盛行,必然挫伤信息劣势者的投资信心,从而导致投资需求的萎缩。为此,各国均通过立法禁止内幕交易。《期货交易管理条例》第六十九条规定,在对期货交易价格有重大影响的内幕信息尚未公开前,合法知情人或非法获取内幕信息的人利用内幕信息进行交易,或非法泄

---

① 巫文勇:《期货与期货市场法律制度研究》,法律出版社,2011,第295-296页。

露内幕信息,使他人利用内幕信息进行期货交易的,应受到相应的处罚。该条将有关内幕交易的构成要件、具体类型与有关法律责任的规则混合在一个条文中,并将内幕信息及内幕信息的知情人员的界定放在附则部分,从立法技术的角度而言并不妥当。①《期货和衍生品法》进行了改进,将内幕交易行为的具体类型及内幕信息的概念界定、内幕信息知情人的范围列举与法律责任规则相分离。该法第十三条规定了内幕交易的具体类型,即"期货交易和衍生品交易的内幕信息的知情人和非法获取内幕信息的人,在内幕信息公开前不得从事相关期货交易或者衍生品交易,明示、暗示他人从事与内幕信息有关的期货交易或者衍生品交易,或者泄露内幕信息"。该法第十四条将内幕信息界定为可能对期货交易或者衍生品交易的交易价格产生重大影响的尚未公开的信息,包括国务院期货监督管理机构以及其他相关部门正在制定或者尚未发布的对期货交易价格可能产生重大影响的政策、信息或者数据;期货交易场所、期货结算机构作出的可能对期货交易价格产生重大影响的决定;期货交易场所会员、交易者的资金和交易动向;相关市场中的重大异常交易信息;国务院期货监督管理机构规定的对期货交易价格有重大影响的其他信息。该法第十五条对内幕信息的知情人进行了一般性规定和具体列举,将那些由于经营地位、管理地位、监督地位或者职务便利等能够接触或者获得内幕信息的单位和个人均界定为内幕信息知情人,包括期货经营机构、期货交易场所、期货结算机构、期货服务机构的有关人员,国务院期货监督管理机构和其他有关部门的工作人员,国务院期货监督管理机构规定的可以获取内幕信息的其他单位和个人。

在法律责任方面,《期货和衍生品法》提高了对期货内幕交易行为的行政处罚力度。有违法所得的,没收违法所得,并处违法所得一倍以上十倍以下的罚款;没有违法所得或者违法所得不足五十万元的,处以五十万元以上

---

① 叶林主编:《中华人民共和国期货和衍生品法理解与适用》,中国法制出版社,2022,第44页。

五百万元以下的罚款。单位从事内幕交易的,还应当对直接负责的主管人员和其他直接责任人员给予警告,并处以二十万元以上二百万元以下的罚款。国务院期货监督管理机构、国务院授权的部门、期货交易场所、期货结算机构的工作人员从事内幕交易的,从重处罚。《期货和衍生品法》还规定了内幕交易行为的民事赔偿责任,但是在具体适用民事赔偿责任时,还存在诸多困难,比如诉讼的主体资格、因果关系的认定、赔偿范围的确定等,这些问题都有待期货法律制度的不断完善。另外,我们认为,期货内幕交易的行为人若为期货从业人员,还应对其进行资格处罚,终身禁止其从事该行业。

(3)期货交易价格操纵行为法律规制

期货交易价格操纵是指期货交易者利用资金、信息或其他市场优势,通过人为操纵市场的供求关系使期货产品价格上涨、下跌或稳定,引诱其他投资者买卖期货产品,使自身利益增加或避免损失的行为。期货交易价格操纵行为利用市场机制中最基本的规律——供求决定价格,人为制造了虚假的供求关系,影响了正常市场价格的生成,破坏了正常的期货市场秩序,因此,各国均严厉禁止期货交易价格操纵行为。我国《期货交易管理条例》第七十条规定了连续交易、对敲、自我交易、囤积现货等操纵期货价格并获利的行为。连续交易、对敲、自我交易属于典型的在单一市场进行操纵的行为,其交易规模一般较小、被操纵的价格变化幅度不大、操纵期很短、操纵频率高。除了单一市场操纵外,随着期货品种的丰富,跨市场操纵将会越来越常见。跨市场操纵者通常会在一个操纵期内同时对期货与现货市场进行操纵,其操纵的步骤通常包括建仓、操纵价格和平仓三个阶段。可能是单次操纵,也可能是周期性的操纵,实践中往往更多的是周期性操纵,规制难度大。除此之外,虚假报撤单和程序化交易已成为新型的操纵行为。这些均需通过完善立法强化对期货交易价格操纵行为的监管。《期货和衍生品法》适应新形势,对期货市场操纵的手段进行了较为详尽的列举式规定,包括《期货交易管理条例》已经有规定的连续交易、对敲、自我交易、囤积现货等4种操纵手段,又增加了蛊惑操纵、虚假申报操纵、抢帽子操纵、挤仓操纵、跨市场操纵等5种操纵手段,并且用"操纵期货市场的其他手段"兜底,表明我国对期货操纵行为的规制已日臻完善。"徒法不能自行",还需要加强监管才能发现并查处期货操纵行为。首先,应不断提升监管技术与监管手段,在实时监控中密切关注相关账户的交易信息,一旦发现有操纵嫌疑,即敦促疑似操作者一方举证,同时启动联合调查机制。其次,应加强对境外投资者账户的监管,这是开放经济条件下期货交易价格操纵监管尤其应重视的。因为境外投资者在金融衍生品市场的投资经验更丰富,又具有雄厚的资金和技术实力,一旦其从事操纵行为,则无论是规模还是影响力都会更大,对市场的危害性就更大。为了维护期货市场的健康运行,一定要利用现有的大数据、人工智能等技术手段加强对期货市场操纵的实时监控,提高立案侦查的速度和效率,客观公正度量市场操纵行为所造成的危害,并实施严厉的法律惩罚。

3.期货市场风险监管制度

健全的期货市场风险监管法律制度是国际化期货交易背景下期货业安全运行的重要保障,应在分析期货市场监管体制与机制特点的基础上,结合期货业运行现况,总结现有监管体制与机制的问题所在,构建更高效的期货市场监管体制与机制。期货公司作为期货市场的中介组织,是期货市场监管的主要抓手,对其外部行为合规性监管及内部风险管理制度的监管应当成为期货市场监管制度变革的核心。

目前多数证券公司已经控股或参股了期货公司,间接获取了期货牌照。交叉持牌对金融机构的影响是一把双刃剑,既带来了难得的发展机遇,也面临着巨大的挑战,尤其是由此可能会引发新的风险和问题。一是交叉持牌的金融机构,在其不同的业务侧面、不同的服务对象和不同的服务品种上,有不同的企业文化、不同的传统做法、不同的运行机制,它们交织在一起必然有显现的和潜在的矛盾和冲突。二是为了发挥不同业务部门的协同效应和综合服务的经营优势,交叉持牌的金融机构势必加快金融创新,不过由于不同金融牌照公司在风险管理、风控指标、隔离墙要求等标准、严格程度等方面均存在差异,新业务领域的创新活动可能面临风险和不确定性,风险失控很容易会传染开去,也会波及其他相关业务。三是可能导致"两极分化"现象,一方面"强者恒强",综合实力强的金融机构容易形成新的金融垄断,甚至出现恶性竞争的情况;另一方面"弱者恒弱",失去原有的牌照红利之后,综合实力弱小的公司可能被兼并收购,未能找准定位的公司甚至难免破产倒闭。因此,交叉持牌公司应对不同牌照业务进行前期的风险评估,积极做好风险隔离,并根据不同牌照的业务类型制定相应的风险方案与风险控制流程,进行有效的风险识别、评估、控制及跟踪及监控,以有效地控制风险。[①] 制度上应以"负面清单"的视角和态度,拟订详细的申报持牌要求,并以方便社会主体选择申报和退出为标准来制定相关流程,以充分实现市场对资本资源的自我配置选择。对申报制度详细梳理,简化申报流程。对申请持有的牌照岗位设置、业务操作细则、风险管理制度、风险隔离制度、防范利益冲突制度等要有明确的详细的要求,而且出台牌照吊销的管理办法。

根据我国金融开放的进程,纯外商投资类期货公司将被允许进入我国市场。作为期货市场中的重要主体,期货公司是广大投资者进入期货市场交易的媒介,期货公司对客户的开发、对保证金的利用、对客户指示的执行、对交易结果的通知均能对期货市场产生重要影响。期货公司的合规经营直接影响着期货市场的秩序。因此,对期货公司的风险监管应较为严格。此前,我国主要通过高准入标准、严格的审批程序、限制产品品种和业务行为等严格监管方式以保证对系统性金融风险的控制,并且在一定程度上保护

---

① 中国期货业协会编:《中国期货业发展创新与风险管理研究(7)》,中国金融出版社,2015,第807-808页。

了投资者的利益,但这种从入口端严格监管的方式限制了金融业的竞争和创新,减少了广大投资者的利益在更大程度上得到满足的机会,使投资者的利益保护只能停留在一个较低层次。比如,与国外发展较为成熟的期货公司相比,我国的期货公司盈利模式就较为单一,主要以经纪代理业务为主,手续费是期货公司的主要收入来源。据统计,2007—2013 年,我国期货公司经纪手续费收入占营业收入的比重一直在 60% 以上,最高达到了 93.80%。[①]内资期货公司能为客户提供高质量的投资咨询业务和投资理财服务的很少,能为客户提供个性化、满足客户多元化需求的高附加值服务的公司更少。而国外的期货公司则有较为宽泛的经营范围,除经纪业务外,还有资产管理业务、自营业务、为客户融资等多项业务,盈利渠道比较多元。允许外资期货公司进入我国市场之后,将形成内资、外资、国资、民资期货公司竞争的格局,期货公司之间单一化、同质化的期货经纪业务竞争将会加剧,资产管理、风险管理和投资咨询业务领域将成为期货公司竞相追逐的新领域,以期带来新的利润增长点。期货公司业务领域的扩张,可能会使期货市场上的风险增加,不仅对期货公司自身的风险管理能力提出了更高要求,也给监管机构的监管提出了新的挑战。为有效实施对期货公司的监督管理,引导期货公司进一步深化中介职能定位,促进期货公司持续规范健康发展和做优做强,我国建立了期货公司分类监管制度。客户资产保护、资本充足、公司治理结构规范、内部控制有效、信息系统稳定安全、信息公示及时、真实、准确、完整,均为体现期货公司风险控制能力的指标。中国期货业协会公布2013 年期货公司分类评价结果证实了这一制度的标杆作用。但期货公司分类监管制度毕竟不能取代其他行政监管措施,目前以风险为导向加强行政监管仍然重要。依据《期货交易管理条例》第十六条的规定,除注册资本、高管任职条件、主要股东和实际控制人须满足法定条件外,期货公司须有健全

---

① 　中国期货业协会编:《中国期货业发展创新与风险管理研究(7)》,中国金融出版社,2015,第 821 页。

的风险管理和内部控制制度。如果期货公司内部控制制度不完善,资金安全度低,则不仅期货经纪业会因为"信用危机"而难以持续发展,整个期货行业都会受到打击。因此,应加强对期货公司风险管理和内部控制制度之监管。

以风险为导向的行政监管实质上是对期货公司实行原则性的外部监管,期货公司内部风险管理和控制制度完备则是具有个性化的自我监管。如何评估期货公司内部风险管理和控制制度是否完备则具有较大的难度。因为法律无法就具有个性化的事项进行详尽规定,也不能要求企业建立风险管理部门,即使建立风险管理部门,也仍然涉及其监管职责的具体落实问题。因此,期货公司内部的风险管理是否完备之判断基准应视其是否建立了明确具体的执行、考核、责任追究机制而定。期货公司可以没有名义上的风险管理部门,但须有实质上的风险管理责任人,以及具体的风险管理职权、考核标准及责任追究机制。期货行业本质上是高风险行业,期货公司作为风险枢纽,必须重视对风险的识别与管理。期货公司的内部控制制度应体现各部门对其操作可能产生的关键风险的管理职责,强化期货公司工作人员的风险意识与合规意识。这就要求提高期货从业人员的就业门槛,保证从业人员的素质,重视对期货从业资格的审查。在对外开放的背景下,只有在完善的风险管理制度的基础上,才能扩大期货公司服务功能,增加其业务范围和种类,为客户提供更高水准的服务,以此加快金融创新的步伐,增强我国期货业的国际竞争力。

除加强对期货公司的监管之外,期货监督管理机构须结合现代金融监管技术进一步提升监管效能。期货交易所应确立自律监管的公开、公平、公正原则,对所有的市场竞争主体保持中立,实施动态监管,要求会员和客户按标准化要求进行信息备案,提高信息透明度。期货交易所、证券交易所须加强客户信息互换机制,深化跨市监管的协作。目前我国跨市场交易宏观审慎监管主体是缺位的,既有的跨市监管主要采取"金融监管联席会议""监管协作"备忘录等机制展开,未形成常规化、制度化的监管模式,导致跨市监管的协同稳定作用极其有限。[1] 为回应系统性风险管理和跨市场协同稳定的基本需求,应当赋予国务院金融稳定发展委员会宏观审慎监管决策权和证监会监管执行权,建立跨市场交易共享监管和流动性管理法律制度以及重要机构投资者重点交易行为监管法律制度。同步加强行政执法与刑事司法的强有力合作,加强境内外监管机构与司法机关的合作,对有效地保护市场,促进市场功能的发挥具有重要作用。

4.期货交易风险防范制度

从《期货交易管理暂行条例》到《期货交易管理条例》,我国已建立起了基本的期货交易风险防范法律制度,诸如保证金制度、强行平仓制度、每日无负债结算制度、价格限制制度、限仓制度、大户报告制度、会员分级结算制度、风险准备金制度、风险预警制度等,但由于这些风险防范制度在立法方面不够完备,在施行中又存在诸多不足,还不能充分发挥其保障期货业运行安全的功能。比如,期货交易保证金具有担保性质,《期货交易管理条例》中有关期货保证金的制度立法位阶较低,与国际市场上通行的做法还不能互通。[2] "期货交易所向会员收取的保证金,属于会员所有""期货公司向客户收取的保证金,属于客户所有"的表述还与传统的"一物一权"原则相冲突。《期货和衍生品法》第二十二条对保证金制度进行了变革,明确了保证金的结算和履约保障功能,不再规定保证金的权属问题,要求期货结算机构、结算参与人收取的保证金与自有资金分开,在期货保证金存管机构专户存放,分别管理,禁止违规挪用,并且对期货结算机构收取的保证金免予司法查封、冻结、扣押或者强制执行。同时《期货和衍生品法》还对保证金的形式进

---

① 刘辉:《股指期货与股票现货跨市场交易宏观审慎监管论——以国务院金融稳定发展委员会的设立为背景》,《江西财经大学学报》2020 年第 1 期,第 120-133 页。

② 赵炳晴:《论期货交易保证金法律制度的完善》,中国政法大学硕士论文,2020,第 2 页。

行了扩展,现金、国债、股票、基金份额、标准仓单等流动性强的有价证券均可以作保证金,考虑到未来市场的发展需要,授权国务院期货监督管理机构规定其他财产作为保证金。强行平仓是重要的期货风险控制工具,应当对强行平仓的法律属性问题进行明确,以明晰相关当事人的权利义务关系以及相应的法律责任。①《期货交易管理条例》第三十四条规定期货交易所会员或期货公司的客户保证金不足时,应当追加保证金或者自行平仓,如果未在规定时间内追加保证金或者自行平仓,则期货交易所或期货公司应当强行平仓,但未对保证金的标准进行明确。《期货和衍生品法》四十一条对保证金标准进行了区分,期货公司作为期货结算参与人的保证金应当符合期货结算机构业务规则规定的标准,期货公司客户的保证金应当符合期货公司与客户约定的标准,即保证金的规定标准和约定标准。一般来说约定标准会高于规定标准。当期货公司的保证金低于规定标准时,期货结算机构从维护金融秩序和社会公共利益出发进行强行平仓是一种义务;当期货公司客户的保证金高于规定标准而低于约定标准时,期货公司进行强行平仓是一种权利。② 当有价证券作为保证金时,期货结算机构或者期货公司可以依据民法典及其司法解释中有关担保物处置的规定对有价证券进行处置。风险准备金是为了维护期货市场的正常运转而提供的财物担保和弥补不可预见风险所带来的亏损而设立的资金,是防范和化解结算风险的重要机制保障。《期货和衍生品法》第一百一十六条规定期货公司、期货结算机构、期货交易所和非期货经营机构结算参与人应当从业务收入中按照国务院期货监督管理机构、国务院财政部门的规定提取、管理和使用风险准备金。关于风险准备金的计提规模和使用审批程序还有待立法的明确规定。目前期货交易所的风险预警系统在指标选择方面存在欠缺,没有考虑会员的风险指

---

① 钟维:《期货强行平仓的法律属性及规则解释》,《河南财经政法大学学报》2017 年第 6 期,第 128-135 页。

② 叶林主编:《中华人民共和国期货和衍生品法理解与适用》,中国法制出版社,2022,第 143 页。

标,忽略了风险的传染性,忽视了所外交易,对此,应参考国际经验建立预警指标体系和预警模型。期货交易国际化必然要求进一步完善期货交易风险防范制度,这就要在分析期货交易风险防范漏洞的基础上,洞察现存期货交易风险防范法律制度的不足,在修正现存风险防范法律制度的同时,补充期货交易风险防范的创新性法律制度,其中最重要的是健全期货市场信息公开制度。

信息公开制度是期货市场法律规则体系中的重要组成部分。期货市场的交易信息披露制度完善与否极大地影响市场运行的效率。[①]　各国立法者、金融监管者以及期货自律组织无一例外地都制定或颁布了相关法律文件,规定期货交易信息的法定披露要求和期货交易信息的使用要求,前者包括交易信息的披露范围、时间、形式等,后者主要涉及交易信息的发布、传播、经营、增值开发等行为。同时,交易信息的披露也早已成了各大期货交易所的一项常规性工作。

(1)确立期货市场信息公开制度的利益平衡原则

期货市场的信息披露应满足公开、公平、公正的要求。只有每个投资者公开、公平、公正地享有信息,才能降低交易成本,减少交易中的摩擦,保证期货市场的吸引力。期货市场信息公开制度应平衡期货市场透明度与私人商业信息保护之间的关系,既要保证期货市场的参与者能够获知一定的信息,又要保护具体市场参与者尤其是机构投资者的私人商业信息,调和机构投资者与中小投资者的利益;另一方面,期货市场信息公开制度要平衡期货市场的交易活跃性目标与市场发展的长期稳定性要求之间的关系[②],避免因信息披露不当而致个人投资者的过度投机或期货公司盲目做大交易量,使

---

① 黄韬、陈儒丹:《完善我国期货市场交易信息披露法律机制的研究》,《上海财经大学学报》2012年第4期,第33-40页、第89页。

② 黄韬、陈儒丹:《完善我国期货市场交易信息披露法律机制的研究》,《上海财经大学学报》2012年第4期,第33-40页、第89页。

期货市场套期保值、价格发现等基本功能无法实现,使期货市场的长期健康发展与稳定性发展目标无法实现。为此,期货市场的信息公开范围应合理。

(2)框定期货市场信息公开的合理范围

信息是期货市场价格形成的依据,也是期货交易的基础,现货信息、供求信息、政策信息、制度信息等直接影响着期货合约的价格。这些信息经过投资者不同角度的解读与利用,又以不同的形式反馈到期货市场。当前我国期货市场的信息公开范围主要体现为三个方面:一是实时行情;二是盘中交易形成的动态信息,包括合约名称、交割月份、最新价、涨跌、成交量、持仓量、成交金额等信息;三是基于盘后的数据统计而获得的静态信息,包括会员每日成交量和持仓量排名信息。扩大交易信息的披露范围能够提高市场的透明度,有助于弥补中小投者的信息劣势,消除不同投资者之间因信息不平等而导致的地位不平等;同时有助于利用市场力量对抗或遏制市场操纵行为,使投资者能够准确地根据信息变化作出反应与决策,提高市场的效率。但期货市场的交易信息披露绝非越多越好,过于详细地披露内容,反而导致大型投资者的投资行为、投资策略和投资轨迹部分地暴露在所有市场参与者的视角中,使私人交易信息沦为半公共产品,使中小投资者跟随大型投资者的现象更严重,影响市场的稳定性。从国际经验看,期货市场交易信息披露范围涉及合约的价格、成交量、持仓量,大多不披露成交额信息,其中成交量和持仓量信息按照参与者分大类进行披露,不具体到单个参与者。参照国际经验,我国期货市场应取消对每日成交持仓排名的披露,只公布交易合约总成交量和持仓量及其变化,不披露具体会员及其持仓信息。①

(3)建立期货交易信息的监测体系

期货市场存在无数交易者和交易组织者,作为各自独立的经济实体或

---

① 黄韬、陈儒丹:《完善我国期货市场交易信息披露法律机制的研究》,《上海财经大学学报》2012年第4期,第33-40页、第89页。

管理实体,共同组织了期货交易。价格变化的无情事实,迫使所有参与期货交易的主体,必须及时掌握期货市场的数据或信息,及时了解自身从事期货交易的成败与得失,进而更有效地回避风险或在投资上获利。期货市场也依赖大量信息把期货参与者组织成一个整体,有序地进行期货交易或实物交割。对期货市场的交易信息监测及处理是期货市场监管者必须履行的职责。为了提高监测市场运行的效率,美国 CFTC 建立了一个巨大的电子报告系统。利用先进的电子报告系统,清算会员、期货代理商以及国外代理商每日向 CFTC 报告各类重要的交易数据。我国也应加快建设电子报告系统,使监管部门能及时掌握市场交易动态和风险趋势,为期货市场的监管提供信息基础。

（4）完善期货交易所信息公开机制

期货交易所处于期货市场监管一线,更容易获得市场异常情况的信息,具有及时公开相关信息的优势。但是,如果信息的获取成本较高且没有相应的激励机制,则期货交易所信息公开的积极性不高,信息公开的质量也难以保障。实践中,我国各大期货交易所通过"自我授权"形式对外公布交易所的开盘价、收盘价、最高价、最低价、成交量、未平仓合约数等价格指标,但有的交易所发布委买量、委卖量,有的交易所则没有相关信息;各交易所的价格指标比如清算价、收盘价都有不同定义,有的交易所未平仓合约单向计算,而有的则以双向计算等等,各个交易所都根据自身的实际经营情况自我决定信息披露的范围与内容。这凸显了我国完善期货交易所信息公开机制的必要性。我国亟须通过有效的法律手段使期货交易所免费向公众提供期货市场的基本行情信息,统一基本行情信息的披露指标内涵。在基本信息之外,交易所可以公开对有关信息收费,收费信息的价格上限可以由监管部门直接设定。

总之,期货交易国际化对大宗商品定价权和人民币国际化具有重要意义,但是期货的高杠杆性也必然伴随着高风险性,期货交易国际化程度过高可能对经济安全与金融稳定有一定影响。因此应冷静对待期货交易国际化议题,期货交易的国际化只能是我国金融资本市场总体开放战略下有限度的国际化,而不是完全自由的国际化;期货交易国际化进程应始终坚持服务实体经济需要,优先为"一带一路"等国家战略服务的原则,只能在我国资本项目开放的范围内有节奏地、有限度地开放。期货市场的国际化是一种双向的开放,既要"走出去",又要"引进来",实现与国际期货市场的相互融通。期货交易所、期货公司、期货投资者是期货市场的三大主体,是"走出去"与"引进来"的开放政策实施中的主要抓手。期货交易所的组织制度、期货公司的准入制度、期货公司内部风险管理及评估制度、期货投资者适当性制度、期货投资者权益保护制度均是期货交易国际化亟须完善的制度。在境外投资者准入境内期货市场的条件下,须强化非法期货交易行为的法律责任,这对监管执法与司法都提出了更高的要求。风险防范与预警机制也应在国际化背景下及时调整,两者均离不开期货市场信息公开制度的确立与完善。

结　语

　　十九届四中全会要求"加强资本市场基础制度建设,健全具有高度适应性、竞争力、普惠性的现代金融体系,有效防范化解金融风险。"这对期货市场的发展提出了新的要求,一方面要不断提升国际竞争力、要增强期货市场服务实体经济的能力,另一方面也要确保金融风险可控,谋发展的同时要把握好度。本书在虚拟经济有限发展法学理论视角下探讨期货法律制度变革,正是对当前国家资本市场建设方略在期货立法方面的回应。

　　本研究以虚拟经济有限发展法学理论为指导,遵循从理论到制度的分析路径,理论方面主要研究了虚拟经济有限发展法学理论与期货业发展历程的契合,制度方面从交易主体、交易客体、交易行为、交易国际化等方面全面展开。

　　第二章"虚拟经济有限发展法学理论与期货业发展历程的契合"主要解释和论证期货市场有限发展的正当性与立法保障,为制度构建奠定理论基础与研究前提。首先,通过对虚拟经济的概念特征的讨论,表明虚拟经济的发展必须要有边界,应坚持虚拟经济有限发展的法学理念,以实体经济需要为限,以实体经济安全为限,这就是虚拟经济有限发展理论的主要观点。而期货作为典型的虚拟经济,虚拟经济有限发展法学理论同样适用于期货业,这既是期货业服务实体经济功能的需要,更是由期货自身的风险性决定了期货业的发展必须以经济安全为限。期货业主要包括商品期货和金融期货这两种期货,无论是从其产生发展的历程来看,还是从各自的功能来看,其既依赖于实体经济的发展,又会影响实体经济的进程。因为实体经济在整体经济发展中处于实质性核心地位,所以虚拟经济(尤其是期货)的发展更不能脱离实体经济发展的需要,必须以实体经济为限。同时,期货自身具有的高风险性也决定了期货业的发展要以经济安全为限。虚拟经济必须顺应实体经济的发展,若是虚拟经济与实体经济发展不协调就会制约实体经济的发展,甚至可能给实体经济带来毁灭性打击。如果期货市场存在过度投机、非法操纵等不正当行为,则不仅期货市场自身的运行会受到阻碍,期货功能会被扭曲,还会波及现货市场或者其他金融市场,从而引发风险。因此,期货业的发展必须坚持服务实体经济的理念,以期货业自身的安全运行及实体经济的安全运行为限。

同时,从虚拟经济的发展历程来看,虚拟经济有限发展法学理论和期货业发展高度契合。由于期货作为典型的虚拟经济具有虚拟经济的一切风险特性,传统民商法的意识自治、买者自慎等理念不仅无益于期货风险的控制,反而会助推风险和危机的爆发,因此为了更好地把控风险,国家作为一个特殊的强有力的主体应站在促进产业协调发展的角度对期货业发展的盲目性、风险性进行有效的控制。国家对期货市场的干预主要体现在期货市场主体准入资格、期货品种上市和退出、期货市场的风险管理、期货市场的异常交易识别、期货市场违法行为处罚、期货市场监管协调等方面。国家通过种种举措分别对期货市场参与者的范围、期货市场交易的边界、期货市场的风险管理、行为边界等都进行了有效的调节和监管,这也是对期货市场有限发展理论的支持和体现。期货市场有限发展理论不仅体现于我国期货市场,也体现在美国期货市场的发展之中。1990 年我国期货市场进入粗放发展阶段之时,就已体现出期货市场有限发展的必要性,再到清理整顿阶段,我国出台了一系列举措以促进期货业的健康发展。而后我国期货业经过一定发展,国家出台了一系列规范性法律文件促使我国的期货市场进入了法治化发展阶段。比如,不仅确立了相应的监管模式,期货品种的上市模式也坚持以实体经济的需要为限,体现了我国的期货监管部门秉持有限发展的理念。同时我国期货市场进入规范发展阶段,我国期货市场的风险管理建构也以期货市场的安全运行为限。通过构建保证金制度、当日无负债结算制度、涨跌停板制度等为我国期货市场建立了较为完善的风险管理制度,以期保证期货市场的安全运行和正常发展,这也是有限发展理念在我国期货业中的体现。所以,在我国期货业发展的历程中我们可以看到期货业发展历程与虚拟经济有限发展法学理论的契合。

此外,考察美国期货市场的制度沿革,依然可以体会到虚拟经济有限发展法学理论在期货业发展中运用的合理性。现代意义上的期货市场产生于美国,美国政府最初对期货市场没有监管,期货交易主要依赖于市场主体的自律或者自我约束,直到期货交易演变成标准化契约交易并且投机性交易泛滥对实体经济产生了巨大负面影响之后,美国地方政府才开始对期货市场进行监管,此后又逐步将监管的层级提升至美国联邦政府。我们可以看到,美国期货市场经历了自律式发展阶段和强监管有序发展阶段,而这一发展历程,不仅使美国的期货市场逐步完善,更是美国期货市场有限发展的过程。从美国期货市场的制度发展变化,我们也可以看到虚拟经济有限发展法学理论与期货业发展的契合。

总之,期货市场有限发展理念不仅是由虚拟经济和期货业的共通特征和功能决定的,更是由期货业自身的风险决定的,而且我们从不同国家期货市场的发展历程中也可以看到期货市场有限发展理念在其中的运用。因此,在我国发展资本市场力度不断加大,期货交易国际化程度不断提升的今天,我们应该坚持期货市场有限发展理念,抓住时机,尽早出台期货法,综合运用各种举措,营造良好的期货市场环境,避免过度投机炒作,减少人为操纵市场,促进期货市场健康稳定发展。

第三章"虚拟经济有限发展法学理论视角下的期货交易主体制度变革"从准入视角探讨期货交易主体结构的调整与应对问题。秉持虚拟经济有限发展法学理论,由谁来交易、交易结果是否公平是引入新类型投资者时我们应该反思的深刻问题。对于一贯以散户为主的我国期货市场,无论是实务界还是理论界,引入机构投资者的呼声都越来越高。针对这一诉求,我们文章首先讨论了机构投资者进入期货市场的必要性与可行性。一项制度的酝酿与生成离不开现实基础条件,好比建造一栋高楼大厦,没有得以支撑的结实地基,再美的建筑也无异于空中楼阁。通过对机构投资者自身特征、投资理性、决策团队的分析,机构投资者能充当稳定期货市场的主力军参与到期货市场中,使得价格信号传递更为真实有效,有利于发挥和实现期货市场的价格发现功能,并且机构投资者参与交易也是期货市场国际化不可或缺的条件。从我国期货市场运行的现状来看,已有越来越多的机构投资者参与期货市场,已出现不少规范机构投资者行为的法律规范,期货市场的快速发展也为机构投资者参与期货市场提供了便利条件。从欧盟期货市场发展来看,机构投资者的引入只要管理得当,就会发挥应有的功效,通过搭建投资者适当性制度,有利于保护好非专业投资者的利益,将损害行为降至最低。

但是,当前期货市场引入机构投资者仍存在较多法律障碍,主要表现为:如何贯彻落实《期货和衍生品法》的配套规定尚待出台,有关投资者保护方面的问题规章与司法解释与基本法律如何成功对接;当前立法对现货企业、银行、保险公司、证券公司、信托公司以及境外机构参与期货市场的条件、品种类型、交易目的、参与身份等进行了方方面面的限制;侵权认定范围较狭窄,仅限于期货公司及其工作人员、期货交易所及其工作人员以及笼统的其他机构或者个人;此外,我国期货市场还有一定的封闭性,国际化步伐刚刚迈开。本书以期货交易所"保险+期货"试点为例,分析了当前保险公司尴尬的"身份"问题,到底是农民购买期货的中介人还是保险合同的一方?能否参与商品期货交易?能否成为套期保值者?这些问题得不到解决,对当前稳步推进"保险+期货"试点,助力乡村振兴建设会带来较大的阻力。

本书在以点带面、点面结合并辅以典型案例分析期货市场引入机构投资者的现有法律障碍的基础上,有针对性地提出了如下完善对策:(1)全面、切实、有效贯彻实施《期货和衍生品法》,通过期货市场基本法,细化专业投资者认定标准与匹配执行规则,以达到纵向统领协调期货法规规章、自律规则,并加强与其他金融领域横向平行沟通的目标;(2)降低机构投资者准入门槛,增强灵活性,使监管措施因监管对象、市场发展阶段不同而不同;(3)通过细化侵权类型、增加侵权主体、在实践中探索更为科学的集团诉讼制度,多维度完善侵权救济制度;(4)提高保障基金制度立法层级、建立独立的基金监管运作机构,充分完善投资者保障基金制度。

当期货市场引入机构投资者之后,必须直面的问题是投资者结构发生变化后如何保护非专业投资者。长期以来,期货市场以散户为主,投资者之间力量大体平衡、势均力敌,期货市场发生操纵的概率较小。当机构投资者进入后,如果没有良好的投资者平衡保护制度,这种"平静"就会被打破,最终可能损害到非专业投资者权益。当前,期货市场投资者保护法律制度存在明显不足,如复杂与否的判断标准模糊、客户分类的标准不科学、执行标准不完备、违反适当性义务责任范围待明晰,在投资者结构变化下,上述问题逐渐浮出水面,需要积极应对。一是确立复杂与否的判断标准。明确复杂产品仅针对非专业客户的判断能力,重点从衍生路径、参与衍生的变量以及与基础证券的内在关联性、境外机构参与交易情况等方面判断产品是否复杂,如果是外国开发、本国继受的产品,还应考察该产品在本国的风险认定情况。二是建立科学的客户分类标准。可建立由当前专业性为主、综合其他多种分类方法的混合标准转向以专业性为唯一判断标准的客户分类制度。采用三分法,将投资者分为零售客户(又称普通交易者)、专业客户、合格对手方。在投资者身份转化方面,在"向上"转移时,可保留"零售客户→专业客户"的转移通道,但"零售客户→合格对手方"的跨级"向上"转移通道暂不宜开通;同时,"向下"转移的通道也不宜开通,以便在零售客户区设置一个有效的风险"隔离带"。三是健全执行标准。首先应明确执行的总体原则:如有利于客户的原则,谨慎、诚实、勤勉尽责的原则,公平对待客户的原则,岗位分离与考核原则。产品推荐证据留痕时,保存地点应尽量公正化,并注意互联网交易中证据应当各执一份。在监督方面,应强化内部监督,建立"内部+外部"无缝隙监督管理体制。四是完善违反适当性义务法律责任边界。明确经营机构与投资者责任认定的界限,明确获赔投资者范围、免责条件、损失的计算标准以及赔偿上限。

第四章"虚拟经济有限发展法学理论视角下的期货品种上市制度变革"旨在建立交易客体准入制度,与第三章(交易主体准入)相呼应,共同构成期货市场准入制度,为第五章期货市场交易行为风险防范的研究确立前提条件。

期货市场的繁荣发展离不开期货新品种的不断上市,而期货新品种的上市作为产品投入期货市场、进入交易环节的第一步,是整个期货市场交易的源头所在,所以期货品种上市制度的不足一直以来都被视为是制约期货市场发展的"瓶颈",良好的期货品种上市模式可以从根源上确保期货市场交易的有序性以及其发展的健康可持续性。进一步来说,拥有健全的期货品种上市模式也是保障期货交易顺利开展的不可或缺的一环。因此,希冀我国的期货市场发挥出其应有的功能和活力,就必须重视、探究和完善我国的期货品种上市模式,促进我国期货市场的平稳发展。

一个国家的期货品种上市机制一般具有预防和防范期货市场风险、保障和促进期货交易效率、激发和提升期货市场发展活力等作用,因为品种上市具有重要意义,所以各国在立足于本国国内的实际情况下,都致力于建立一个适合本国经济发展的期货品种上市模式。美国建立了期货品种上市的审核模式。其包括两种上市方式,一种为交易所的自我认证,另一种是请求CFTC 的提早批准,而这两种方式都要符合相关上市的法律要求,否则就会遭受到 CFTC 的否决。日本建立了试运行的期货品种上市模式。日本的期货市场发展历史悠久,因此其有高效严谨的期货相关法律,在期货品种上市机制方面经历了从严到宽的过程，即从"有益论"到"无损论"的转变。而英国采取的是注册模式的期货上市法律机制，即只需要符合明确的法律规定就具有上市资格，没有其他硬性约束，因此在英国这种注册模式下，对于相关法律法规的完善程度要求较高。在我国，《期货和衍生品法》实施之前，采取的是审批模式的期货品种上市法律机制。在此阶段，我国期货经济还处于不成熟的阶段，我国的期货市场仍在不断建设，另一方面是由于我国仍存在部分法律规定不健全和不严谨的情况，因此审批制可以减少一些风险。但是过于严格的审批模式，并不利于我国期货市场的进一步繁荣发展。

不同的期货品种上市模式有其不同的优缺点，都是根据本国的期货市场实际发展情况和交易思想及习惯形成的。总的来说，审核模式上市速度较快、程序简单、形式审查收放有度，但是需要较为完善的法律制度作为保障；试运行模式是日本结合本国期货市场现状创新的成果，形式虽然新颖，但是普适性有待考察；注册模式程序最为简单且效率较高，但需要较高的市场成熟度和较高的市场参与者素养；审批模式程序繁杂、速度较慢，但是稳妥保险，是综合考虑当时我国期货市场发展国情后选择的结果，具有一定的可取性。但是，随着期货市场的不断成熟，我们应该在立足当下的同时展望未来，吸取别国的先进做法，同时要正视我国期货品种上市中存在的种种问题和不足，具体问题具体分析，促进我国期货品种上市模式的科学化、合理化。

我国期货品种上市先后经历了探索与混沌时期、整顿与调整时期和今天的稳定与发展时期。目前我国期货市场交易品种不断丰富，期货交易规模不断扩大，特别是期货品种上市制度在国家政策的调整下得到了蓬勃的发展。但是我们也要看到《期货和衍生品法》实施前期货新品种上市模式从操作方式上来看相比于世界上的其他国家过于"严格"。不仅品种上市地点的选择由证监会协调确定，而且证监会审批权的行使也受到一定制约，最重要的是审批层级较多，层层上报的期货品种上市制度难以适应不断变化的市场需求,虽然增加了安全性但是失去了市场经济的灵活性。因此,《期货和衍生品法》立法中对期货品种上市给予了重点关注,因为之前的审批模式过于严格会阻碍市场经济服务实体经济的深度和广度。《期货和衍生品法》贯彻实施中,我们应该合理界定政府和市场在期货品种上市中的作用和边界,充分发挥好"看不见的手"和"看得见的手"的作用。同时,对期货市场新品种上市的标准再进行细化,应当针对商品期货和金融期货不同的特点,分别确立上市具体要求。此外,对于我国目前缺乏具体的上市审批程序的问题,理应优化期货新品种的上市程序,完善相应的法律法规,建立起透明的注册和审议程序。

在交易主体和交易标的准入制度研究之后,第五章转向交易行为的风险防范研究。"虚拟经济有限发展法学理论视角下的期货交易行为制度变革"的研究思路为:以高频交易为中心思考交易技术变革下期货交易行为的风险防范。

在现代社会,科学技术在金融领域的广泛运用已经成为社会共识,一方面,科技的广泛运用改变了金融交易和服务的模式,另一方面,也有一些投资者滥用科技,损害金融市场的公平公正和交易安全。所以本书的第五章主要聚焦于研究期货市场有限发展的风险管理法律机制,以期使我国期货市场建立起一个全面高效的风险管理机制。期货高频交易就是期货市场运用科技的成果,市场中的投机者利用复杂的计算机技术、系统和其所拥有的资源,以毫秒级的速度执行交易,且日内短暂持仓,以此达到获取大额利润的目的。其一方面繁荣了期货市场,另一方面,若是滥用高频交易技术就会损害市场公平和普通期货交易者的利益。

期货市场中一般存在套期保值者和投机者两种交易者,投机者虽然不稳定性较强,但是其存在有合理性和必然性。因为在某种程度上,期货投机者承担了期货市场的价格风险,同时投机者的进入增加了期货市场的活力,加快了期货市场的运转,可以促进期货市场对交易价格进行调整,从而有利于改变不同时期市场上的供求结构,因此也可以说期货投机促进了价格发现,促进了期货市场的流动。高频交易属于投机,因为高频交易所具有的特征和操作方式,就是利用技术基本不持仓过夜,以期用最小的成本获取最大的利润,符合投机的特征。高频交易者的投机策略主要有流动性回扣交易、猎物算法交易、自动做市商策略。高频交易者与传统交易者相比,其通过不断修正策略选择程序而进行交易策略的变更,同时尤为重视交易速度。合适的交易策略与微秒级别的速度优势是高频交易获得成功的关键。但是过于重视速度和交易策略有时候会带来更多的风险,若是一步操作错误且交易速度过快很可能就会导致满盘皆输。因此,高频交易作为一把双刃剑,正常的高频交易提升了市场的流动性,提升了交易效率,但是高频交易一旦被滥用就会为市场安全埋下隐患。高频交易软件的交易速度极快,一旦出现操作失误,不仅交易错误难以纠正,而且往往会造成极大的影响。最重要的是高频交易通过技术手段绕过交易所柜台,使得监管系统形同虚设,一旦出现操作失误很难快速修正,因此高频交易的风险与传统的人工交易相比较,其风险爆发的时间更短,引发的后果更严重。

　　高频交易通常会利用"幌骗""塞单"等市场操纵手段来进行,使得期货市场不能正常进行交易,扰乱整个期货市场的交易秩序。同时,市场公平建立在信息公开的基础之上,可是高频交易者运用频繁报撤单的行为进行市场操作,使其真实的投资意图不能被报价系统识别,并且向市场传达出虚假的信息,对其他普通投资者进行误导,而高频交易者运用其速度优势却能提前知道市场的报价情况,因此普通交易者和高频交易者之间就形成严重的信息不对等状态。所以高频交易还存在损害市场公平交易的风险和危害。最后,受高频交易软件本身的不稳定性和套利交易的投机本质影响,高频交易还存在利用跨市套利引发市场崩溃的风险。因为现在经济全球化的程度不断加深,资本市场之间的联动性也在不断增强,某个市场制度的异动往往会影响其他市场的走势。如果高频交易的投机者在两个市场之间利用价差进行套利,则两个市场都会受到套利行为的影响。也就是,说高频交易对单一市场释放的消极影响可能会扩散到其他板块的证券市场,甚至引发系统性风险,威胁金融市场的稳定。

因此,在识别高频交易风险的同时,我们应该在吸取国外对高频交易进行监管的先进经验后,采取积极措施对我国期货市场中的高频交易进行合理有效管控,促进我国期货业的健康有限发展。研究表明,美国和欧洲的证券交易几乎一半都是高频交易,但是因为高频交易的两面性,在提升市场效率的同时,各国对高频交易都采取了相应的监管措施。比如实行准入制度、算法报备、熔断机制、高频交易商履行做市商义务、调整最小报价单位、规定订单最低持续时间等,上述举措的目的都是在交易机制上防范高频交易的信息优势滥用,促进真实市场价格的形成。高频交易具有改善流动性、提高价格发现效率的积极作用,但也具有加大市场波动、影响市场公平等风险,因此,我国也应该采取一定的措施,促进高频交易的规范化、合理化,使之扬长避短,减少风险,以更好地服务实体经济的发展。首先,我国可以通过设定高频交易订单的最低停留时间,降低高频交易的成交速度,从而减少其因过度追求流动性而造成的操纵市场、损害市场公平的风险。其次,国家应该明确禁止操纵型高频交易策略,从而使期货市场的价格发现功能正常展开,保护普通交易者的利益和期货市场的正常运转。再次,应当制定高频交易风险管控工具。不仅可以借鉴传统期货交易中的一些风险防范工具,如熔断机制、涨跌停板制度、日内最大持仓量等,还可以借鉴法国、意大利等国家的做法,通过征收金融交易税的方式限制高频交易工具的使用。最后,可以通过合理配置高频交易的监管权,使得不同的期货市场主体在各自的岗位中发挥自己的最大优势,监管好市场中的高频交易,从而使我国期货业在有限发展理论的支撑下,更加蓬勃发展。

第六章"虚拟经济有限发展法学理论视角下的期货交易国际化问题及应对"的研究思路为:站在对外开放的角度、立足全球视野思考我国如何在开放经济条件下通过立法保障期货业安全有效运行。本章与第三、四、五章都属于法律制度构建,前三章主要从国内法律制度层面展开,本章主要从涉外的角度考察,共同构成有机统一的虚拟经济有限发展法学理论视角下的期货业制度体系。

目前,中国期货市场是全球最大的标准化市场之一,无论是从交易量还是交易品种的丰富性来看,我国期货市场都是全球金融衍生品市场的重要组成部分。由于期货市场特有的价格发现功能与市场的国际化程度密切相关,因此期货市场在资本市场对外开放的过程中承担着重要角色。同时,我国作为一个大宗商品的进出口大国,亟需获得全球大宗商品定价的话语权,也就是说对期货市场的国际化需求格外强烈。因此,我们应该在虚拟经济有限发展法学理论的指导下,积极推动我国期货市场的有限开放,发挥其积极作用,减少其负面效应。

经过几十年的发展,我国期货交易的国际化已经取得了初步的成效。在期货公司"走出去"方面,2001年我国出台了《国有企业境外期货套期保值业务管理办法》,使我国境内注册的国有企业在符合法律规定的情况下可以从事境外套期保值业务。同时在"引进来"方面,我国2012年《关于期货公司变更注册资本或股权有关问题的规定》的颁布,意味着我国期货业在"引进来"方面的大门打开了。其后国家及相关机关又通过各项举措鼓励外国期货公司进入并参与我国的期货市场。目前我国期货业投资者的国际化程度不断增强,交易所的国际化也有了突破性进展,应该说,我国在期货交易国际化方面已经取得了一定成就。但是我国期货交易的国际化现在仍处于"走出去刚起步,引进来尚在初级阶段,国际定价权旁落,自主理论创新缺乏"的状态,仍有较大的提升空间。进一步提升期货交易的国际化程度不仅是获取国际金融话语权的重要方面,更是我国"一带一路"倡议的需要。

从全球范围来看,期货市场是新兴国家发展资本市场提高综合国际竞争力的重要手段。要提高我国期货业在国际金融市场上的话语权,必定要建立一个与我国经济发展程度相匹配、与风险管理需求相适应的期货市场。所以,我们在认清期货交易国际化之必要性的前提下,应当积极抓住机遇,迎接挑战,防范风险,促进我国期货市场的有限开放。

期货交易国际化的风险来自方方面面。从"引进来"到"走出去",从监管体制的不完善到境内投资者专业知识和能力的缺失,都使得我国期货交易的国际化过程面临不可避免的风险。而我国目前期货业的自身发展并非十分成熟,与《期货和衍生品法》相配套的法规制度体系的立法工作进程缓慢,很大程度上进一步加深了我国期货交易国际化的风险和困难。从我国监管体系建设来看,尽管期货监管力量在不断增强,但是与之相适应的期货市场主体规范、非法期货交易行为的规制、期货交易风险防范、期货市场行为监管制度和投资者权利之救济制度等都需要不断完善。

因此,为了更好地推动我国期货交易的国际化进程,我国期货市场的对外开放应该在我国资本市场总体开放战略的框架下有节制地进行,无论"引进来"还是"走出去"都要有计划地渐进式进行。期货交易的国际化程度可以从三个方面来把握:一是期货制度是否与国际接轨,二是投资者是否能实现国际化,三是交易品种是否具有全球投资价值。在具体措施上,我们应该坚持以发展本土期货市场、激发国内期货市场的活力为重心,坚持"积极开放,有序推进"的指导原则,大力推进期货市场法律法规体系的建设,建立与国际接轨的监管体制,使期货市场的国际化有法可依。与此同时,大力完善我国期货市场的主体制度、严格规制期货交易的违法行为和构建全方位的期货市场信息公开制度,建立健全我国期货交易国际化的制度环境。在学习国外先进经验的基础上,坚持我国社会主义市场经济的独有特色,把握好期货交易国际化的度。只有这样,才能真正实现期货交易国际化的初衷和目标,也只有这样,才能在保证我国期货业的安全健康发展的前提下,合理有限地加快期货业对外开放的脚步,使我国期货业在国际市场上有更多的话语权,增强我国的经济实力和国际金融竞争力。

参考文献

一、中文类参考文献

(一) 著作类

[1] 唐·钱斯、罗伯特·布鲁克斯:《衍生工具与风险管理(第 7 版)》,丁志杰、郭凯等译,机械工业出版社,2010。

[2] 胡光志:《虚拟经济及其法律制度研究》,北京大学出版社,2007。

[3] 中国证券监督管理委员会、中国期货业协会编《中国期货市场年鉴》(2017 年),中国财政经济出版社,2018。

[4] 李兴智、许明朝:《金融期货理论与实务》,经济管理出版社,2005。

[5] 杨星:《股指期货》,广东经济出版社,2002。

[6] 张美玲:《我国商品期货市场监管法律制度研究》,中国政法大学出版社,2018。

[7] 巫文勇:《期货与期货市场法律制度研究》,法律出版社,2011。

[8] 威廉·法龙:《市场缔造者#芝加哥期货交易所 150 年》,王学勤译,中国财政经济出版社,2011。

[9] 田超:《金融衍生品:发展现状及制度安排》,中国金融出版社,2006。

[10] 中国证券监督管理委员会:《欧盟金融工具市场指令(中英文对照

本)》,法律出版社,2010。

[11]美国不列颠百科全书公司编《不列颠简明百科全书》,中国大百科全书出版社编译,中国大百科全书出版社,2011。

[12]雍琦:《法律逻辑学》,法律出版社,2004。

[13]岳彩申、盛学军:《金融法学(第二版)》,中国人民大学出版社,2015。

[14]张守文:《经济法理论的重构》,人民出版社,2004。

[15]张忠慧:《期货交易理论与实务》,中国电力出版社,2015。

[16]迈克尔·戈勒姆、尼迪·辛格:《电子化交易所:从交易池向计算机的全球转变》,王学勤译,中国财政经济出版社,2015。

[17]叶林主编:《中华人民共和国期货和衍生品法理解与适用》,中国法制出版社,2022。

(二)论文类

[1]薛卫、赵丽:《对我国期货品种创新的研究》,《辽宁经济》2004年第5期,第60-61页。

[2]李正强、刘岩:《中美衍生品市场发展路径》,《中国金融》2017年第23期,第79-81页。

[3]赵宁:《建立我国期货市场的思考》,《经济问题》1993年第6期,第58-60页。

[4]吴晓灵:《〈期货法〉立法条件已基本成熟》,《中国期货》2014年第1期,第13-15页。

[5]周正庆:《〈期货法〉推出时机已逐渐成熟》,《中国期货》2011年第6期,第10-11页。

[6]黄春花:《我国期货市场交易品种问题研究》,西南财经大学硕士论文,2004,第4-5页。

[7]李永东:《论期货市场的重要作用》,《经济研究》1986 年第 12 期,第 45-48 页。

[8]赵继光:《中国期货市场的功能研究》,吉林大学博士论文,2007,第 4-17 页。

[9]任俊涛:《中国黄金期货市场功能研究》,中共中央党校博士论文,2011,第 65-67 页。

[10]陈少云:《期货监管立法研究》,中国政法大学博士论文,2007,第 4-6 页。

[11]张群群:《论市场法律基础状况对期货市场功能的影响》,《法商研究》(中南政法学院学报)1997 年第 1 期,第 58-62 页。

[12]陈益民:《期货市场的现实功能及其法律控制》,《法律科学》(西北政法学院学报)1994 年第 1 期,第 50-53 页。

[13]罗咏簌:《我国期货市场呼唤法制》,《现代法学》1993 年第 6 期,第 64-66 页。

[14]张寿林:《原油期货:酝酿良久的国家战略》,《中国金融家》2015 年第 8 期,第 112-113 页。

[15]王斌:《建立和完善我国期货保证金制度的若干法律问题》,《法律科学》(西北政法学院学报)1995 年第 1 期,第 88-94 页。

[16]朱大旗:《完善我国股指期货市场监管机制的法律思考》,《政治与法律》(西北政法学院学报)2012 年第 8 期,第 12-21 页。

[17]张美玲:《期货保证金法律制度创新研究》,《湖南科技大学学报》(社会科学版)2015 年第 3 期,第 68-73 页。

[18]张博超:《期货交易中强行平仓法律问题研究》,郑州大学硕士论文,2020。

[19]郭阳阳:《股指期货价格限制水平设置的研究》,华南理工大学硕士论文,2011。

[20]崔迎秋:《期货实物交割的性质新论》,《特区经济》2006 年第 7 期,

第 357-358 页。

　　[21]翁鸣:《我国农产品期货及其实物交割》,《中国农村经济》1997 年第 12 期,第 17-23 页。

　　[22]荆林波:《关于期货现金交割方式的探讨》,《商业经济研究》1998 年第 9 期,第 42-45 页。

　　[23]李洪江、冯敬海:《交割地点选择权与商品期货合约升贴水设置》,《大连理工大学学报》2005 年第 6 期,第 912-915 页。

　　[24]曹长毅:《D 交易所引入境外交易者后交割流程改进研究——以铁矿石期货为例》,大连理工大学硕士论文,2019。

　　[25]顾慕玄:《期货动力煤交割公平性救济》,《煤炭经济研究》2013 年第 7 期,第 57-59 页、第 71 页。

　　[26]李灵:《助力国际大宗商品期货保税交割业务发展》,载《中国海关》2019 年第 1 期,第 22 页。

　　[27]孙亚东:《关于股指期货持仓限额的探讨》,《经济与管理》2004 年第 2 期,第 87-88 页。

　　[28]王新春:《期货交易所风险准备金使用探讨》,《财经界》2020 年第 22 期,第 99-100 页。

　　[29]曾芸、孙小萍、袁绍锋:《美国期货市场信息披露制度的经验与启示》,《债券》2019 年第 4 期,第 83-86 页。

　　[30]徐爱玲:《浅析股指期货交易每日无负债结算的会计处理》,《财会月刊》2011 年第 13 期,第 28-30 页。

　　[31]付大伟:《期货强行平仓规则与投资者保护——从范有孚案说起》,《金融法苑》2012 年第 1 期,第 74-86 页。

　　[32]申志玲:《范某与银建公司期货交易纠纷案评析》,湖南大学硕士论文,2014。

　　[33]李军、成洪斌:《金融市场中高频交易的利与弊》,《内蒙古科技与经济》2013 年第 20 期,第 45-48 页。

[34]姜哲:《程序化交易的潜在风险和监管体系研究》,《金融监管研究》2017年第6期,第78-94页。

[35]梁庆:《高频交易:误解与真相——对国内法律监管现状之反思》,《南方金融》2019年第8期,第3-12页。

[36]朱刚灵、孙万怀:《论滥用高频交易的刑法规制——以伊世顿公司操纵期货市场案为例》,《海南金融》2017年第4期,第40-47页、第53页。

[37]邓瑛:《虚拟经济与实体经济发展的阶段效应及关系研究》,《广东商学院学报》2004年第1期,第63-68页。

[38]李多全:《虚拟经济基本问题研究》,中共中央党校博士论文,2003。

[39]盛学军:《监管失灵与市场监管权的重构》,《现代法学》2006年第1期,第37-42页。

[40]张雷宝:《期货市场与农业产业化经营的关系研究》,《财政研究》2001年第7期,第41-45页。

[41]吴明:《股指期货法律问题研究》,中国政法大学博士论文,2008。

[42]冯金华:《正确处理虚实关系推动经济高质量发展》,《学术研究》2019年第12期,第81-88页、第177-178页。

[43]刘燕、楼建波:《金融衍生交易的法律解释——以合同为中心》,《法学研究》2012年第1期,第58-76页。

[44]董华春:《第八讲期货市场中最大的毒瘤——对操纵期货市场价格行为的认定和处罚》,《金融法苑》2001年第6期,第117-122页。

[45]温观音:《论金融期货风险的法律控制》,中国政法大学博士论文,2007。

[46]齐美东、杜鹃:《应对虚拟经济负效应的对策分析》,《安徽农业大学学报》(社会科学版)2004年第6期,第32-36页。

[47]王学勤、吴前煜:《从自律走向法律:美国期货市场监管160年管窥》,《证券市场导报》2009年第10期,第20-26页。

[48]贺楠:《美国期货市场限仓制度的发展》,《中国证券期货》2018年

第 1 期,第 78-83 页。

[49]鲍建平:《国内外期货市场保证金制度比较研究及其启示》,《世界经济》2004 年第 12 期,第 65-69 页。

[50]常淑莉:《期货保证金制度研究》,上海社会科学院硕士论文,2006,第 8-9 页。

[51]刘红丽:《我国期货保证金监管制度研究》,天津工业大学硕士论文,2015。

[52]谭麟:《中国沪深 300 股指期货投机持仓限制政策研究》,重庆大学硕士论文,2015。

[53]胡俞越、杨乐祯、王志鹏:《对外开放中的期货市场]》,《中国金融》2019 年第 4 期,第 34-36 页。

[54]张革:《我国国债期货市场引入境外投资者的意义及可行性探讨》,《债券》2019 年第 4 期,第 22-26 页。

[55]张付标、李玫:《论证券投资者适当性的法律性质》,《法学》2013 年第 10 期,第 82-89 页。

[56]赵晓钧:《金融产品创新视野下的投资者适当性——兼论中国金融投资者保护》,《新金融》2011 年第 12 期,第 33-36 页。

[57]张美玲、谭金可:《论金融衍生品投资者适当性规则的构建——欧盟经验与借鉴》,《湖南师范大学社会科学学报》2014 年第 5 期,第 102-108 页。

[58]阙波:《国际金融衍生产品法律制度研究》,华东政法学院博士论文,2000。

[59]李启亚:《金融衍生产品与中国资本市场的发展》,《经济研究》2000 年第 2 期,第 49-55 页。

[60]江岩:《关于发展金融衍生产品市场的若干问题》,《山东社会科学》2003 年第 1 期,第 26-30 页。

[61]邹功达:《全球金融衍生产品市场的发展及其启示》,《国际金融研

究》2002 年第 10 期,第 68-73 页。

[62]上海期货交易所课题组、杨建明、赫琳:《论我国期货市场机构投资者的培育》,《上海金融》2013 年第 11 期,第 87-94 页。

[63]李亚茹、孙蓉:《农产品期货价格保险及其在价格机制改革中的作用》,《保险研究》2017 年第 3 期,第 90-102 页。

[64]苏小勇:《机构投资者参与期货交易的法律保障研究》,《南方金融》2010 年第 7 期,第 86-88 页、24 页。

[65]王广娜:《我国股指期货交易中个人投资者法律保护》,天津大学硕士论文,2012。

[66]雷桂森:《证券侵权救济制度研究》,南京师范大学博士论文,2015,第 34-35 页。

[67]金昱茜:《中欧证券投资者保护基金制度比较及其完善》,中国政法大学硕士论文,2011。

[68]刘燕、楼建波:《金融衍生交易的法律解释——以合同为中心》,《法学研究》2012 年第 1 期,第 58-76 页。

[69]陈洁:《投资者到金融消费者的角色嬗变》,《法学研究》2011 年第 5 期,第 84-95 页。

[70]罗传钰:《金融危机后我国金融消费者保护体系的构建——兼议金融消费者与金融投资者的关系》,《学术论坛》2011 年第 2 期,第 108-112 页。

[71]李明奎:《制度变迁视角下金融消费者保护机制刍议》,《法律适用》2011 年第 1 期,第 45-47 页。

[72]强晓红《对我国金融消费者权益保护之探析》,《中国商界》2008 年第 12 期,第 120-121 页。

[73]刘俊海:《论证券市场法律责任的立法和司法协调》,《现代法学》2003 年第 1 期,第 3-13 页。

[74]颜延,倪刚:《投资者保护与金融机构的适当性义务——以金融衍生产品销售为例》,《学海》2013 年第 3 期,第 132-140 页。

［75］汤云龙、常飞：《美国期货品种上市机制的借鉴与启示》，《现代管理科学》2014 年第 3 期，第 82-84 页。

［76］雷晓冰：《我国期货品种上市机制面临的问题及解决——〈期货交易管理条例〉实施两周年之际的反思》，《河北法学》2009 年第 4 期，第 115-120 页。

［77］彭真明：《日本期货管理立法及其对我国的启示》，《日本学刊》1994 年第 2 期，第 147-158 页。

［78］黄运成、王海东：《推进期货品种上市的注册制改革》，《中国金融》2014 年第 10 期，第 14-17 页。

［79］胡连恩：《改善期货品种上市机制》，《中国金融》2013 年第 16 期，第 75 页。

［80］刘操：《浅议我国农产品期货品种上市机制的改革与创新》，《物流工程与管理》2011 年第 5 期，第 85-86 页。

［81］王凤海：《会员制与公司制期货交易所治理结构比较研究》，《财经问题研究》2005 年第 10 期，第 32-35 页。

［82］李慧鹏：《期货品种开发研究》，首都经济贸易大学硕士论文，2006。

［83］薛卫、赵丽：《对我国期货品种创新的研究》，《辽宁经济》2004 年第 5 期，第 60-61 页。

［84］宋亚：《上证 50、中证 500 股指期货上市》，《甘肃金融》2015 年第 5 期，第 4 页。

［85］贺强、辛洪涛：《重推国债期货与我国利率市场化互动关系研究》，《价格理论与实践》2012 年第 2 期，第 9-11 页。

［86］艾蔚：《我国利率市场化的发展呼唤国债期货的推出》，《上海管理科学》2004 年第 3 期，第 46-47 页。

［87］中国金融期货交易所国债期货开发小组：《国债期货上市与利率市场化改革》，《债券》2013 年第 7 期，第 30-33 页。

［88］何曼骆：《10 年期国债期货上市，完善国债收益率曲线》，《中国金

融家》2015 年第 5 期,第 114-115 页。

[89]吴洁:《商品期权元年来了》,《小康》2017 年第 24 期,第 64-65 页。

[90]王欣:《期货市场具有服务实体经济的天然基因》,《西部皮革》2019 年第 2 期,第 51 页。

[91]马险峰、李杰、姚远:《美国期货市场产品创新研究——以 CME 期货产品创新理念、上市程序和监管环境为例》,《中国市场》2013 年第 35 期,第 39-45 页。

[92]刘伟、沈春根:《从本轮股市大幅震荡行情再谈高频交易监管》,《经济体制改革》2016 年第 3 期,第 137-143 页。

[93]曹磊、陈超:《高技术环境下金融信息利用的特点、价值和风险——高频交易启示录》,《竞争情报》2017 年第 1 期,第 11-15 页。

[94]肖凯:《从柯西亚案看幌骗型高频交易的司法认定》,《检察风云》2017 年第 4 期,第 28-29 页。

[95]鲁胜:《论高频交易操纵市场鉴识及其法律规制》,《社会科学动态》2017 年第 9 期,第 68-76 页。

[96]邢会强:《证券期货市场高频交易的法律监管框架研究》,《中国法学》2016 年第 5 期,第 156-177 页。

[97]俞啸天:《我国期货高频交易监管——以伊世顿案为例的研究》,安徽大学硕士论文,2018,第 10-11 页。

[98]张孟霞:《高频交易的频繁报撤单与市场操纵认定——以美国国债期货"虚假报单操纵"案例为视角》,《证券市场导报》2016 年第 5 期,第 73-78 页。

[99]叶伟:《高频交易给国内证券期货监管带来的机遇与挑战》,《清华金融评论》2014 年第 12 期,第 82-84 页。

[100]刘杨:《高频交易的潜在风险及法律监管——由伊世顿公司操纵股指期货案引发的思考》,《金融理论探索》2016 年第 2 期,第 44-49 页。

[101]王明止、丁开盛、孙卫东主编:《期货交易基础理论及实务》,电子

科技大学出版社,1994,第265—266页。

[102]蓝海平:《高频交易的技术特征、发展趋势及挑战》,《证券市场导报》2014年第4期,第59-64页。

[103]裴慧欣、李静:《高频交易发展及其监管研究》,《北方金融》2019年第3期,第51-55页。

[104]刘宪权:《操纵证券、期货市场罪"兜底条款"解释规则的建构与应用#抢帽子交易刑法属性辨正》,《中外法学》2013年第6期,第1178-1198页。

[105]胡光志、张美玲:《我国期货市场操纵立法之完善——基于英美的经验》,《法学》2016年第1期,第76-87页。

[106]俞啸天:《我国期货高频交易监管——以伊世顿案为例的研究》,安徽大学硕士论文,2018,第13页。

[107]肖凯:《高频交易与操纵市场》,《交大法学》2016年第2期,第18-27页。

[108]李臻:《证券期货市场自动化交易的风险与监管研究》,《金融监管研究》2019年第5期,第99-111页。

[109]刘宪权:《操纵证券、期货市场罪司法解释的法理解读》,《法商研究》2020年第1期,第3-15页。

[110]姜哲:《境内期货市场双向开放问题探讨》,《证券市场导报》2019年第4期,第33-41页。

[111]胡俞越、张少鹏:《期货市场的国际化发展》,《中国金融》2015年第22期,第30-32页。

[112]文学、李心愉:《国际金融话语权的变迁重构及对策思考》,《东北亚经济研究》2018年第5期,第85-99页。

[113]张谊浩、裴平、方先明:《国际金融话语权及中国方略》,《世界经济与政治》2012年第1期,第117-127页。

[114]刘红:《发展期货市场提升大宗商品国际定价权的研究》,《价格

理论与实践》2017 年第 6 期,第 114-117 页。

[115]张秀青:《铁矿石期货市场国际化与"一带一路"建设》,《国际金融》2018 年第 8 期,第 57-60 页。

[116]姜哲:《期货市场国际化:现状、问题与应对》,《证券市场导报》2021 年第 7 期,第 12-20 页。

[117]潘宏胜、武佳薇:《畅通"大宗商品贸易—期货市场—人民币国际使用"循环体系的思考》,《国际经济评论》2021 年第 6 期,第 9-21 页。

[118]欧阳琛、朱国华:《中国期货市场对外开放战略选择及应对策略》,《现代管理科学》2013 年第 2 期,第 38-40 页。

[119]何奕劻:《中国期货市场如何走国际化道路》,《中山大学学报论丛》2003 年第 6 期,第 76-79 页。

[120]薛智胜、高基格:《中国期货市场国际化的市场准入问题探析》,《天津法学》2016 年第 3 期,第 63-68 页。

[121]罗大敏:《全球主要期货交易所公司化研究》,东北财经大学博士论文,2015,第 81 页。

[122]齐恩平:《论期货经纪人的法律地位》,《当代法学》2000 年第 1 期,第 45-47 页。

[123]周克军:《期货交易客户代理人法律规制研究》,西南政法大学硕士论文,2007。

[124]严珍兰:《我国期货交易居间人监管问题研究》,湖南农业大学硕士论文,2009。

[125]刘辉:《股指期货与股票现货跨市场交易宏观审慎监管论——以国务院金融稳定发展委员会的设立为背景》,《江西财经大学学报》2020 年第 1 期,第 120-133 页。

[126]赵炳晴:《论期货交易保证金法律制度的完善》,中国政法大学硕士论文,2020。

[127]钟维:《期货强行平仓的法律属性及规则解释》,《河南财经政法

大学学报》2017 年第 6 期,第 128-135 页。

[128]黄韬、陈儒丹:《完善我国期货市场交易信息披露法律机制的研究》,《上海财经大学学报》2012 年第 4 期,第 33-40 页、第 89 页。

[129]郭朋:《国外高频交易的发展现状及启示》,《证券市场报导》,2012 年第 7 期,第 56-61 页。

(三)其他类

[1]李金祥:《疫情下期货行业服务实体经济的思考》,《期货日报》2020 年 5 月 25 日第 3 版。

[2]胡俞越、杨画画、季麟:《2019 年国内期市盘点》,《期货日报》2019 年 12 月 31 日第 4 版。

[3]佚名:《第十四期中国金融中心指数(CFCI 14):走进重庆》,金融中心信息网,2023 年 2 月 24 日。

[4]罗文辉:《国际化或倒逼〈期货法〉早日出台》,《第一财经日报》2013 年 6 月 3 日第 A12 版。

[5]曲德辉、彭峭:《专家、业内人士热议期货立法:期货法制定应展现改革的勇气与智慧》,《期货日报》2014 年 3 月 12 日第 2 版。

[6]中金所法律部:《期货法立法的必要性及建议》,《期货日报》2014 年 6 月 17 日第 5 版。

[7]韩乐:《PTA 期货国际化备受期待》,《期货日报》2015 年 12 月 7 日第 3 版。

[8]刘慧:《走向大国金融——访国务院发展研究中心金融研究所副所长张承惠》,《中国经济时报》2011 年 7 月 7 日第 1 版。

[9]鄢颖、宋诗卓:《原油期货价格限制机制对比》,《期货日报》2020 年 6 月 3 日第 3 版。

[10]雷晓冰:《完善商品期货交割违约责任》,《期货日报》2014 年 8 月

13 日第 3 版

［11］陈建平、卢庆杰、陆洁等:《美国期货市场大户报告制度研究》,《期货日报》2013 年 5 月 20 日第 4 版。

［12］周科竞:《程序化交易不是洪水猛兽》,《北京商报》2015 年 10 月 13 日第 6 版。

［13］Peter Nabicht:《高频交易不是"恶魔"》,陆晓吟编译,《期货日报》2014 年 12 月 2 日第 3 版。

［14］北京工商大学证券期货研究所、胡俞越、王志鹏等:《2018 年国内期市盘点》,《期货日报》2019 年 1 月 2 日第 T6 版。

［15］杨照东:《机构投资者在期货市场中的培育与发展》,《中国经济时报》2018 年 6 月 11 日第 A05 版。

［16］沈宁:《期货市场机构参与度提升#活跃品种法人户持仓占比超50%》,东方财富网,2018 年 10 月 19 日。

［17］宋薇萍:《中金所副总经理张晓刚:将加快研究推出 30 年国债期货等新产品》,新浪财经,2018 年 10 月 18 日。

［18］祝惠春:《我国期货衍生品市场和产品结构加速深化》,南海网,2018 年 10 月 17 日。

［19］《方星海副主席在第 16 届中国(深圳)国际期货大会的讲话》,中国期货业协会网,2020 年 12 月 19 日。

［20］范洪力:《期货是金融衍生品吗?》,中亿财经网,2018 年 9 月 30 日。

［21］《期货市场与金融衍生品市场》,搜狐网,2018 年 6 月 29 日。

［22］郑州商品交易所:《郑州商品交易所 2017 年度报告》,郑州商品交易所网,2018 年 10 月 9 日。

［23］王端、王维熊:《雷曼"迷你债"大风波》,财新网,2008 年 10 月 13 日。

［24］时岩、永启蒙、申志刚:《独具特色的日本期货市场发展之路》,《期

货日报》2006 年 5 月 18 日第 4 版。

［25］《期货日报评出 2022 年国内期市十大新闻》，《期货日报》2023 年 1 月 3 号第 3 版。

［26］唐婧：《期货和衍生品法正式施行：期货期权新品种上市实行注册制，提高违规行为处罚力度》，《21 世纪经济报道》2022 年 8 月 2 日第 7 版。

［27］韩乾：《金融市场需要更多股指期货》，《中国证券报》2015 年 3 月 25 日第 A12 版。

［28］周璐璐：《红枣期货诞生：保"价"护航产业链》，《中国证券报》2019 年 5 月 6 日第 A06 版。

［29］韩乐：《PTA 期货国际化备受期待》，《期货日报》2015 年 12 月 7 日第 3 版。

［30］王丹：《2013 年国债发行或破万亿》，《北京商报》2013 年 1 月 21 日第 B2 版。

［31］王学勤：《上下求索"期权梦"（上篇）——为商品期权诞生而作》，《期货日报》2017 年 3 月 6 日第 3 版。

［32］赖明潭：《用期权拓展服务实体经济的深度与广度》，《中国证券报》2017 年 2 月 20 日第 A06 版。

［33］叶姗：《监督监管者：程序控管思路下的金融监管》，《江西财经大学学报》2011 年第 1 期，第 105-112 页。

［34］林君、王江石：《期货市场进一步对外开放的路径》，《金融时报》2018 年 9 月 10 日第 12 版。

［35］董少鹏：《"理性投资从我做起"需要加强三方面工作》，《证券日报》2018 年 3 月 8 日第 A02 版。

［36］姚宜兵：《加快期货市场发展转型服务经济发展方式转变》，《期货日报》2012 年 4 月 26 第 1 版。

二、外文类参考文献

［1］Lester G.Telser,"Why There Are Organized Futures Markets," *Journal of Law & Economics* 24(1),(1981):1-22.

［2］Labuszewski John W.,Nyhoff John E.,Co Richard,Peterson Paul E:《The CME Group Risk Management Handbook:Products and Applications》,《John Wiley & Sons, Inc》,No.6(Jul.2010),368-400.

［3］Kang Long,"Modeling the Dependence Structure of Intraday Prices of Chinese Commodity Futures Using a Time-varying t Copula Model," *International Journal of Finance and Accounting*,8(2),(2019):43. O.De Bandt ,Hartmann, "Systemlic Risk:A Survey," *CEPR Discussion Papers*,(2000):35.

［4］Yun Ke ,Yanan Zhang,"Does high-frequency trading reduce market underreaction to earnings news," *Finance Research Letters*,34,(2020):1.

［5］Mattew baron,Janathan brogaard,Bjom Hagstromer et al. ,"Risk and return in high-frequency trading," *Journal of financial and quantitative analysis* 1,54(3),(2018):993-1024.

［6］Clark C,"How to keep markets safe in the era of high-speed trading," *Chicago Fed Letter* 303,(2012):1.